# 図書選択論の視界
## Wide View of Book Selection

河井弘志 著

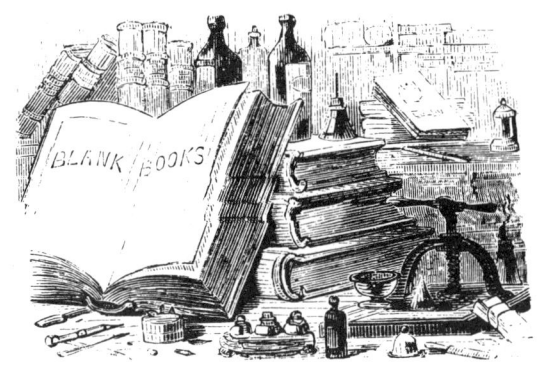

日本図書館協会

**Wide View of Book Selection**

図書選択論の視界　／　河井弘志著. －　東京　：　日本図書館協会, 2009. －
371p ； 21 cm. －　ISBN978-4-8204-0823-9

t1. トショ　センタクロン　ノ　シカイ　a1. カワイ, ヒロシ
s1. 図書選択論　① 014.1

# 緒言

　図書の選択や蔵書構成は，図書館の存在理由を形成するものであり，そのあり方を決定する要因はきわめて多面的であるが，実際の業務の中で考える基準は，やや単純な視点から決まってくることが少なくない。図書選択の理論の問題になると，いよいよ単純なところで押し問答が行われがちである。いわゆる「要求論」か「価値論」かについての議論はその典型的なものであろう。

　しかし，数多く書かれてきた図書選択に関する論文や意見をみると，図書選択論がかかわる領域はなかなか広大で，限られた観点からだけで議論を展開することを許さないものがある。図書選択論は，いろいろな側面をもっていて，限られた論点についての答えだけをもって，全体の結論を導きだすことはできない。

　筆者はかつて，アメリカの，主として公共図書館における図書選択論を歴史的に研究したが，このときは図書選択の原論に視野を限定して，原理の変化の歴史を追ってみた。しかし現実の図書選択の場では，原理論だけで実務をすすめることはできない。図書選択を運用するためには，はるかに広い視野をもって考えなければならない。

　そのすべての広がりを論考することは容易なことではないが，先人たちの論考を丁寧に比較研究することによって，図書選択論が保つべき視野の広がりがみえてきたように思う。そこでこれまでの論文を整理して，図書選択論にはどれだけの視野をもつことが要求されているのか，その全体像を提示してみることにした。異なった動機で書いた論文なので，相互の連続性は十分でないが，図書選択論の及ぶべき広がりは提示できるように思う。

　筆者の実務体験は主として大学図書館であったが，公共図書館の選択論の

研究との対応関係もみていく必要があるので,全体を公共図書館と大学図書館に二分し,それぞれの図書選択理論,収集方針論,蔵書評価法,図書館協力の観点からみた選択論などを,対比する形にまとめてみた。

図書選択機構は,図書選択そのものだけではなく,理論と実践の場を整備する環境をなすものであるから,図書選択論の内容と切りはなして,「第3部 図書選択の環境」に入れた。図書選択と切っても切れない関係をもつ書評も,それ自体は選択の関連領域をなすものであり,「図書館の自由」の領域も正しい図書選択を成立させるための前提条件を確立するものとも考えられるので,本書ではともに第3部に含め,「図書選択の環境」と題することにした。この構成には異論をもたれる方もあろうかと思う。ご批正をいただければ幸いである。

本書にまとめるにあたって,収録論文にはかなり手を加えて相互の連続性を与え,図書としての構成を与えるようにつとめた。十分とはいえないが,図書選択,蔵書構成を考える際に,どれだけの広い視野をもたねばならないのかを示し,立体的な選択論を形成する方向を示すことはできたように思う。図書選択や蔵書構成をみる視界を拡大するうえで,本書がいくらかでも参考になるところがあれば幸いである。現場の司書や研究者のさらなる研究によって,ますます広い展望と高い密度をもつ図書選択論を育てていただきたいものと願う。

本書の刊行の意義を認めてくださった出版委員長小田光宏さん,本文を丁寧に点検して間違いを正し,出版に至るまでのご手配をいただいた内池有里さんに,心から感謝申し上げたい。

2008年12月

河井　弘志

# 目次

緒言　3

## 第1部　公共図書館の図書選択論 ——————— 7

第1章　公共図書館の図書選択と蔵書構成　8
第2章　図書選択理論の争点　19
第3章　読書興味の理論　30
第4章　図書選択方針の形成　52
第5章　蔵書評価法　85

## 第2部　大学図書館の図書選択論 ——————— 131

第1章　大学図書館の図書選択論の成立　132
第2章　大学図書館の収集方針　165
第3章　大学図書館のシステム内分担収集——DFG勧告とマールブルク大学の協定制　197

## 第3部　図書選択の環境 ——————— 223

第1章　図書選択の組織　224
第2章　書評理論の展開　232
第3章　アメリカの知的自由の思想——講演記録　301

注記　323

索引　363

# 第1部

# 公共図書館の図書選択論

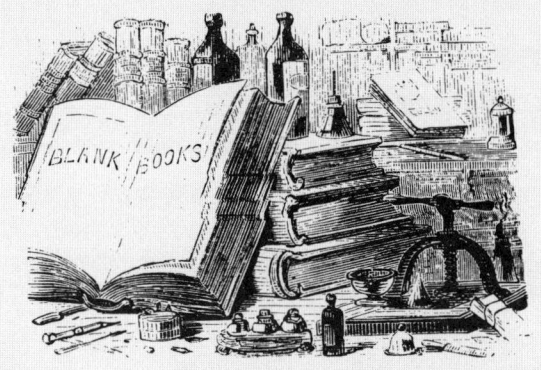

# 第1章
# 公共図書館の図書選択と蔵書構成

『中小都市における公共図書館の運営』(『中小レポート』) 以後, 公共図書館は, みんなに読んでもらえるような資料をそろえようという考え方で収集してきたが, 近頃少し心のゆとりが得られて, 図書選択の原則が考え直されるようになったようにみえる。本章の第1段階では資料収集・選択の基本を振り返り, 第2段階で現代の新しい時代の資料論を考え, 最後に図書館とは何かという本質的なテーマに考察を進めたい。

## 1. 基本にもどって

### (1) 図書館資料
a. ミクロの意味の図書館資料

資料収集・選択にはミクロの意味の図書館資料, マクロの意味の図書館資料という見方がある。ミクロというのは1冊の本という意味, マクロというのは蔵書5万冊という意味の資料である。

ミクロの図書館資料について, これまでは要求論と価値論の対立関係が議論されてきたが, 資料と読者が相互に影響し合う関係も問われてくる。図書館員は価値ある本を何とか利用者に読ませたい, あるいは利用者が読みたいと思う本を提供したいと考えるが, 本がもっている価値が一番フィットするような読者にその本を読んでもらうことも必要である。ランガナータンの5つの法則にあるように, どんな本にも読者があり, どんな読者にもその読者

第 1 章　公共図書館の図書選択と蔵書構成

にふさわしい本というものがあるという原則に立って，1 冊 1 冊の本について一番よい読者を探す，一人一人の読者に対して一番よい本を探すという考え方が必要になってくるだろう。その読者にとって最良の書は，読者が期待するよりもさらに大きなものを与えてくれるだろう。

　b. マクロの意味の図書館資料

　次に，マクロの意味で蔵書全体をみていこうという立場は，ある意味では私たちにとって一つの救いである。1 冊 1 冊の本について買うべきかどうかを決断しなければいけないとき，つらい選択になることがある。しかし，図書館の本は 1 冊だけではなく，数十冊まとめて買うのが普通であり，この本がだめでも，他の本で不足をカバーすることができる。ここに救いがある。

　たくさんの本を，それぞれ特性をもつ本としてみていくと，分類法に似たグルーピングをしてみることが必要になる。例えば，レジャーについて書かれた本であっても，レジャーについての入門書もあるだろうし，レジャーについての一般的な解説書というものもある。体育大学ではレジャーおよびレクリエーションというのが専門コースの一つになっており，その教員のためにレジャーに関する研究書群が収集される。それから，研究のための原資料になるような文献，例えば鴨川市の年間の観光客にはどういうタイプの人が，どういう目的で来る，という統計データが重要な研究資料になる。これらさまざまなタイプの資料が集まって，相互に補い合いながら利用者のニーズに応えていく。このようにみていくと，肩の荷がおりてくる。

　『公立図書館の任務と目標』に「ある主題の資料が入門書だとすると，より詳しく知りたい人の要求には応えられない。専門的な研究書だけでは段階的に学習したい人をあきらめさせることになる」とある[1]。しかし，専門書ばかりを収集すると堅い文献ばかりになってしまう。小川徹は「入門書から入って概説書，それから研究論文，更に自分で研究しようする時に役立つような一次資料にあたることができるように，そういうものを一通り持っておかないと研究はできない。大学図書館なら研究書だけあれば良いだろうという訳のものでなくて，やはり入門書から入らなければいけない」という。

第1部　公共図書館の図書選択論

違ったタイプの本を揃えて，どのレベルからでも入れるし，低いレベルに戻って読み直すこともできるようにしておかなければいけない。こういうふうに考えると蔵書構成も楽しくなってくる。

　蔵書をもっとマクロにみる立場もある。みずからもって「マクロ社会学」と言ったドイツのカールシュテットは，『図書館社会学』の中で「公共図書館のコレクションというのは，大学図書館のコレクションと大いに違う。大学図書館の方は主として大学を設立する段階で，カリキュラム計画に基づいて計画的に収集されたものであり，カリキュラムが変更されればそれにあわせてまた変更も加えられるが，常に計画的に収集されるものである。ところが，公共図書館の場合は何ひとつ計画できない。利用者が自由に来て，様々なニーズから利用するから，それに応えていかなければいけない。こうして形成される公共図書館のコレクションは意図的に創ったものでなく，結果としてできたという性質のものである。そのとき，その地域の知識の総体，その時代，その地域を支配した人間の思想が図書館のコレクションの中に具体的な形となって現れてくる。それはその地域のその時代の客観的精神を具体的に表現したものである」という意味のことを書いている[2]。

　長年石川県立図書館長をつとめた中田邦造は，「蔵書構成」という概念を創出した。彼の「蔵書の構成」という概念には「対象界の構成」という対概念がある。「対象」というのはサーヴィス対象という意味であり，利用者の世界の構成と蔵書の世界の構成の2つの構造体が相互に対応していなければいけないと考えたのである。この理論にしたがって中田は，石川全県を足で歩いてグループづくりをし，夜を徹して読書会を行い，「読者の構成」につとめた。そのうち「対象界の構成」という概念は消えて「蔵書構成」だけが残って現在に至っている。

　利用者のグループづくりをするかしないかは別として，年齢別の人口構成，性別の人口構成，職業別の人口構成という意味での対象界の構成状態とコレクションの構成状態を対応させてみるということはやはり必要であろう。

　アメリカのポーツマス公共図書館の収集方針には，「サーヴィス対象集団」

第1章　公共図書館の図書選択と蔵書構成

(target service groups) というカテゴリーがある。年齢別のグルーピングは入学前の子ども、小学校児童、ハイスクール生徒、成人、高齢者など。職業別グルーピングとは教師、公務員、ビジネスマン、その他。地方史、灯台、ヴァージニア関係、地域の旧家の系図類などの興味フィールドもあげられている。そういうテーマで読書や研究をしているグループがいるということであろう。

　ここで利用者をグループ分けし、それぞれに対して必要なコレクションを形成していくという考え方が成立する。入学前の子どもにはどういうコレクションを提供したらよいのか。教員に対してはどういうコレクションが必要であろうか。あるいは、灯台・灯船関係の研究グループに対してはどういうコレクションをつくっておいたらよいか、という考え方で蔵書を構想する。蔵書と利用者をこういう対応関係においてみると、収集が楽になるであろう。蔵書10万冊をどう構成するかと問われても返答に困るが、入学前の子どもが何人いて、この子どもたちにはどういう本がよいだろうと聞かれると考えがまとまりやすい。さまざまな利用者グループ別に、彼らにふさわしいコレクションをつくり、それを全部集めると図書館蔵書ができる、と考えるのでもよい。

## (2) ニーズの概念

　ニーズは要求と言い換えてもよいが、アメリカの図書選択論では demand, interest, needs, という3つの概念が使い分けられている。demand（要求）というのは、カウンターに来てこの本を貸してくださいと言ってくる要求、あるいは読者が本を借りていくことによってはじめてその存在が判明するような要求である。読者はすでにその図書についてのイメージをもっている。

　interest（興味）には潜在的な要求まで含まれる。最後の needs（ニーズ）には、本人も気がつかないような要求も含まれる。needs の概念を確定したのはアメリカのボストウィックである。患者が命取りになってしまうほどに酒を飲むとき、彼は自分の健康状態が何を必要としているか、本当のニーズ

11

が何かを知らず，要求だけに基づいて行動しようとする。要求論にしたがうと患者を死に至らしめるから，医師や看護師は酒を飲ませない。図書館員も医者や看護師のような専門家の立場から考えるべきだ，と彼は言うのである。

　この辺で伊藤昭治等との間に論議が絶えないのであるが，読者のニーズをいったい誰が判断できるのか，本人にもわからないニーズが図書館員にわかるのか，利用者にしてみたらはなはだ迷惑なことだろう，という批判には十分論拠がある。

　ニーズとは何か。本人にもわからない要求というと，議論が難しくなる。読者の読書行動には目的があり，その目的に一番ふさわしい資料があったら，それが読者のニーズに一致する資料といえばわかりやすい。それは本人にはすぐにはピンとこず，別の本を求めるかもしれない。しかし彼が何のために読むのかがわかれば，どれが彼にとって一番よい本であるかを判断できるであろう。これをニーズと呼ぶ。

　本人がわからないようなニーズが，図書館員にわかるというのは，図書館員の思い上がりだという意見があるが，私はこの疑問には明快な答があると思う。図書館員が利用者のニーズに合うと思われる本を提供し，利用者が読んで「ああ，この本はよかった」と満足できたら，図書館員のニーズ測定は正しかったことになる。ニーズを充足するには，本の主題がその人の求める主題に一致するだけでなく，その人の読書能力，好みなどにも適合する図書要求でなければならない。個別にニーズを測定して，ニーズにふさわしい本を探して提供するのは容易でないが，ある程度は勘で判断して提供し，読んだ読者が「よい本を読ませてもらってありがとう」と言ってくれたら，その人のニーズに適合する本を提供することができたということになる。図書館員のニーズ測定が正しいかどうかについては，利用者が答を出してくれるのである。

　満足度調査という言葉がよく使われる。一般には読みたいと思った本が手に入ったかどうか，借りる段階で満足できたかどうかの調査と考えられている。しかし，現実には読んで失望する本もある。読んだ上で満足だと言える

かどうかによって初めて本当の満足度が測れるのではないか。読後の満足度の調査が必要である。例えば貸し出す本の間にアンケート用紙をはさんで，本を返すときに記入して返してもらう方法でもよい。いくつかのレベルで満足度を表す選択肢のどれかに○印をつけてもらうだけでよい。満足度の高い回答が多い図書館は，よいコレクションをもっていると評価される。どこかの公共図書館でやってくれることを期待している。

## (3) 利用者と図書館員の共同作業としての資料選択

前川恒雄が『われらの図書館』の中で，利用者と図書館員が相互に協力しながら本を選ぶという構想を示唆している。利用者が借りた本から何らかの示唆を得て別の本をリクエストし，図書館員はリクエストされた本に加えて，よりすぐれた図書も追加購入して利用者に提示する，利用者は未知の図書に接して新たな啓発を受ける，という関係である。こうして読書と蔵書のレベルが自然と向上する。読書のレベルがそういうふうに果てしなく向上するかどうかはともかくとして，こうしたプロセスで利用者と図書館員が協力してよりよいコレクションをつくっていくという関係は大切であろう。

長澤雅男はレファレンス論の中で，「図書館のサーヴィスが望ましい形で成立するには，サーヴィス主体である図書館とそのサーヴィス対象である利用者との協働を必要とする」と書いている[3]。サーヴィスを提供する図書館員とサーヴィスを受ける利用者とが協力してやっていくということが重要というのである。この原理は収集にも当てはまる。図書館員と利用者との間に収集についての対話がおこるようにとの配慮が大切である。

オーシャンサイド公共図書館の「図書館サーヴィス方針」では，「目的」を意味する2つの概念が用いられている。一つは purpose，一つは objectives である。アメリカではほとんど例外なしに purpose は単数で，objectives は複数で使われる。おそらく purpose は図書館自体が本質的にもっている統一的な目的，objectives は統一的な目的のもとに総括される個々の具体的な目的を列挙したものという意味合いであろう。

第1部　公共図書館の図書選択論

　アメリカの収集方針は，一般に目的から説き起こすものか多く，しかも図書館の本質的な目的につづいて，個々のサーヴィスの目的，あるいは個々のコレクションの目的を具体的に列挙している。それぞれの目的に応じたコレクション，という考え方である。前述のような「種々の利用者グループ」に対するコレクションという考え方もあるが，ここでは「個々の目的」に対するコレクションを形成するという構想が示されているのである。公共図書館は多目的機関で，それを単一の目的に統一するには無理がある。目的が一本にまとまりやすいのは専門図書館である。してみると，公共図書館は数多くの専門図書館を合成したものであり，専門図書館の観点から多様なコレクションを形成することによって，図書館蔵書の全体像が形づくられるという考え方ができるであろう。ただし，各コレクションの相互関係には十分注意を払う必要がある。

## 2. 現代社会における蔵書構成の諸問題

### （1）出版量の増加

　出版量が多くなり，資料のタイプも多様化し，読み物が通俗化し，よい本とか悪い本とかはあまり考えない風潮がみられる。社会主義圏崩壊と無縁でなかろうが，社会思想的な考え方を敬遠する傾向も顕著になった。実用を優先して理論を嫌う傾向もある。理性よりも感性に訴えようとする出版物も多くなった。

　利潤追求の傾向が強く，金になるものは何でも出版しようとする。おもしろく読める本はよく売れるから，内容の質は問わず，何でも出版する傾向が出てくる。そのくせ出版物は非常に類型化し，一つ出て当たると続々と同じような本が出てくる。

　こう出版物が多いと，われわれは何を読んだらよいのかわからなくなってくる。こういうときにこそ，図書館が読者の図書選択を手伝いするという役割を買って出るべきではなかろうか。

第 1 章　公共図書館の図書選択と蔵書構成

## (2) 図書館の相互協力の発展

　東京・大田区立図書館では，午前，午後 1 回ずつメールカーが巡回している。午前に注文したら午後届けられることもある。利用者は書庫にある本をリクエストするような気分で，他の地域館の本をリクエストする。しかし，公共図書館で OPAC で本を選ぶのは利用者の何パーセントであろうか。いきなり書架へ行って本を探し，見つからなければそのまま帰ってしまうという人が相変わらず多いのではなかろうか。

　これは読書興味理論の重要なポイントである。興味というのは自分が強く意識しているものでなくて，何か刺激が与えられたときにふっと目覚めるきわめて受動的な要求である。そうした興味を目覚めさせるためには，あらかじめ書架の上に要求されそうな本を並べておくということが大事である。利用者から請求されたときに，相互貸借で他から借りればよい，ということでは割り切れないものがどうしても残る。

　しかし，分担収集制をある程度考えなければいけない時代に入っていることも否定できない。県下の各図書館が，要求があろうがあるまいが，担当分野の本を責任もって収集するという申し合わせをすることも必要であろう。

　次に分担保存の問題。分担保存によって，どこかの図書館に保存されていれば，他の図書館は安心して廃棄できる。特に中小の図書館にとってはそういうふうな裏づけが非常に大事であろう。中小の図書館も，小さな分野であっても責任をもって保存する分野をもてば，誇りがもてる要因にもなろう。

　ドイツに「ドイツ刊本収集計画」というのがスタートした。これはグーテンベルグが活字印刷を始めた 1450 年から今日に至るまでに印刷された本を，年代によって分担収集・保存するという計画である。バイエルン州立図書館が 1600 年まで，1601 年から 1700 年まではヴォルフェンビュッテル図書館，1701～1800 年はゲッチンゲン大学図書館，1801～1870 年はフランクフルト大学図書館，1871～1912 年はベルリン国立図書館，1912 年以降は国立ドイツ図書館が，それぞれ責任をもって集めるという壮大な分担収集計画である。戦後のドイツは国立図書館をもてない状況にあったので，多くの図書館

が協力して一つの国立図書館の役割を果たすシステムを生み出さねばならなかったのである[4]。

## 3. 図書館とは何か

### (1)「図書館の目的」と「図書館思想」

　前川恒雄は伊藤昭治たちの『本をどう選ぶか』の書評の中で，伊藤は目的によって本を選ぶのは間違っていると言うけれども，「図書館の目的は一般論として厳然としてある」「著者［伊藤］が撃つべきは，"目的の設定"ではなく，これらの選択論の背後にある図書館観だということである」「図書館のあらゆる業務は図書館観，図書館思想によって規定される」と書いている[5]。「思想」というのはあいまいな概念であるが，選ぶ人が図書館というものをどういうものだと考えているのか，を意味する概念であろう。図書館の目的はいろいろに表現できるが，それをどう理解するかは，その人が図書館について心の中に描いている理念像，あるいは哲学，そういうものによって決まってくる。抽象的な議論であるが，収集方針を生かすも殺すも図書館員の図書館思想にかかっている，というのであろう。

　図書館とは何か。『図書館学の哲学』（Philosophy of librarianship）という概念のもとに，インドのムケルジーは，ランガナータンの五法則がおそらく今考えられるところの最高の図書館の哲学であろう，としている。私もそれにある程度賛同する。とりわけ「いずれの読者にもすべて，その人の図書を」(Every reader his book)，つまり利用者が自分に最も適した本を手に入れて読むことができるような図書館という原理は，今の時代には特に重要である。

　1930年代にライプツィッヒのホーフマンは，一人一人の読者に一番よい本を読んでもらうという考え方，一人一人の読者とよく話し合い，読書相談を行いながら，一番よい本を彼らに読んでもらうという考え方を貫いた。そのままの理論ではないにしても，私はこうしたアプローチが必要だと思う。

## (2) 知恵に至る読書――永遠の課題

　現代は図書館で情報を手に入れる時代といわれているが，情報を手に入れて凶悪な犯罪が行われている。国立国会図書館でサリン合成法を調べて，たくさんの人を殺した人たちがいた。情報は薬にもなるが毒にもなるという事実を，私たちは生々しいテレビ報道で見せつけられた。『タイ買春読本』という本も，読書の自由の立場からみると自由に読めることが必要であろうが，それがもたらす危害に眼をつぶってよいのかという問題も考えざるを得ない。アメリカでは，図書館の知的自由の重要性が強調されながら，図書館の担う社会的責任（social responsibility）も同時に考えなければいけないという，2つの対立する原理が衝突する時代に入ったとも言われている。

　図書館は，この本を読んでどういう結果を読者にもたらしたか，読書の結果が何であったかを考えざるを得ない。図書館の自由の原則からすると，読書の結果は本人の責任で決めるべきものであって，図書館員の関与すべき領域ではないとみなされるが，そう言って口をぬぐってすまされない問題が，これからもっともっと出てくるのではないか。そうすると私たちは，読んでどういう影響を与えるかということまで考えながら本を選び提供していくべきであろう。現代は，啓蒙主義の時代のように，本を読まないよりも読むほうがよい，という単純論理は通りにくい。一冊の本でなく，たくさんの本によって，読者の「よい読書」を促進しようという考え方も必要になろう。

　図書館は本来「正しい知識」「正しい情報」を提供しなければならない。正しくない情報を提供することによって，利用者に不利益をもたらすことがあってはならない。しかし，すべての情報について，どの情報が「正しい情報」であるかを判断することは不可能である。また図書館の自由の原則からすると，正しくないという理由で特定の情報の提供を拒むことは許されない。当然，図書館が提供する情報に正しくない情報が混入することは避けられない。

　イギリスの詩人エリオットは1934年に「われわれが知識（knowledge）のなかで失った知恵（wisdom）はどこへ行ったか。われわれが情報（information）のなかで失った知恵はどこへ行ったか」と書いたという。「正しい情報」の

第1部　公共図書館の図書選択論

みを提供するのではなく，正しい情報と正しくない情報，よい情報とよくない情報を見分ける「知恵」が得られるように利用者に手助けすることはできないものか。図書館には，知識や情報を提供しながら，同時に正しいものと正しくないものを識別する「知恵」が身につくように，可能な限りの応援をする任務が，図書館にはあるのではないか。

　国立国会図書館や大学図書館がオウム教徒に提供したサリン合成の技術情報は正しかった。その正しさはテレビカメラの前で残酷な形で実証された。その責任に対する弁明は，「正しい情報」を提供した，というだけでは成立しない。どうしても，得た知識・情報を「正しく使う」倫理が問われることになる。図書館は，利用者が知識を正しく使う倫理も同時に提供しなければ，サーヴィスの半面しか実現したことにならないのである。図書館が提供する「知恵」には，情報を正しく使う倫理も含まれていなければならない。

　それほど偉大な「知恵」を利用者に与える能力は，もちろん私たちにはない。それはあくまで利用者自身が発見し，獲得するものである。ただ利用者自身が「知恵」に至るのを助けることならできるかもしれない。かつてソクラテスは，「私は未だかつて何人の師にもなりはしなかった」と言いながら，いわゆる対話法（弁証法）によってアテネの人々が正しい知識に到達するのを助けた。産婆は妊婦が子どもを生むのを助けるが，生むのは妊婦自身である，という意味で，この対話法は「産婆術」にも例えられた。そういう援助なら私たちにもできるかもしれない。図書館に行ったら，少しずつ本当のことがわかってくるような，そういう図書の収集と提供のしかたを，これから真剣に求めていきたいものである。

# 第2章
# 図書選択理論の争点

　1970年代前半に天満隆之輔は，公共図書館が「図書館に関する住民要求が地域に顕在化し，それを受けて図書館活動が展開されつつあるような状況に達して」いなければ，「すぐれて実践理論たることを要請される資料選択の理論が創造され，……既存の選択理論を正に選択する現実的根拠は存在しないといっていいであろう」と言った[1]。市立図書館の設置率が100％近くなり，図書選択が住民要求への対応に追われている現在，ようやく図書選択の理論と実践を見直す条件が整ってきたといえよう。

　近年図書館は，図書選択の原理を問われる緊急の現実問題に直面させられている。愛知県立高校図書館，東京都品川区立図書館，神戸市立図書館などの出来事は高度に理論的な図書選択の問題であった。一方，図書選択の理論や意見も多数発表され，単行本も続刊され，激論も交わされた。筆者も争論の外に立つことは許されず，名をあげての批判もいただいた。これらに対して何らかの態度表明をすべきであったが，しばらく皆さんの意見を聞きたいと思い，自分の考えの熟成の時間も必要であったため発言を控えていたが，図書選択の理論上のおもな問題点について考えを整理してみたい。

## 1. 要求論と価値論

　要求論，価値論という2つの概念は，アメリカのカーノフスキー以来，対立概念とみなされることが少なくない。しかし，根本彰は，これらは対立概

念ではなく,「少なくとも2次元的なもの」であり[2]，価値論によって選ばれる図書の中に，要求される図書と要求されない図書が含まれ，要求論による購入にも，価値の高い図書と低俗図書が含まれるという。立脚点が対極的であるために対立とみられるのであろうが，両論の間にはたしかに理論的な対立関係，二律背反の関係は存在しない。実際，購入される図書の大部分は価値論と要求論の両要件を満たしているのである。

価値論と要求論が対立するのは，価値の観点からみて受け入れられない図書が利用者から要求されたとき，および図書自体は高い価値をもちながら，購入しても利用されず書架上に眠るだろうと予想されるときである。前者の場合は価値の許容の下限が問われ，図書館の自由の原則から価値の下限の設定を拒否する意見も出てくる。後者の場合，公共図書館の『アリストテレス全集』のように，利用は乏しいが，利用者へのある種の影響力を期待して書架上に並べられることもあり，図書費と書架スペースの浪費として一蹴されることもある。いずれも理論上の争点となる。

前川恒雄は「価値選択と要求選択の矛盾は，図書館員の選択と利用者の要求・利用が互いに影響しあうことによって統一される。選択→利用，要求→選択という環が，利用者の知的好奇心・向上心と図書館員の質的向上への意欲によって，螺旋を描きながら上昇してゆく」と述べ，両原理の統一を求めた[3]。この螺旋理論は，アメリカ公共図書館の初期に広く採用された自然向上論を想起させるが，自然向上論は，いかなる手を施しても上昇しない要求をどうするかという極限に追いつめられて挫折した。向上論は教育的配慮を含む価値論であり，前川説は価値論側への統一を意味するようにみえる。

伊藤昭治と山本昭和は，筆者の意見を含む目的理論を否定し，一貫して要求論の立場を主張したが[4]，そのコンテクストの中でいきなり前川の「美しい本」などの概念を持ち出したものだから，驚いた埜上衛は「人の心を打つような本というのは，要求論じゃなくて価値論のように感じる」と発言し[5]，根本彰も「伊藤氏も前川氏も要求を重視するといいながら，結果として提供される資料の質にこだわっている」と指摘した[6]。実は，前川や伊藤らも決

して単純要求論者ではない。伊藤らは前川の選択論を紹介しながら，「価値論と要求論は統一されようとしている。図書の価値と利用者の要求とは，従来考えられていたように全く別のものではないし，どちらが大切だとかいうものでもない」と述べており[7]，価値論・要求論統一論なのである。

　要求を基調としながら，なぜ価値論との統合をはからねばならないのか。それを理解するためには，伊藤が長年勤務した神戸市立図書館の図書選択方針の急旋回をみておく必要があろう。同館では貸出が増加したにもかかわらず職員数が増員されず，深刻な悩みとなった。ここで中央図書館長は，増員でなく，貸出数削減でアンバランスを解消するという奇策に出た。図書館長は「貸出し冊数を増やさないための具体的な方策」と題する文書において，占い，スポーツなど貸出の多い通俗書の購入を制限，禁帯出本を増加，利用のPRを抑制，など6項目の方針を示し，館内の反論も顧みず強行した。予約中の通俗書は購入から除かれ，館長は個々の選択を検閲した。のみならず館長の方針に協力的でない課長を配置転換した[8]。

　『中小都市における公共図書館の運営』（略称『中小レポート』），『市民の図書館』以来，日本の公共図書館は，住民要求のエネルギーによって新館建設，設備・人員の充実を実現してきた。その間，住民要求のインデックスは貸出冊数であった。ところが神戸市では，ほかならぬ「貸出が多い」ことが逆にサーヴィス縮小の動機となった。貸出数はもはや職員増員や資料費増加のための力とはなりえないのである。貸出「数」が神通力を失ったら，貸出の「質」によって対抗するしかない。図書館が提供する図書は一定のレベル以上にあり，図書館の資料費や人件費は決して税金の無駄使いではないことを市民や行政当局に訴えねばならない。

　これが伊藤らの「価値論的要求論」浮上の真相ではなかろうか。もともと前川，伊藤らは要求論の底に価値論的心情を秘める理想主義者であるから，この重心移動はごく自然に進行したであろう。そして彼らの理想主義は決して間違っていない。

　ただ要求論，価値論というアプローチには所詮限界がある。フィスク論文

によっても，価値（質）と要求の関係は環境諸力の均衡点の移動によってどうにでも動かされるものであり，この両概念によって普遍的な指針を示すことは難しいとされた。マッコルヴィン以来，実践的指針としてはきわめて示唆的であったが，争論を決着させるための理論的手段としての要求論，価値論には明らかに限界があり，両論の統合にも多くは期待できないように思う。

## 2. 要求とニーズ

　ボストウィックは要求論の限界をニーズ論によって克服しようとした。読者自身も気づかない層まで掘り下げたニーズを基準として図書選択を行えば，通俗書に偏る事態を避けられるというのである。しかし利用者自身にわからないニーズを図書館員が洞察するというのは誤りであるという批判がある。その論拠の一つとして伊藤らは「ブルックリン公共図書館の資料選択方針」の中の「我々は親の権利でももっているかのように，読者がどんな本を読むべきかをきめるような態度をとることもたびたびあった」という自己批判を引用する[9]。たしかに大多数の読者は，自分がどのような図書を必要としているかを熟知していて，図書館員の出すぎた介入を快く思わない。

　しかし，自分がどのような図書を必要とするか，そもそも図書が自分に必要であるか，判断がつかないときも現実には存在する。学生は最も必要な文献を知らないまま，手近の参考文献だけでレポートを書くのが普通である。筆者も，周辺領域になると文献の重要さの判断がつかず，たまたま手に入った代用品的な文献で間に合わせることが少なくない。利用者が要求する図書を黙って提供すれば喜ばれるが，同時により適切な図書も提示したらもっと喜ばれるであろう。まして必要情報を何に求めるべきか知らない人に図書情報を提供するのは，図書館員の基本任務ではないか。

　利用者調査の中で「満足度」という概念が用いられることがある。利用者が利用したい図書をどの程度利用できたか，をいうようである。しかし，自分が書架で選んだ図書を読んで失望するときもある。図書を入手した時点で

の満足度でなく，読書が完了した時点での満足度を測ることも必要ではないか。読んで100％満足できるような図書を提供できたときに，図書館員として本当の仕事をしたことになる，というサーヴィス観を心のどこかにもっておく必要があろう。この場合，充足される要求の一定部分は潜在的ニーズである。

　本人にもわからないニーズを，他人である図書館員が認識しようとするのはきわめて困難であるという意見もある。しかし現実には，図書館員はごく日常的にニーズ測定を行っている。前川は「利用者の顔を目にうかべながら［図書をBMに］積み込み，ぴったりと当たって借りてくれたときの喜びは，何ものにも代えがたい」と書いている[10]。伊藤も「図書館員は図書を選択するとき，その図書をどういう読者が読むか，その図書がどの程度さかんに利用されるかを想像することができる。熟練すると的中率が高くなる」と話してくれたことがある。いずれも要求に先立つ選択であり，その中には利用者自身も知らないニーズを予測した先行選択も含まれる。その結果，利用者は書架に未知の種類の図書を発見して，選択者に感謝するであろう。逆に「想像」がはずれた場合は読者に満足を与えない。図書館員は直接・間接の方法で読者の読後満足度を測定し，これによってニーズ予測の的中度を知ることができるのである。ここまで入念にニーズ予測をしても，やはり低俗図書を購入する結果になるとすれば，それはその図書館にとって必要な資料と考えざるを得ない。

　忘れないでほしい。利用者が読んでより多く満足するような図書をたくさん収集し提供するという点に，ニーズ理論の核心が存在するのである。

　ところでニーズとはいったい何であるか。ゴルドホアによれば，個人の読書行動は，読書の目的，読者の特性，図書の特性という3ファクターの統合されたところに成立する。読書目的とは，教養，実益，気分転換など，読書から得られる効果または結果（effect）であり，読者の特性とは読書能力，主題興味など，図書の特性とは主題，学術書・一般図書・実用書などのタイプ，難読度などをいう。これらの3条件が満たされたとき，読書行動が発生し，しかも読者は求める「効果」（desired effect）を得ることができる。この

効果を獲得した状態が，上にみた「読書後の満足」である。換言すれば，読者が読書によって達成しようとする目的が読者のニーズなのである。図書選択者が読者の読書目的を的確につかみ，その実現に最適の図書を提供すれば，読者のニーズは満足されるのである。

ただし，目的と図書を短絡させると，読者の好み，読書能力，図書の特徴など，読者の特性や図書の特性が無視され，読者は満足しないばかりか，読もうともしないかもしれない。目的達成までには各読者それぞれのプロセスがあり，このプロセスは読者自身にとって決定的な意味をもつ。情報主義はしばしばこのプロセスを無視するが，図書選択がこれを無視することは許されない。こういうわけで，読書目的，読者の特性，図書の特性の合流点に読書ニーズが存在するのである。

## 3. リクエスト論

伊藤らは，次にあげるような筆者の「リクエスト主義批判」を，「現場を知らないことからくる思い込み」と断罪した[11]。
1. リクエスト図書の購入で予算がなくなる。
2. 一部の人ばかりリクエストする。
3. リクエストがあるのは収集が遅れているためだ。
4. 潜在要求を軽視する傾向がでる。
5. 蔵書が雑書ばかりになる。
6. リクエスト図書が最適の図書とは限らない。

筆者はリクエストの意義について「まさに読者の欲する図書を提供し，図書館こそは自分たちの要求にこたえてくれる場であるとの，住民の信頼を生み出すようにつとめるべきである」と書いた上で，「リクエスト万能主義，あるいはすべてのリクエストを充足しようとする要求充足主義」の問題点として，上記数点をあげたのであるが[12]，この気遣いはたいして効果がなかった。

1は大学図書館ではごく日常的な現象であり，神戸市立図書館でも管理職

第 2 章　図書選択理論の争点

と職員の間で「少ない資料費がすべて予約でくいつぶされてしまう」「現状では予約のパーセントはまだ少ない」などの論争があったというが[13]，公共図書館の実態をよくたしかめて書くべきであったろう。平均資料費 192 万円の町立図書館では他の図書館からの借用でリクエストに応ずる傾向が強いという報告がある反面[14]，資料費 600 万円の町立図書館で，予約 3,324 件，返却待ち 2,140，購入 265，借用 759 という報告もあり[15]，現場の対応はさまざまのようである。

　2 は大学の例を引用しながらの意見であるが，公共図書館ではどうであろうか。3 は，利用したい図書が書架上にあれば，リクエストして図書がくるまでの時間を待つ必要がない，という意味である。リクエストが多くなったのは，リクエストされた図書を図書館が必ず提供するようにしたことの結果ではあるが，リクエストされる前に図書を排架しておくべきとする図書選択の原則からすれば，気楽に喜んでばかりもいられない。4 は読書興味論で補っておいたので誤解を招くことはないと思ったが，甘かった。リクエスト制度を知っている人が 50〜70％ありながら，図書が入手できなかったときリクエストした人が 3〜12％程度にとどまっているという調査報告もある[16]。「リクエスト万能主義」者には，リクエストしない人たちの潜在要求を別の手法で測定するという発想が起こりにくいのではないか，ということを言いたかったのである。

　5 については，前川が「買うまでもない本だから図書館で借りているという人がいることも知ってほしい」と書いているのを想起されたい[17]。リクエストには，自分では買わないような雑書が一定比率を占めることは避けられないし，それ自体は決してとがめるべき性質のものではないが，蔵書構成全体の観点からもみるべきである。筆者のあげた大学図書館の例も参考にされたい。6 が図書館員の思い上がりなら，レファレンス・サーヴィスは成立しえない。利用者のニーズに対する深い理解と，図書に関する豊富な知識によって，利用者のニーズに最適の図書を提供することのできる，力量のある司書には，筆者はためらわず脱帽する。

第 1 部　公共図書館の図書選択論

## 4. 価値とは何か

　価値の概念もすこぶるあいまいである。ウェラードは絶対的価値と相対的価値をあげ，図書館の図書選択の原理は後者の価値であるとしたが，リチャーズの文芸批評理論を参照しているように，彼の価値概念の起源は文芸批評理論，さらには書評理論に遡る。すなわち批評にはアカデミック批評と印象批評があり，前者は学問的研究の観点から文芸を評価し，文芸に通暁した学者の眼で作品のよさを判定するのに対し，後者は読者が読んでおもしろいと思うかどうかを作品評価の決め手とする。図書選択論と対比すると，価値論と要求論の関係に対応する[18]。

　アカデミック批評（書評）理論の中に，目的達成度の理論ともいうべき理論がある。難解な作品の場合，作家が何を考えて書いたかわからないで評価することはできないので，まず作家が作品で何を言おうとしたかを見極め，次いでその意図がその作品に十分実現されているかを追究し，最後に作品を文芸史の中に位置づけて評価しようとする方法である。1970 年のオレゴン州における図書選択論会議でリッグス，フィニィ，ネルソンらは，1960 年代の性や暴力を素材とした前衛的実験小説には，いったい何を言いたいのか理解できない作品が多いため，「著者がその作品で何を意図したのか」「その作品において彼の意図がどこまで実現されたか」を解明して評価すべきであるとした[19]。著者の意図とは本を執筆する目的であり，この方法で評価される価値は，著者自身の思想表現における目的達成度，つまり著者の立場からする価値であり，さらに文芸史上の位置づけによる価値である。

　一方，印象批評（書評）の理論における価値は，作品が読者に与える満足度，つまりゴルドホアのいう「求められた結果」(desired effect ＝読者の読書目的）の達成度である。印象批評は，読者が予想しなかったような感動を評価する批評でもあるので，読者の目的達成度よりもさらに膨らみがあるが，アカデミック批評が著者の目的達成度と研究者の目的達成度を価値とするのに対して，印象批評はほぼ，読者の目的達成度を価値とする立場といえよう。

価値とは「誰かの」目的達成度である，という理論も成立しそうである。前川恒雄は次のような格調高い言葉で図書の価値を説明している。

「1　読者が何かを発見するような本。いいものにめぐりあえたと思える本。2　具体的で正確な本。……理論をとおして著者の人間性が生きいきと読者に迫ってくる本。3　美しい本。……さわやかな気持ちがわいてき，心が洗われるような本。」[20]

この価値論について，伊藤らは「平明でありかつ読者の立場に立った本の価値観であって，それまでの価値論のテキストにあるような，学術的価値とか文学的価値とかが重視されているわけではない。読者の立場に立った，判断しやすい基準であろう」と評している[21]。この前川の価値は原則として上述の印象批評的価値に相当するが，読者自身の目的というより，ヒューマニスト前川の目的達成度ともいうべき趣きもある。これを教育的価値と呼ぶのは言いすぎであろうか。

## 5. 図書館の目的

多くの利用者のニーズや読書目的を相互調整したところに形成された図書館の目的には，原初のニーズが取り込まれているので，図書館の目的を原理として図書選択を行えば，個々の利用者のニーズや読書目的を無視したことにはならない，という筆者の目的理論も，伊藤らから痛罵された。

「我々がここで問題としたいのは，図書館の目的を設定し，そこから図書選択論を導くと，受け入れられない本があるということである。」[22]

彼らは「抽象化した図書館の目的」を基準とすることによって「具体的な個々の利用者の要求がおろそかになる」事態をおそれるのである。この目的論批判について，前川は『本をどう選ぶか』の書評の中で「だが図書館の目的は一般論としては厳然としてある。ただここで著者が批判する"目的"は，河井，前園，古賀のいう目的であって，著者がいうとおり"具体的な個々の利用者の要求がおろそかになるようにおもえる"目的である」[23]と

コメントしている。図書館の目的によって図書選択を行うことに誤りがあるのではなく，個々の利用者の要求を無視するような図書館の目的と目的設定のプロセスに誤りがあるとしたのは正しい。

　ニーズの相互調整によってニーズの一部が死ぬことを避けるためには，すべての「要求」に応えることを図書館の目的に設定することも可能である。しかし，根本が「多数のニーズに一度に応えることのできるようなコレクションをつくることは不可能である」などの理由で「要求論の限界」を強調したように[24]，潜在ニーズを含むすべての要求に応えられる公共図書館は存在しえない。筆者は現在，わが町に町立図書館をつくる運動に加わっているが，もし筆者が個人的に関心を抱くドイツ図書館学史のオリジナル資料の要求を，新たに生まれてくる町立図書館にどんどん持ち込んだら，町立図書館は大いに迷惑するであろう。

　伊藤らは，住民ニーズには「大きな共通部分もある」といって，この領域に焦点をしぼれば，大部分のニーズを満たすことができるというが[25]，この「共通部分」が実は問題なのである。通常，専門職や研究者は別に文献入手のルートをもち，専門文献を公共図書館に要求することをしないので，彼らの研究ニーズは公共図書館ニーズの「共通部分」の外にある。逆に販売部数が数十万部といわれる「マンガ」のニーズも，一般には「共通部分」に含まれない。利用者は暗黙の了解によって，これらの「非共通部分」ニーズを公共図書館に持ち込まないのである。つまりニーズの「共通部分」は住民の良識によって維持されているのである。

　共通部分を支える「良識」とは何か。それは利用者がつくり上げた「公共図書館の役割」観である。高度の専門書やヌード満載のグラフ，マンガなどは公共図書館の役割領域ではない，という役割観があり，多少の個人差はあれ，多くの利用者はこの共通の役割観の範囲内で公共図書館を利用している。つまり，利用者自身がすでに良識によってニーズの切り捨てをしているのである。この良識によって筆者も，専門文献を町立図書館に要求することはしないつもりである。

第 2 章　図書選択理論の争点

　図書館の役割とは図書館の目的であり，それは良識に支えられた住民ニーズの共通部分によって形成されるが，市民の「良識」も実は常に合理的であるわけではなく，意外と保守的，教育主義的，権威主義的であったりする。かつてカッシュマンは，地域住民の価値観は時としてきわめて保守的であり，リベラルで合理主義的な図書館員の価値観と対立することがあると言った[26]。カーノフスキーの要求論批判も同じ理由からであった。図書館員の判断が常に正しいという保証もないが，住民ニーズを図書館員が相互調整するというプロセスを経ることによって，地域性と普遍性を統合し，かつ非正統派の価値観をも取り込んだ，よりリベラルな目的観を形成することができるのではないかと思う。前川流に言えば，住民と図書館員の共同作業による目的設定ということになろう。

　前川は図書館の目的について，次のように述べている。

　　「著者が撃つべきは"目的の設定"ではなく，これらの選択論の背後にある図書館観だということである。図書館のあらゆる業務は図書館観，図書館思想によって規定され，また具体的な業務の発展が図書館思想を逆に変革する。なかでも図書の選択ほど図書館思想と直接にむすびつくものはない。だから選択論の違いは図書館思想の違いであり，選択論批判は図書館思想への批判である。」[27]

　図書館観，図書館思想とは，「図書館とは何をするところか」という根元的な問いに対する各人の答である。それが深い層からの答であればそれだけ答は哲学的である。つまり，図書館の目的論は究極的には図書館の哲学に結びつく。図書選択論をめぐる議論は，かくて公共図書館の哲学論争に至る。残念ながら筆者にはここで自らの図書館哲学を提示する力はないが，図書館の目的も図書選択の原理も，究極的には図書館の哲学に帰趨するということを明らかにしえたことは，まことに幸いであったと思う。

# 第3章
# 読書興味の理論

　1930年代のアメリカ公共図書館界の図書選択論では，いわゆる「要求理論」が全盛を極めた。中でも教育学，心理学，社会学に源流をもつシカゴ大学図書館学研究科の読者調査，読書興味調査論は，図書館学に新たな領域を開き，これがウェラードの図書選択論に結晶した[1]。これとほぼ時期を同じくして，ドイツのライプツィッヒ市立図書館のホーフマンは，彼自身の独自な活動の中で，いわゆる「読者学」（Leserkunde）を展開し，これが『女性の読書』（*Die Lektüre der Frau*）としてまとめられた[2]。

　この報告はさっそくシカゴ学派に反響をおこし，ウェイプルズ教授は，同じ年に公刊した『人々は何について読みたいか』（*What people want to read about*）の中で同書とホーフマンを紹介した[3]。

　初期の労働者の読者調査でホーフマンは，利用者の一々の読書について，読みたい本，読後感（彼の要求をどの程度充足したか）などを記述させる作業を1年間継続し，労働者という読者グループの読書興味像を描きあげたが，『女性の読書』では，一般的な女性の図書館利用統計を分析して，利用にあらわれた女性の読書興味（Leseinteresse）の実態を把握する方法をとった。

　彼の意図は，読書興味に応じて蔵書を構成しサーヴィスすることだけでなく，読者の興味分析を基として，彼らによりよき書物を読ませることにあったため，その教育主義がアッカークネヒトらの批判を受け，ここに20年をこえる長期の，いわゆる「路線論争」（Richtungsstreit）が展開されることになった[4]。ということは，ホーフマンの「興味理論」が必ずしも純然たる「要求

理論」の系譜から出たものではないことを意味する。しかしそれにもかかわらず，ホーフマンの「興味分析」は，ドイツの読者研究の嚆矢をなし，アメリカの要求理論，とりわけウェラードの「興味理論」に影響を及ぼした。

その後のドイツ公共図書館界は，1933年のヒトラー政権確立を経て完全なファシズム体制に入り，ホーフマン自身も彼の教育主義をナチズム翼賛の方向へ近づけ，利用者の内からなる読書要求に応じた蔵書構成，図書館サーヴィスの代わりに，構築されたナチズムを民衆に普及・注入するためのサーヴィスにつとめた。「要求理論」としての読書興味調査論は，発芽後日ならずして自ら潰れ去ったのである。

アメリカ公共図書館は，戦前，戦中を通じて確立された理論的基盤の上に，「要求理論的」図書館サーヴィスを展開し，戦後に引き継がれた。ドイツ公共図書館の戦後はこれに反して，完膚なきまでに破壊された蔵書を，まず量的に復旧する作業に身を挺さなければならなかった。何であれ書物の形をなすものをかき集めて，市民の乾ききった読書への欲望を満たすことで精一杯で，きめこまやかな要求や興味などを考慮する余裕はいささかもなかった。

戦後20年を経た1960年代になると復旧作業はほぼ完了し，各地の公共図書館で蔵書構成の適否が論じられはじめた。まず東ドイツで読者論，読書興味調査論がおこり，1970年代に入るとこれが西ドイツに波及して，いわゆる「利用者研究」(Benutzerforschung)の必要性が訴えられた。

1970年代に西ドイツの何人かの図書館学者の意見をきく機会が与えられたが，図書館学概論を書いたブレーメン大学図書館長クルートはいわずもがな，ハノーファー市立図書館長アイゼン，図書館学者としてはむしろ保守派に属し，書誌作成で大きな成果をあげた元マールブルク大学図書館長ヘーニッシュなども，ドイツ図書館学の現在の最大の課題は利用者研究であると証言した。

おもしろいことに，元リューベック市立図書館長で，『図書館社会学』の著者としてわが国でも知られているカールシュテットは[5]，利用者研究はミクロな図書館社会学で，歴史的な側面の考慮に欠けること，彼自身は社会体

第 1 部　公共図書館の図書選択論

制と図書館の関係を，歴史的流れの中にとらえるマクロな方法によりたいこと，などの理由で，利用者研究にはあまり興味を示さなかった。しかし，図書館関係の雑誌には毎号のように読者研究論があらわれ，単行本もすでにいくつか出ており，読者研究論はかなりの盛り上がりをみせた。

　このうち特に実り多い研究を発表したのは，西ドイツではベルリンの国立図書館のノイバウアー，東ドイツではズール市立図書館長ゲーラーである。ノイバウアーは，1970 年発表の論文「図書館と利用者」にみるように[6]，アメリカの読書調査論の紹介と総括に専念している文献派である。ゲーラーはこれに反して，根拠地ズールで自ら行った調査をもとにして，その理論構成に力を入れている調査派である。時期はゲーラーの方が 5 年早く，1965～66 年度に調査した。したがって，戦後のドイツの読者研究の導火線には，ゲーラーが点火したとみるべきである。

　率直にいってゲーラーの調査方法，分析方法には特に目新しいものはないが，調査の上に築かれた彼の「要求理論」の理論性はすこぶる高く，われわれにとってきわめて示唆的である。またこれが，社会主義国の「要求理論」を代表していたことも意義深い。そこで以下において，特に彼の理論的考察の部分に焦点を合わせながら，ゲーラーの「要求理論」を紹介することにしたい。

## 1. ゲーラーの読者研究の経過

　ゲーラーは 1955 年，25 歳で東ドイツの西南部，ゴータの南方 30km に位置するズール市・県立図書館 (Suhl Stadt- und Bezirksbibliothek) に勤務を開始した。数年を経て彼は司書養成の教育を受け，1960 年に司書試験に合格し，同年 3 月に同館主任に昇格した[7]。1961 年には成績優秀メダルを受け，同館の館長に就任，読書興味調査を全県的に実施することになったのである。

　この調査に先立つ 1959 年以来，ゲーラーは特に東ドイツの公共図書館専門雑誌『図書館員』(Der Bibliothekar) 誌上に，いくつか論文，主張を発表し

ている。図書館協力論，中央図書館蔵書構成論，開架制実施報告，中央印刷カード論，町村図書館サーヴィス論，県下図書館システム論など，その範囲は広範にわたるが，読者研究論や興味調査論は見当たらない。

彼の調査論はおそらく司書養成過程で萌芽し，数年間の準備の上で実行に移されたのであろう。なぜならば彼は，調査完了の1966年に「ドイツ民主共和国の一般公共図書館の業務と発展のための社会学的調査の意義」を書いて，イエナ大学（おそらく彼の司書養成学校）の卒業論文として提出しているからである[8]。

その後も彼は毎年のごとく論文を書いたが，大部分はこの調査に関する論文，あるいは社会学的研究論文である。したがってこの調査は，ゲーラー図書館学にとって決定的な意味をもったことになる。

1967年にはズール調査の内容が詳しく報告された[9]。調査対象，方法を説明した上で，彼は調査にあらわれた「住民の平均的興味状況」を描き出したが，直接図書館の蔵書構成と結びつけて論ずるまでには至っていない。彼のとらえた住民の興味は住民個人個人の興味でなく，年齢，性別，学歴，地域などの別による集団興味（Gruppeninteresse）である[10]。

ここでわれわれは，読書要求は個人的なものであって，集団的なものとしては扱えないと主張したマッコルヴィンと，興味をグループに共通する傾向としてとらえようとしたウェラードの立場の違いを想起する[11]。この点についてゲーラーは「社会的および個人的興味，つまり社会主義における主要推進力の一致」と述べて，個人と社会の興味の弁証法的統一の必然性を示唆している[12]。

彼のレポートには『図書館員』誌編集部の注がつけられた。編集部はゲーラー調査の意義を高く評価した上で，次のように述べている。

「図書館における経験的・社会学的研究は，ドイツ民主共和国の図書館員にとっては新しい分野である。しかしブルジョア的な図書館の発展（史）上，社会学はとりわけ2つの世界大戦の間の時期に，比較的大きな役割を果たした。ブルジョア図書館社会学の功績は——よしんばその観念論

第1部　公共図書館の図書選択論

哲学的な概念のゆえに，われわれにとってただ部分的にしか意味をもたないにせよ——わが共和国における一層の発展の中で，度外視されることがあってはならない。大事なことはこれ（ブルジョア図書館社会学）を批判的に評価し，われわれの仕事のために利用することである。」[13]

ここでいう2つの大戦の間の時期のブルジョア図書館社会学とは，いうまでもなく1930年代の，ウェイプルズ，カーノフスキー，ウェラードらシカゴ図書館社会学派の社会調査論をさしている。

調査実施にあたってゲーラーは，図書館関係者以外に，イエナ大学の社会学者の助言を受けたが[14]，編集部は「大切なことは，社会学者，心理学者，数学者その他の科学者の助言と協力を求めることである」と，図書館調査は広く社会科学者の協力のもとに進められるべきだとの立場を強調している[15]。このように，ゲーラー調査の基本的姿勢はシカゴ学派のそれに完全に一致する。これはおそらく東ドイツの社会科学方法論および図書館学方法論の一般的傾向であろう。

同年ゲーラーは，『今日の図書館活動』（Bibliotheksarbeit heute）誌上に，調査の準備過程の報告を掲載し[16]，翌1968年には，協力者ウルマンと共同で，図書館学への数学的方法の導入の可能性を解説した[17]。ウルマンはベルリン・フンボルト大学の学生で，前年すでにズール調査報告と蔵書構成のための調査論を書いている。ともに手稿のままであるが，彼女は特に数学的分析が得意だったのではないかと思われる。

調査実施後4年を経た1970年，ゲーラー＆ウルマン調査の全貌がまとまった報告として発表された。「興味研究の成果とその図書館業務への意義」がそれである[18]。

本書には，東ドイツの公共図書館界の長老ワリゴーラの序文がある。ワリゴーラは年少にして共産主義活動に入り，1933年ナチ政権樹立とともにオランダへ亡命したが，数年して帰国，ライプツィッヒのホーフマンの図書館学校に学んで，1940年に司書試験に合格した。戦後2〜3の公共図書館で勤務した上で，1949年ベルリンの専門学校で教鞭をとり，新設された「中央

図書館研究所」に勤務，1953～1962年の間は『書評』(*Buchbesprechung*)誌と『図書館員』誌の編集主任をつとめた。1967年には，上述のカールシュテットの図書館社会学の，特に「公共性」の概念を，マルクシズムの立場から徹底的に批判し，自身ホーフマン学徒でもあることから，図書館社会学的研究に深い関心を示した[19]。

この報告書発表と相前後して，ゲーラーは社会学的調査の意義に関する一般的論考を書き[20]，さらに，社会学的側面と法則性に関する理論的著作を発表したようである[21]。調査を行ったのは1回きりであるが，ゲーラーはこれを裏から表から，見方を幾重にも変えて考察し，興味調査一般の意義，方向，方法を立体的に解きあかし，これを図書館社会学的理論へと高めていったのである。

## 2. 興味分析の意義

「科学技術革命の諸条件のもとに，社会主義を包括的に形成していく際，われわれの社会の精神・文化生活と生産圏の間の相互関係がいよいよ強烈にオモテにあらわれてくる。一般教養と専門教育の程度，政治意識，文化水準，倫理的美的観点が，生産の発展速度に深い影響を及ぼす。」[22]

ゲーラーが興味分析の意義の検討を始めるにあたってまずこう述べたのは，単に上部構造が下部構造に及ぼす影響が増大しつつある現状を指摘するためだけではない。また書物を媒介として，第一義的には人間の観念の世界に働きかけることを任務とする図書館の，積極的な意義を認めさせるためのみでもない。それは，もともと人間の観念の領域に属する「興味」を主要テーマとしてとりあげることの論理的根拠を明らかにしたいためである。

彼は「社会主義的生産の直接の目的は，社会のすべての成員の欲求をますます充足していくことにある」という。この欲求（Bedürfnis）は，単に原始的動物的欲求——食べ，住み，肉体と健康を維持する——だけではなく「生産の中で生ずる，より大きな知識への要求」をも含む。人間のはてしなく広

第1部　公共図書館の図書選択論

がる知識欲を充足することも，社会主義生産の目的である[23]。

　図書館はこの知的欲求を充足するために登場した。「図書館は，書物や音声において，社会主義的文学・芸術の積極的な媒介を通じて，社会主義的人格形成に寄与し，これをもって豊かな社会主義的人格の，体制必然的な発展に資する。」それは，規範を外側から与えていくより前に，まず「たえず増加する欲求のために文献を用意する」という形で，つまり生活の中で発生する現実的欲求に応じて文献を供給するという，むしろ受動的な姿勢で行われねばならない[24]。ここにまず個人の興味をとりあげる意味がある。

　だが個人の興味や欲求は，外側から絶対に規制しえない独立変数ではない。「図書館は，社会需要（gesellschaftliche Erfordernisse＝社会が必要とすること）に応じながら，興味や欲求を充足し，促進し，喚起することができる。」[25] 社会が必要とすれば，まだ十分に成熟していない個人の欲求や興味を刺激し，目覚めさせることもできるのである。

　こうしてゲーラーは，もともと図書館業務や図書館学の伝統からみれば，その枠の外におかれがちであった要求――なぜなら，それは図書そのものではなく，図書にかかわりをもつ読者の方へ注意を逸脱させることになるから――この読者の要求，興味を主要テーマとしてとりあげることの必要性を，欲求充足社会という社会主義の原則から導いたのである。

　日本でも，図書整理技術論のほかに，「図書館は何のために，誰のためにあるのか」という，図書館の存在理由への問いを，読者市民の要求に結びつけて論ずる傾向が顕著にみられるが，社会主義的公共図書館サーヴィス論と一脈通ずるものがあるといえよう。

　ゲーラーは別稿「さまざまな社会領域の社会学的研究の，図書館に対する意味」の中で，今や「サラリーマンたちが，自分の文化水準を高め，その欲求を教育・娯楽・社会活動……の面で充足するときである」「客観的にこれらの諸分野で大衆要求（Massenbedarf）が存在するために，図書館は，この社会学的研究の分野における個々の研究成果に，集中的，包括的に正面から取り組もうとしている」と述べた[26]。彼の眼には，図書館や読書への要求

は，それ以外のさまざまな社会領域におけるさまざまな要求の中の一つでしかなく，他の諸要求から切り離して，図書館・読書要求のみを考えることは，まったく無意味にみえるのである。したがって彼は，どうしても図書館以外の分野における社会学的研究成果を図書館に結びつけなければならないと主張する。つまり，彼は図書館を中心とする学際研究の必要性を強調するのである。

## 3.「興味」と関連諸概念

　ゲーラーは，「要求」（Bedarf）という概念をむしろ一般的総称概念として使用し，その中を「興味」（Interesse），「欲求」（Bedürfnis），「社会需要」（gesellschaftliches Erfordernis）などに細分して，単純にみえる「要求」の複合的な性格を切りさばいてみせてくれた。

　まず「興味」について，彼は「われわれは……興味を，実質的・観念的・客観的・主観的諸契機の複雑な『弁証法的統一体』として理解し，興味が社会需要と欲求の間に分離して存在するのではなく，両カテゴリーの間には緊密な相互関係が存在する，という形で考える」と述べる[27]。つまり興味は社会需要と欲求の間の，もう一つのファクターとして存在するのではなく，社会需要と欲求が結合した点に興味が発生するとみるのである。しからば一方の社会需要とは何か。

　社会「需要とは，外的諸条件が，ある行為の完成，進行に及ぼす影響にかかわる，客観的必然性（または必要性）（objektive Notwendigkeit）のあらゆる側面である」[28]。人が行為する際，これに対して常に何らかの外的条件がかかわり，影響・規制を及ぼす。この外的条件が何らかの客観的必然性をもつとき，行為への影響は大なり小なり規制的になる。この，個人に対して規制的影響を及ぼす客観的，社会的必然性，必要性を，彼は「社会需要」と名づけた。社会需要はしたがって，個人の欲求や興味からは一応独立して，つまり個人の求めると求めないとにかかわりなく，社会自体の歴史的必然性とし

て存在し,「自律性」をもつものである。

　この客観的需要はしかし,それ自体では何らの実効性ももたない。これが個人と結合され,両者の間に相互関係が生じたとき,はじめて生命を得るのである。

　　「需要は興味とされねばならない。需要は興味に変えられるものであるし,獲得されうるものである。なぜなら需要は,まさしく社会的法則における必然性の一側面として,欲求——ここでは内面的,人間の社会的存在に固有の必然性という意味で——の中に自己を補足し完成するものを見出すからである。」[29]

　社会需要は個人と結びつくことによって興味に転ずる。個人の側からみれば,それは社会需要の「獲得」であり,客観的必然性の内面化,同化である。「獲得されること」つまり内面化によって,需要は興味になる。そして,非人格的,客観的な必然性は,興味となって人格化されることによって完成をみるのである。

　一例として社会規範を考えてもよい。社会規範が社会規範たるにとどまる限り,それは抽象的論理的な生命のない必然性である。これが社会成員一人一人の主体的興味に転じたとき,規範は成員の内からなる意志となり,生命が与えられる。教育とは一方では,このような客観的必然性の内在化,したがって社会需要を興味へ転化する営みである。

　次に,ゲーラーは「欲求」を「本質的な,普遍的な,必然的な,そして——あらゆる歴史的具体性・変動性の中においては——比較的恒常的な関係」であり,この関係は「人間の自然,社会環境に対する関係,そして——この環境との対決の過程における——自己自身への関係,という体系の一結節点を呈する」ものだとみなした[30]。自然,自己自身,抽象的非歴史的社会に対する人間の関係としてとらえられる「欲求」は,本質的に非歴史的である。それは往々にして,歴史的過程や発展段階から切り離された普遍的な「本能」として扱われる。

　この没歴史的「衝動」としての欲求が「具体的歴史的形象」としてあらわ

れるためには，別の要因がかかわらねばならない。「欲求が作用するのは無媒介的にではなく，常に＜興味＞を介してである」[31]。「欲求」それ自体は何の機能ももたず，「興味」という現象形態をとることによってはじめて「はたらき」をすることができる。つまり興味は欲求の「現実形態」である。

したがって「興味構造を調査するときは，常に変化している欲求と，これとともに変化する興味構造の間に存在する諸関係に注目する」必要がある[32]。欲求の表現形態であり，欲求とともに変化する興味の構造を正確にとらえることにより，背後の欲求を，機能の中においてとらえることができるのである。

要するに「興味」は，一方では「社会需要」の内面化として成立し，他方では個人の内発的な「欲求」の外面化，現実化として形をなす。ここに社会需要と個人の欲求の，いうなれば弁証法的統一が達成される。ゲーラーが「一連の連鎖における継起ではなく，需要―欲求―興味という直線的連続でもなく，需要と欲求の，生成および作用の形における共在（Miteinander）である」と述べたのはこのことを意味する[33]。

以上は，実はゲーラーの独創になる理論ではなく，デブラーの欲求理論の応用である[34]。ゲーラーは彼の興味理論の論証のために，ほとんど全面的にデブラーの欲求理論を採用した。だが，デブラーの欲求理論が，図書館の蔵書構成，利用との関係における興味分析のために導入されたとき，それはすでにゲーラー自身の欲求理論であり興味理論であるとみなさなければならない。

社会需要は，社会が決定する歴史的必然性であり，欲求は社会的歴史的必然性とは何のかかわりもなく，個人の独自な法則によって生成する。この両極が個人の意識の中に定着されるとき興味が形成される，という図式は，基本的に正しい。

　　　　　社会需要　→　興味　←　欲求

ゲーラーは，「興味」の位置，意味をたしかめるためにこの図式を考えたのであるが，その他に「興味」に内在化されない「社会需要」があり，また

「興味」という現象形態をとらない「欲求」も存在することを見過ごしてはならない。例えば，社会が必要とすることが個人の興味に内在化されないとき，社会は例えば政治権力によって，必然性を実現しようとする。また動物的欲求は，興味を媒介することなく，いわば反射的に充足行為に移行することもある。

　ゲーラーの上述の興味理論は，興味の成立する原因，その実体をつきとめるためにたてられた理論であり，その限りにおいてのみ妥当性を有する。しかしわれわれの論題に関する限り，この興味理論のみで十分である。なぜならば，読書行動は，いかに社会的要請の強いるところであっても，大なり小なり個人の内面に投影され，「興味」をひきおこさない限り実現しえないからである。また内的衝動としての欲求のある部分は，「興味」に転ずる手間を省略して，機械的反射的に充足され，ある部分は「興味」に転じても，読書という高度に観念的な活動に向かわず，いきなり直接充足されているが，われわれのテーマである読書行動に至るためには，最低限まず衝動としての「欲求」が主体的意志としての「興味」に転じ，さらには文字という「シンボル」をもって充足しようとする観念化への意志にまで「高め」られなければならないからである。

　ところで，われわれが経験によって知るところでは，「興味」は無葛藤的な単一体ではなく，矛盾対立する要素からなる複合体である。興味相互間のこの矛盾対立をどう考えるかは，ゲーラーの興味理論は何も解明していない。彼は興味複合体の内部の矛盾関係は特に問題にしていないのである。

　この点についてワリゴーラは，上述のカールシュテット批判の中で，次のように述べている。

「公共図書館にかかわる人（利用者）の側における，さまざまな興味の矛盾が客観的に存在するならば，この矛盾は，イデオロギーと即物的知識（Sachwissen）が混在する矛盾的教育思想によっておおいかくされている。この２つの（矛盾）関係は，一方では生産関係と生産力の弁証法的関係に関連づけられねばならないし，他方では"虚偽意識"ともみな

しうるイデオロギーと，科学の間の対立に連関づけられねばならない。矛盾性は歴史的事例にみるごとく……政治的革命において白日のもとにあらわれてくる。」[35]

興味内部に矛盾が存在し，それは教育思想の中の矛盾と表裏をなし，いずれも生産力と生産関係，イデオロギーと科学の間の矛盾に根ざしていること，興味内部の矛盾性は，政治革命の瞬間に一気に表面化することを，ワリゴーラは明らかにした。

私はかつて「図書館における読書の自由」を論ずるにあたり，「2つの対立する要求が出されたとき」「＜論争されている問題のあらゆる面を構成に提示する＞資料を与えるのがより効果的図書館奉仕である」とする裏田武夫教授の見解を支持した[36]。ワリゴーラは，興味内部の矛盾はそれが発生せざるを得ない十分な根拠をもっていることを明らかにして，論争をさらに展開するような図書館サーヴィスの方向を示唆した点で，われわれと同じ立場をとるといえよう。

だが彼は，社会主義社会における「興味」について次のように述べている。

「社会主義社会の基底にある公共的興味（öffentliches Interesse ＝ 公益と訳すべきか），社会的興味を問おう。それは社会主義社会にあっては，個人的，集団的興味と一致しながら，行為の動機となった社会需要である。この公共的興味において，欲求と社会需要が合同するということは，それ（社会主義の公共的興味）を資本主義における公共的興味から根本的に区別する。……観念的，物質的関与（Teilhabe ＝ 興味）が合同して，図書館はそれ自体，あらゆる個々人にとって自分のもの（die eigene）となる。」[37]

興味の内的矛盾は，社会主義社会においては，興味が「公共的興味」になることによって統一され，図書館は社会的機関であると同時に，すべての住民にとって自分のものとなる。その点に資本主義社会の公共図書館との違いがある。ワリゴーラはこう割り切ってしまった。なんだか議論がふり出しに戻ってしまったような感じである。

第 1 部　公共図書館の図書選択論

　ワリゴーラによれば「興味」には内部矛盾がある。それは最終的には歴史発展の根源力である生産力と生産関係の間の矛盾につながっている，弁証法的な矛盾であろう。したがって「興味」一般として相互に「論争的に」働き合い，また「読書興味」における相互矛盾として図書館内へ持ち込まれ，ここで戦いが展開する。この戦いは常に，弁証法的止揚，したがってより高い段階の「公共的興味」の形成に向かおうとする。ただ資本主義社会においては，生産力と生産関係の基本矛盾が存在するために，戦いは永続し，矛盾も容易に止揚されないのに対して，社会主義社会では基本矛盾がすでに止揚されているので，興味の間の矛盾は敏速に止揚され，公共的興味が形成される。ワリゴーラの所説をこのように解釈するならば，理論それ自体はわれわれにも十分理解できるであろう。

　このように，資本主義と社会主義の間の「興味」の相違について彼は少し安易に論断したが，興味の間に矛盾が存在し，それは戦いののちに止揚されねばならないとする見方は正しい。社会における興味の矛盾は，図書館における読書興味の矛盾に投影され，図書館においても興味間の論争が展開されるであろう。そしてこの矛盾と論争こそが，歴史形成のエネルギーとなるのである。

　さて基本図式「社会需要—興味—欲求」という共在関係は，図書館にとってどのような意味をもっているのであろうか。ゲーラーによれば，

「1. 図書館が欲求充足（Bedürfnisbefriedigung）に向けられた行為を，調査した興味に基づいて，社会需要に応じながら指導し，効果的に指導しうる場合。

2. 図書館が社会需要を考慮しつつ，読者の欲求の発展に計画的に影響を及ぼす場合，——図書館は最も大きな働きをすることができる。」[38]

つまり図書館は，欲求を素朴に充足するサーヴィスを提供するだけでなく，一方では社会需要に対応しつつ，他方では興味をよりどころにしつつ，欲求と行為をある方向へ誘導・指導することができるし，また計画的に欲求

第 3 章　読書興味の理論

を発展させることも可能なのである。

　要求理論や読書興味調査論は普通，欲求や興味を絶対化し，図書館はこれに従属的に応じるべきだとみなす傾向がある。もともと要求論の起源である要求主義的主張が，図書の価値を中心に考える伝統的価値論に対するアンチテーゼとして登場したものであるから，これまたやむを得まい。しかし，マッコルヴィンすら「要求の価値」を認めざるを得なかったように，要求の絶対化，無条件の受容には，所詮限界がある。図書館が積極的に働きかけることにより，欲求あるいは要求を質的に向上させることもできるのである。

　ゲーラーはまた「それに伴うべき欲求がまだ十分発達していないような社会需要」があることも認めた[39]。つまり社会需要はたしかに存在するが，それに対応する欲求が十分成長していない場合がある。このときも，興味を媒介者として欲求を十分に発達させるよう，図書館が働きかけることもできる。これは明らかに図書館の教育的機能である。

　ゲーラーは，抽象論理として興味理論を展開しただけではない。彼らの調査結果に基づいて，興味に 4 類型を設定した[40]。

　1. 客観的に存在し，また充足される興味
　2. 興味発展の条件は存在するが，自らは自己の興味を自覚していない場合
　3. 客観的に存在するが，充足されていない興味
　4. ありもしない興味を見栄で，あるいは誤って調査用紙に記入した場合。

　このうち 1 は最も普通の興味である。4 は件数が少ない。図書館が問題にしなければならないのは，2 の自覚されていない興味と，3 の現存はするが充足されない興味である。

　私はこれまで，興味とは読者自身自覚している要求だと考えてきたが，ゲーラーは 2 のような自覚されない興味をも「興味」の中に含めた。事実人間は，すべての興味事項を明確に自覚していることは不可能であり，対象が眼の前に提示され，あるいは外部から指摘されたときに意識にのぼる興味が大部分であろう。だから，興味調査の質問は「あなたは何に興味をもつか」でなく「あなたは○○に興味をもつか」と書かれねばならないのである。し

第1部　公共図書館の図書選択論

かし，こういう対象提示や指摘によって自覚される興味は，1か3か4の項目に入らねばならない。ゲーラーのいう「自覚されない興味」は，こういう条件づけが与えられてもなおかつ自覚されない，したがって調査用紙にチェックされない興味である。これらはむしろ，まだ「興味」に転化しない「社会需要」または「欲求」とみなすべきではなかろうか。その意味で，私は「興味は自覚されている要求」という私のこれまでの考え方に一部修正を加えると同時に，ゲーラーの2は興味の概念の拡張しすぎだとみなしたい。

　ゲーラーは2において，ある特殊な方法を講じ，または条件づけを繰り返すことによって興味に転じうるものを考えたが，図書館がかなりのエネルギーを費やして，興味喚起の努力をすべきかどうかは，いまただちには断じがたいものがある。一般にはすでにいろいろな形で PR 活動が行われ，興味を呼びおこす努力がつづけられているが，現存の興味，あるいは簡単な条件づけで自覚される興味——少なくとも調査でわかる程度の——の充足にまず力を集中すべきではなかろうか。

　3の充足されえない興味は，図書館にとって最も重大である。これはウェイプルズらの「読書興味」と「読書行動」の間の断層に該当する。充足されない理由は「読みやすさ」(Readability)，つまりその本がその読者に読めるものであるかどうかと，「入手可能性」(Accessibility)，つまり欲しい本が蔵書中にあるかないか，利用できる状態にあるかどうかのように，図書選択，蔵書構成，図書館サーヴィスにじかに関係する問題でもある。

　ゲーラーの興味理論を補うために，相互に影響し合っていると思われるワリゴーラ・リッティイングハウス（おそらくロレンツ・ワリゴーラ夫人）の要求理論をここで紹介しよう[41]。

　ワリゴーラ・R. の要求（Bedarf），欲求（Bedürfnis）という概念は，市場研究の一般概念からとり入れられ，特に図書については書籍市場研究（Buchmarktforschung）に関係づけられた。したがって，図書館業務ではまず「専門文献利用対象の業務に，つまり厳密な意味で目的志向型の利用にいいあらわされる領域」においてこの概念が適用される。「要求」は要求主体

(Bedarfsträger) が図書館員へ知らせる。要求の内容はきわめて明確であり，測定可能である[42]。

「欲求」はこれに反して，経済学でいうごとく，「個々の消費の一定の対象，またはあるサーヴィスへの主体的関係」であり，いきなり合計しうるものではない。合計するためには，「社会的に承認された欲求」としての「共通分母」である「要求」に転換されねばならない。「あらゆる文献欲求・要請（Literaturbedürfnisse und -anforderung）は具体的な要求へと変わる。」[43] したがって「要求は読書・文献欲求の総和ではなく，具体化であり，測定しうる形への転化であり，対象化である」[44]。この転化した欲求が全住民の要求である。

ワリゴーラ・R. は，顕在的要求と潜在的要求を区別する。「すでに実現され，ひきつづいて充足されるべき要求は，あらゆる図書館業務の対象である。他方，潜在的，客観的に存在する要求の実現・調査は，企画，とりわけ予測的企画（prognostische Planung）の対象となる。前者はすでに図書館の側に知られた要求であり，後者は図書館側からみれば，潜在的要求である。」[45] マッコルヴィン流にいえば，「顕示要求」と「潜在要求」の違いである。

要求は単なる要求一般ではなく，ある特性をもつ要求タイプである。そして「どの要求タイプも（自己のタイプに一致する）一定の文献と一定のサーヴィスを求めている」のである。したがって要求タイプと文献タイプ——入門書・研究書，学術的・娯楽的など——の間に一致がみられなければならない[46]。

公共図書館では，要求主体が要求対象，つまり自分の求める図書が何であるかを知らない場合が多い。利用者は漠然と来館して本を手にし，はじめて自分の求める本が何であるかをたしかめる。この場合，来館する動機となる要求は厳密に決定されたものではなく，ある幅のゆとりをもっている。要求対象は，AでなくてBだと排他的に決定されたものではなく，AかBか，あるいはAでもBでもよい，という柔軟性をもっている。これをワリゴーラ・R. は，要求および要求対象の交換可能性（Austauschbarkeit）という。

要求のある部分は,「精神的,文化的活動・刺激への大なり小なり不確実な要求」であり,概してこの種の要求は「開架書架で,つまり図書館の中でうける印象や刺激によって決定される」。つまり交換可能要求である[47]。

交換可能性についてはゲーラーも「文献媒介過程において,文学作品はしばしば交換可能である。読者は,彼の本来の求めからは大なり小なり外れたような,類似の本でも借りていく。……文化の交換可能性が（小説の）高い回転率を可能にする」「ノンフィクションにおいては,特定タイトルの交換可能性は,本質的にはより少ない。そこにノンフィクションの,根本的に利用の少ない原因がある」と述べている[48]。交換可能性のある分野の図書の利用は当然多く,回転率も上昇するであろう。

交換可能性は,要求のレベルアップをも可能にする。要求Aを充足するかわりに,質的により高い類似の要求対象Bを提供することができれば,そこに要求の水準上昇がおこるであろう。こうして,図書館は意図的・計画的に利用者の要求を向上させることもできるのである。

以上にみたワリゴーラ・R.の「要求」の概念は,ゲーラーの「興味」にほぼ一致するとみてよい。相違点は,ゲーラーが社会需要と欲求の結合点に「興味」を位置づけて構造的にみたのに対し,ワリゴーラ・R.は一般概念としての「要求」で論じるにとどめているところにある。

## 4. 興味―利用―蔵書の関係

「社会需要,個人的興味,蔵書および蔵書利用の対応・非対応をたしかめる」ためには,これらを一対一で個別に対比する必要がある。つまり,

1. 社会需要と個人的興味
2. 社会需要と蔵書
3. 個人的興味と蔵書
4. 社会需要と蔵書利用
5. 個人的興味と蔵書利用

このうち，社会需要は量的に測定することが容易でないので，主体化された興味の形でとらえるしかない。したがってゲーラーも，社会需要を計量的に扱うことはせず，興味，利用，蔵書の3者を比較するとき，言葉によって社会需要の側面から補足説明するにとどめている。

　利用者の要求の側から蔵書の「適否」を判定しようとする場合，一般には蔵書構成を利用と比較する方法がとられている。しかし先に別稿でもみたように，この「適否」には括弧がつく[49]。利用は蔵書構成のよって立つべき基準を示すものではなく，逆に現在の蔵書がどの程度フルに活用されているかを知る指標である。いわば蔵書の働き具合の「適否」を知る手がかりである。このようなウェラード的見方がゲーラーにおいても全面的に採用され，興味—利用—蔵書という，ウェラードの三重比較法に似た比較法が用いられたのである。

　「社会的見地からみれば，興味および蔵書の間にはきわめて緊密な関係が存在する。図書館に持ちこまれる興味には，書物との関係における，個々の社会集団の最も重要な社会的連関・現象が反映している。……図書館は社会需要に応じた蔵書構成を形成し，この蔵書をもって個々の読者グループに働きかける。」[50]

言い換えれば，蔵書構成の基準は利用ではなく興味であり，図書館は興味に対応した蔵書を構成しなければならない。顕在的興味のみならず，まだ図書館利用にまったくあらわれていない興味を相手に，蔵書が準備されねばならない。そしてこの蔵書構成をもって，図書館が読者に働きかけ，いまだ図書館利用に及んでいない市民にも「対応する読書のかまえをつくり出さ」ねばならない。こうして蔵書と興味は相互に働きかけ，相互に規定し合う関係を維持する。

　一方，「蔵書の利用には，社会と個人の間の複雑な興味関係が反映している」。それは単に読書に向かう興味だけではなく，これを助長し，あるいは阻むような興味をも含む，興味の複合体である。これらの興味がプラス・マイナス精算された結果が，利用，未利用，不利用という形であらわれる。ま

第1部　公共図書館の図書選択論

た，客観的，物理的諸条件も肯定的，否定的に作用して，興味の充足形態に変形をあたえる。したがって利用，不利用という結果は，当初の興味の原型とは似ても似つかぬものになることが多い[51]。

ここでゲーラーは，「図書館が，どの程度個人的，社会的要請を満たしているかを決定する証言を得るために，われわれはさまざまな読者グループの興味を，詳細な蔵書・利用研究に導入することが必要だと考える」という。つまり，従来のように蔵書構成と利用を比較するだけでは，図書館による「個人的社会的要請」の充足度を知ることはできない。そのためにはどうしても，第3のファクター「興味」を導入せざるを得ないというのである[52]。これによってこそ，「社会的に必要なもの（gesellschaftlich Notwendiges）と現実に存在するもの（real Vorhandenes）の間の関係」を明らかにすることができるのである[53]。

3者を比較するためにウェラードは，それぞれの主題別百分率を折線グラフに記入して，相互の対応関係をみる方法をとったが，ゲーラーは百分率の方法はとらず，サンプル調査の方法で，調査サンプル数と全利用者の比を主題別のチェック数にかけ，これをそのまま冊数とみなし，それと年間利用冊数，蔵書冊数を折線グラフに記入したり，直接に数量的に比較したりした。つまり，

$$X' = X \cdot N/n$$

ただし，$X'$ ＝特定主題の「興味冊数」
　　　　$X$ ＝同じ主題のチェック数
　　　　$n$ ＝サンプル数
　　　　$N$ ＝全利用者数[54]

この方法だと，なるほど森耕一の批判は一応克服できるが[55]，精密さに乏しいし，蔵書冊数と年間利用冊数をナマで比較する場合と同じ困難さがある。ここではこれ以上方法については論じないでおこう。

ゲーラーの比較によると，興味―蔵書の関係は，興味―利用，蔵書―利用の両関係よりも接近している[56]。これはまったく意表をつく結果である。常

識的には興味―蔵書の関係よりも，興味―利用，または利用―蔵書の関係の方がはるかに接近しているように思われるが，ズールでは興味―蔵書の関係が一番近いという結果が出たわけである。

興味，蔵書，利用という3面のほかに，利用請求（Benutzungsanforderung）という第4の概念を導入したマイヤーの方法について先に別稿で紹介し，ウェラードの興味論と比較したことがあるが，あの比較はゲーラーにもそのまま当てはまる[57]。

簡単にここで繰り返すと，マイヤーは公共図書館でなく学術図書館で，図書館要求研究を科学的に行う必要を強調し，興味ではなく利用請求，つまり図書館に来て実際に利用し，または利用しようとした時点に焦点をしぼり，利用しようとしたが利用できなかった場合と，利用できた場合を合計した要求をアンケート調査で調べ，これを蔵書構成と比較する方法をとった。学術図書館の利用者は，自分が何を利用しようとしているかをすでに知っており，それは他の資料をもってかえることができない，つまり交換可能性のない要求である。ここに，マイヤーが興味調査でなく利用請求調査をとった理由がある。上にみたゲーラーの興味は，このマイヤーの利用請求よりもさらに広く，興味のうちのきわめて自覚的・積極的な部分が利用請求であり，この利用請求のうちのある部分が実際の利用になる，という関係がある。

堀内郁子は，請求票に書いて出したが利用できなかったタイトルを調査する方法を紹介し[58]，ノイバウアーもこれに言及しているが[59]，マイヤーの場合はさらに，自分で書架を探して見つからなくて請求しなかったもの，開架で利用したが貸出はしなかったものが加わるので，範囲がさらに広いわけである。

## 5. まとめ

以上，ゲーラーの興味理論の，特に理論的な考察の部分をクローズアップして紹介し，他の理論と比較した。ゲーラーの興味理論の特色を要約する

と，次の6点にまとめることができる。

1. ゲーラーの要求理論は，社会主義社会の，欲求充足社会という原則の上に構築された。
2. 彼の要求理論は，社会学，心理学，統計学など，社会科学一般の理論と方法を適用して成った。
3. 彼はアメリカ的ブルジョア図書館社会学をも批判的にとり入れている。
4. 興味は，一方では社会需要の内面化，他方では個人的欲求の実体化として成立する，社会と個人の弁証法的統一である。
5. 図書館蔵書は利用との比較だけでなく，興味とも比較されなければならない。この場合，興味，利用，蔵書は相互に規定し促進し合う関係になる。

蔵書構成を利用と比較する方法は，すでに日本でも広く行われているが，読書興味と比較する努力はまだあまりなされていないようである。当面はまず，利用や，直接カウンターへ提示され，電話で申し込まれる利用要請に応じた蔵書構成をつくることに忙殺されて，読書興味まで考慮する余力がないためであろう。だがいかに努力しても，利用に完全に一致した蔵書をつくり上げてしまうことはできない。なぜならば，利用と蔵書は相互に規定し合い，蔵書が一応でき上がると，利用はそれを足場にしてさらに発展し，とどまるところを知らないからである。

利用に応じた蔵書構成ができたら，興味との比較に入ろうというのでは，興味へ切りこむときは永久に来ない。一方，利用と蔵書が，構造的にほぼ一致したといえる図書館もすでにいくつかあるようである。こういう図書館で，第3のファクターを導入して，興味と利用・蔵書を比較してみると，予期せぬおもしろい結果が出るのではないかとも思われる。そのためにゲーラーの興味理論は，彼の問題にした側面で，いくつかの貴重な手がかりを与えてくれているようである。

なお，読書興味・利用・蔵書構成の関係については，拙著『アメリカにおける図書選択論の学説史的研究』において詳しく論考した。ウェイプルズ，

ウェラード，ゴルドホアの理論と，ゲーラーの理論を比較してみていただきたい[60]。

# 第4章
# 図書選択方針の形成

## 1. はじめに

　はじめ図書選択方針（book selection policy）は，図書選択の理論や原理と同義とみなされていた。理論が抽象性を増し，図書選択の現場の実際的諸問題に対して，個別具体的に指示を与えることが困難になると，一般理論とは別に，個々の図書館に固有の図書選択方針が必要となり，かくて方針が理論から分離独立することになった。1959年のカーター＆ボンクの図書選択教科書は，巻末にいくつかの図書選択方針の事例を添えながら，本文中では方針を原理から区別して論ずることはしていないが[1]，ボイヤーの図書選択方針事例集が刊行されると[2]，ようやく方針の独自の意義が一般に認められ，同年刊のブローダスの著書には「選択方針書」（written policy for selection）という小見出しがあらわれ[3]，エヴァンスは方針のために特別の章を立てた[4]。図書選択方針が図書選択論の中で独立の領域を確保したのは，それほど古い話ではない。

　しかし，図書選択方針書（policy statement）の作成の歴史は1950年当時まで遡り，すでに50年余の歴史を経ている。図書選択方針の事例集を編んだフュータスは，1970年代までの歴史を1950〜60年代，1960〜70年代，1970年代の3期に時代区分し，時代によって図書選択方針の成立事情が異なる事実に注意を促している。公共図書館中心の時代区分ではあるが，各時代の特色をよくとらえた的確な区分といえよう。これによると，

「50年代から60年代初期に書かれた資料選択（方針）書は，知的自由，読書の自由，および検閲等の考え方に関して，図書館専門職員が感じとった関心事を反映している。」[5]
たしかに，1950年代は図書館の知的自由が大きな挑戦を受けた時代であり，当時作成された方針書は何らかの形で知的自由の原則に触れているが，立ち入って吟味してみると，方針の文書化の動機や意図が必ずしも常に図書館の知的自由の防衛にあったわけではないことがわかる。方針の文書化という，図書選択の現場の新たな展開には，もっと多様なファクターがダイナミックにかかわっていたようである。

そこで本章では，1950年代をアメリカ公共図書館図書選択方針の形成期とみなし，この時期の方針書の事例の内容を分析し，構成上の特質を明らかにしながら，公共図書館の現場に図書選択方針が定着していった過程の力学を考えることにしたい。

## 2. 公共図書館の標準化

公共図書館の図書選択方針は，大学図書館の収集方針（acquisitions policy）に比べて，やや出足が遅れた。大学図書館ではすでに1930年代末に「購入方針」が論じられ[6]，1945年の『大学図書館論』でも収集方針が詳しく論じられたが[7]，1940年代の公共図書館の最大の課題は，第二次世界大戦中の荒廃からの立ち直りと図書館サーヴィスの水準向上であり，そのための基準作成と実行に全力を傾注していた[8]。基準作成は標準化あるいは画一化を志向するので，各図書館の特殊事情を生かし，個別化していく指針となる図書選択方針とは，本来逆の方向性をもっている。公共図書館には，個別化の前提条件となる最低限度のサーヴィス能力がまだ備わっていなかったのである。

アメリカ図書館協会（American Library Association: ALA）は1942年に「全国資源計画委員会」の要請を受けて，第二次世界大戦終結後の図書館サーヴィス計画を検討する「戦後計画委員会」を設置した。委員長はシカゴ大学の

ジェッケル教授である。委員会は翌1943年に『戦後公共図書館基準』(*Postwar standards for public libraries*) を作成した[9]。

　この『戦後基準』の第1の特色は，強烈な教育主義の基調である。この中ではたしかに，アメリカ公共図書館の基本的目的として，教育，情報，美的鑑賞，研究およびレクリエーションの5機能が並列され，目的の多元性の原則が継承されてはいるが，市民の継続的な自己教育，科学の進歩への協調，表現の自由の尊重などを強調して，民主社会の目標達成のための民衆啓蒙に力を入れている点は，要求論議に明け暮れた戦前と一線を画する，戦後期の際立った特徴である。このため図書選択論も価値論の色合いを帯び，蔵書を一定の質水準に保とうとして，チェックリスト法や，主題専門家の診断による蔵書評価を勧めている[10]。

　この教育主義に引っぱられて，『戦後基準』は戦前に好んで用いられた demand, reading interest などの概念を避けて，要求概念を interest and needs という複合概念に統一した。前記2概念が主観的欲求概念であるのに対して，後者は客観性のある欲求概念で，このうち特に needs は戦後の「要求」理論の基本概念に定着することになる。

　第3の特徴は，その「基準」としての特質にある。「基準」は本来，全国公共図書館に共通する指針であり，各館で異なる図書選択方針とは区別されねばならないが，「ここに提案された基準は，大部分，現存図書館の実際の保有蔵書と，年間購入方針をもとにしてつくられた」と述べているように，現状から引き出された平均値的な方針を一般化し，これに規範力を付与したものであり，その中には「図書選択方針」も含まれている。さらに各図書館は『戦後基準』の示す標準を，それぞれの特殊事情にあわせて修正解釈することを求められてもいる[11]。見方を変えれば，『戦後基準』のためのデータは各館の多様な現実から得られ，「基準」は各館の事情にあわせて「方針」の中にとり入れられることによって，初めて意味をもちうるのであり，「基準」と「方針」は相互に支え合う関係にあった。『戦後基準』は，図書選択方針形成のための導入部の役割を果たしたのである。

第4章　図書選択方針の形成

『戦後基準』は，一般原則につづいて，人口に対する蔵書冊数，年間受入冊数等の量的基準を示し，児童書やノンフィクションの，全蔵書中の比率値もあげているが，これらは標準化を志向する基準に典型的なファクターであり，図書選択方針にはなじまない[12]。

これより5年後に，戦後計画委員会は『公共図書館サーヴィス全国計画』(*A national plan for public library service*)を作成した。執筆担当は前記ジェッケル，イノック・プラット公共図書館のウィンスロウ副館長，およびコロンビア大学図書館学部教授マーチンの3名で，ともにシカゴ学派に属する[13]。

『全国計画』には『戦後基準』以上に強い教育主義の立場があり，特に第1章を執筆したマーチンの所論にそれが顕著である。彼は図書館（員）に指導的機能を求めて，次のように主張する。

> 「ダイナミックな図書館サーヴィスの中心問題は，目的を自覚したリーダーシップである。公共図書館が目的の旗印のもとに統合集中されれば，社会制度の中で正当な地位を占めることができる。」[14]

この教育主義の目標は単純な文化教養中心の啓蒙主義ではなく，政治的社会に生きて，デモクラシーを支える理性的な人格の形成でなければならない。

> 「投票権をもつ市民としての個人の無関心や無知を変えていくという目的は，破壊的でも官僚的でもない。人々に関係する知識という手段を用いて，寛容の精神を養い，20世紀の文化的遺産の理解力を養い，消費者の間に知性を培うという目的もまた同然である。」[15]

この教育主義の基底に，第二次世界大戦を引きおこしたファシズムに対するレジスタンスと，デモクラシーの勝利という貴重な体験が存在することは論をまたない。しかし，『全国計画』が作成された1948年に「図書館権利宣言」(Library Bill of Rights) が改訂されたという事実も忘れてはならない。当時アメリカにも，*New republic*, *The nation* などの雑誌が図書館から除かれ，また図書館員に忠誠宣言が求められるなど，知的自由への厳しい締めつけが図書館員の眼の前で強行されるという現実が存在したのである[16]。『全国計画』の教育主義には，『戦後基準』の知らなかった新たな動機が含まれているとみるべ

きであろう。知的自由のための「市民啓蒙」については，ジェッケルも「コミュニティ，国民，世界に特に関心をもたれている現在の争点，問題点について幅広い情報を提供することが公共図書館の責任である」と述べている[17]。

　知的自由の原則をとり込んだ教育主義思想は，それ自体『全国計画』や標準化の不可欠構成要因ではないが，同年改訂された「図書館権利宣言」は，明らかに全国の図書館に知的自由の思想を普及することを意図するものであった。『全国計画』や標準化思想と，「図書館権利宣言」の思想が一筋の流れに合流したのはごく自然のなりゆきである。ところが，知的自由にかかわる問題が，全国図書館界 vs 右翼勢力という広い舞台で発生することは稀で，大部分は個々の図書館と地域の圧力団体というローカルなレベルで発生する。したがって「図書館権利宣言」の原則は，単に全国レベルの宣言でとどまることなく，各図書館における問題処理の業務の中に内在化されなければならない。すなわち，各館独自の図書選択方針の中に具体化・個別化されねばならない。『全国計画』や「図書館権利宣言」は，各館の図書選択方針作成の直接の動機となったのである。

　『戦後基準』の場合と同様，『全国計画』を現状の制度化として考えるか，「将来構想」として意図的，計画的に組み立てるかは，委員会の最も苦慮した点であったが，結局，現存の先進的なシステムを基準として全国構想をまとめるという，両原則の中点に落ち着いた。第6章の協力調整，主題分担，図書館間相互協定あるいは自主的責任分担などの種々の協力レベルも，現状とヴィジョンの交点に描かれるモデル像である[18]。初期の図書選択方針の事例が，多く現行システムの記述の性格を帯びているのも，共通する思考パターンの反映といえよう。

## 3．イノック・プラットの図書選択方針

　大学図書館の場合は，収集方針の実例が出現する前に，さまざまな形でその必要性が論じられたが，公共図書館の場合はこうした公の場での準備行程

がなく,突如として高いレベルの図書選択方針の実例があらわれた。1950年,ボルティモア市のイノック・プラット公共図書館（Enoch Pratt Free Library）の『図書選択方針』（*Book selection policies*）が作成され[19],これが引き金となって各地の大公共図書館で図書選択のルールが相次いで文書化され,図書選択方針の歴史がはじまったのである。

方針書の成文化の責任者は,成人奉仕調整係ホーズと同補佐シンクレアであるが,規定内容はそれまで各種委員会によって熟慮吟味されてきた事柄であり,いわば全職員の共同作品である[20]。ただ,当時の同館の副館長が先にジェッケルと共同で『全国計画』を作成したウィンスロウであったことを勘案すると,この図書選択方針の成立には『全国計画』が刺激剤として影響を及ぼした可能性が強い。

方針書は索引も含めて46ページに達し,初期の事例としてはかなり大部のものである。全体は一般原理と特殊分野の原理の2部に分かれ,次のような構成となっている。

 I. 一般原理
  A. 図書館の一般目的
  B. 選択の目的
  C. 選択の責任
  D. 選択の方針
 II. 特定分野の選択原理
  A. サーヴィスする読者グループ別に
  B. 資料の形態と性質の別に（主題とは別の意味）
  C. 主題別に

第I部では全蔵書,あるいは図書選択業務全体にかかわる「原理」を示し,第II部では利用者のタイプ別,資料のタイプ別,資料の主題別に,「原理」を個別分析的に詳述している。この構成は一般図書選択論においてしばしばみる構成であり,これが方針書に直接とり入れられたものであろう。

イノック・プラット公共図書館の方針書の第1の特色として,一般原理か

第 I 部　公共図書館の図書選択論

らまだ分化していない状態をあげることができる。「原理」とは特定図書館に限定されない普遍的な法則，あるいは指針であるが，「方針」は特定図書館のみに通用する指針であって，両者は区別されねばならない。ところがイノック・プラットの図書選択方針では，原理（principles）と方針（policies）がほぼ同義語として使用されている。

そのため，この方針ではボルティモア市の地域的特性がそれほど考慮されず，全体として公共図書館における図書選択の一般理論という印象が強い。図書選択の指針を図書の価値や住民の要求からでなく，図書館の目的から導き出そうとする論理の運びも，この方針書の顕著な特色ということができるであろう。

図書選択原理を図書館の目的から演繹する方法は，先にシカゴ学派のゴルドホアによって示された。彼は言う。

「公共図書館の運営においては，目的（objectives）は方針（policies）へ，方針は計画（programs）へと向かい，計画は個々の読者による図書の利用という結果に至る。」[21]

目的は方針へと展開される，換言すれば図書選択方針とは図書館の目的をより具体的に記述したものにほかならない，というのである。この場合，方針書のできばえ如何は，主として図書館の目的の記述の明快さや具体性にかかっている。

「図書選択の過程が，設定された目標の達成にどの程度寄与しうるかは，目標を文章表現する際の明瞭さ，十分さ，明白さに依存し，目標が実行可能である度合い……に依存する。」[22]

図書選択方針に関するこの「目的理論」が，ジェッケルによって上述の2つの「基準」に採択され，さらにイノック・プラットの図書選択方針まで伝えられたのである。方針書の執筆者たちが，どこまでゴルドホア理論を消化していたかはわからないが，図書館の目的を価値や要求よりも上位において図書選択の最高原理とする構想だけは確実に継承されている。

同館の掲げる目的は教育，情報，研究，余暇の創造的利用からなり，典型

的な複合性をもつが，やはり『戦後基準』以来の教育主義の思想の影響は免れず，教育的機能を特に強調している。方針にいう「教育的価値」をもつ資料とは，基本的恒久的価値のある図書の他に，現代の諸問題に関する時宜を得た資料，すなわち情報資料も含み，情報提供機能も広義の教育の一部をなすと考えられる[23]。またレクリエーション的な資料も，無闇に範囲を拡大せず，妥当な質をもつ資料に限定される[24]。一方，研究機能はやや寛大に受容され，専門的資料の利用者の要求はすべて一定レベルを越えると考えられ，無条件に肯定される[25]。知識の「地平を拡大」する機能自体が，市民としての責任感を育てる教育的機能なのである[26]。

イノック・プラットの方針には，「図書館権利宣言」への言及は見出されないが，第Ⅰ部Eの第3項としてあげられた，3ページに及ぶ「資料排除の一般基準」がこの問題に関連をもつ[27]。この基準は，知的自由の原則をもって，現実の諸問題を一刀両断するものではなく，むしろ現実のさまざまなケースに対応して具体的な指示を与える形をとっている。

まず「排除」の理由は消極的，積極的の2タイプに分けられる。前者は要求の有無，価格，他のルートによる入手の可能性など，図書選択の一般論にあげられる諸要因であり，これらは特に知的自由を侵害する性質の要因とはみなされない。

問題は，図書館が積極的に判断を下して，特定図書の受入を拒み，あるいは蔵書から除去する場合である。方針は「よき好み」や「道徳的基準」による判断と，公共の諸問題の扱い方の偏向という2つのカテゴリーをあげ，第1のカテゴリーの場合は，売らんがための扇情主義，純ポルノグラフィ，文学的価値の乏しい小説等を排除しようとするが，第2のカテゴリーの場合は，あらゆる意見への自由な接触や，言論・出版の自由を守るべきこと，「あるグループを満足させるために他のグループの利益を犠牲にすることはできない」ことを，かなり断固たる調子で主張している。特に「世論」は「時や状況次第で変化する」ものであり，「図書の選択や排除のための安全な手引き」とはなりがたいと述べているのが注目される。「責任ある意見の合

第1部　公共図書館の図書選択論

意」によって「非健全」と判定される図書を除去することも可能であるが，研究者のためには「反社会的，非合法」な図書，ヒトラーの『我が闘争』のような，内容的には到底受け入れえない文献も提供されるべきであるとしているのも同工異曲である。「世論」が評価や選択の基準となりえないことは，すでにカーノフスキーの要求論批判によって論証されたところであり[28]，これがシカゴ学派の思想の水脈を伝ってイノック・プラットの方針書に注ぎ込んだものと見受けられる。ボルティモア市のコミュニティから，図書館に何らかの圧力が加えられた事実があり，これが方針書の強い調子の知的自由論を引き出したのではないかという印象も拭いきれないが，方針書の文面から具体的な証言を得ることはできない。

　方針書はまた，本館と分館の機能分担を明記している。従来の図書選択論は本館・分館の間の収集原理の相違までは考慮に入れなかったが，日々の実践の指針となるべき方針書では，極端に異質な本館・分館の図書選択を同一の選択原理によって導くことは，絶対に不可能だったのである。方針書によると，本館は参考図書や学術資料を収集し，そのうち学術資料は主題別の評価基準ではなく，読みやすさ，著者の態度，記述の質などによって選択される。一方，分館では，コミュニティとの関係が緊密なので，読者のニーズや興味を選択の基準とする[29]。

　「選択に影響を及ぼす諸要因」の一つとして，ボルティモア市内外の大図書館との関係への配慮が求められ，ここで初めてイノック・プラット独特の方針があらわれる。市内にはジョンズ・ホプキンス大学図書館，ピーボディ研究所図書館という一流の研究図書館があり，またワシントンの議会図書館も遠くないことから，公共図書館であるイノック・プラットは「純研究コレクションを形成することを自己の機能の一部とは考えない」[30]。一般に近隣の図書館が分担収集を行うときは，主題の分担の形をとることが多いが，それは原則として専門文献に限られる。公共図書館は「標準図書，古典，通俗タイトル，参考図書，書誌」などの収集においては，主題分担の原則を無視して，総合的に収集すべきである[31]。

## 第4章　図書選択方針の形成

　イノック・プラットの図書館協力は，協定による分担収集ではなく，単なる自主的な収集調整にすぎないが，地域の図書館事情を十分視界に収め，協力体制確立に向かって前進しようする姿勢をみることができる。収集を抑制する分野と，重複をもかえりみず収集する分野が交錯して一貫性がないのは，方針書特有の現実的対応とみるべきである。

　利用者は大きく分類される。すなわち，まず年齢によって成人，青少年，児童の3グループに分類し，第2段階では学生，英語外読者，読書遅進者など，年齢分類のみで処理しきれない特殊なタイプを列挙している。見出しだけをみると，これらは利用者の諸類型の特性の解説であるかにみえるが，実は各読者類型にふさわしい資料の説明であって，利用者のニーズや興味についての立ち入った分析はみられない。いわば資料類型や主題による資料分類に次ぐ，対象読者による第3の資料分類である。

　資料類型としてあげられているのは，フィクション，外国書，ペーパーバック，パンフレット，雑誌などの常識的諸類型で，それぞれの資料特性と収集選択上の諸問題を一般的に述べているにすぎないが，その中でフィクションの選択理論には傾聴すべきものがある。方針書はあらかじめ，小説や読者の興味が多様化したために，さまざまな型の小説の収集が必要であるとして，「単一の文学的質の基準」を定立することを避けたが，「その作家の特殊分野において過去に創り出されたすぐれた著作との比較」という手法，すなわちヘインズがかつて示した「名著・名作」(masterpiece)との比較という方法を採用した。ところが先行例のない「実験小説」の場合，このヘインズの評価方法は適用不能となる。例えば従来の小説評価はプロット，文体，性格描写と考えられ，一般読者は今もこれら3要素，とりわけプロットのできばえを問う傾向があるが，現代作家はプロットをさほど重視せず，特に実験小説においてその傾向が著しい。実験小説は，伝統的な要素分析法をもってしては正しく評価できないのである。しからば現代小説を評価する基準は，いったい何に求めればよいのか。

　「小説は活力に満ちた文学形式であり，たえず発展しており，いかなる

第1部　公共図書館の図書選択論

　　　ときにも作家は小説を自分のさまざまな目的にあわせようとするものである。構成や文体がこれほど多様複雑になってしまった時代に，小説を評価する際の最良の手引きとなるものは，作家の目的と目的成就の成功度（author's purpose and his success in achieving it）である。」[32]

　筆者はかつて，種々の価値の理論を参照しながら，図書の「目的の達成度」が図書の価値の実体をなすと書いたことがあり[33]，この考えは今も変わっていないが，このいうなれば「価値の目的理論」の原型がすでにイノック・プラットの図書選択方針に見出されるのである。

　主題別選択方針では，特に問題性の強い主題分野をいくつかとりあげ，注意すべき点を指摘する方法をとっている。対象となる主題は郷土資料（メリーランド関係），専門職関係（法律，医学，宗教），知的自由関係（宗教，性，擬似科学），特殊（系図，紋章）であるが，そのうち専門職の関係の主題の扱い方が特徴的である。

　イノック・プラット公共図書館の周辺には，議会図書館，ボルティモア市議会調査部，ボルティモア法曹図書館などがあるので，弁護士や研究者はそれを利用するが，これらの専門図書館を利用できない弁護士・法学者，一般市民も少なくないので，彼らのために公共図書館が資料を提供する。ただし収集範囲はアメリカ関係英文図書を中心とする。医学の分野でも，専門職用の文献や学生用の教科書は専門図書館にゆだね，公共図書館はごく選択的に購入するにとどめる。ただ予防医学，健康，公衆衛生などには一般市民も深い関心をもつので，積極的に収集する。宗教分野でも原則は変わらないが，地域に総合的な専門図書館が存在しないので，その分だけ公共図書館の負担が大きくなる[34]。これら3つの専門職関係分野に共通する原則について，方針書には格別の言及がないが，専門図書館関係文献は原則として専門図書館にゆだね，近隣に専門図書館がない場合に，公共図書館が一定の限度内で専門職関係文献を収集するという，暗黙のルールが存在しているといえよう。

　イノック・プラット公共図書館は，この成人図書の選択方針の作成と同時に，児童図書の選択方針を作成して添付した[35]。全13ページの簡潔な方針

書であるが，児童図書サーヴィスの目的から説き起こし，本館，分館，教室文庫，移動図書館の別に，児童図書コレクションの特性を解説し，大略成人図書選択方針と同じ構成をなしている。資料タイプを，対象読者別，資料類型別，主題別の 3 面からとらえたのも，成人図書の方式に準じている。文学的質の基準を，「よく書かれているか，挿絵がよいか，それが書かれた目的への到達度が大であるか小であるか」に求めていることからもわかるように，この方針は成人図書選択方針の児童書版にすぎず，児童書・児童サーヴィス独自の発想は乏しい。所詮，児童図書は成人図書の延長であるにすぎなかったのである。

イノック・プラット公共図書館の図書選択方針は，その後 1961, 1963, 1968 年と改訂を重ね，各改訂ともそれぞれの時代の社会・文化的状況を反映していて，図書選択方針が厳しく時代的制約を受けるものであることを示しているが，ここでは割愛する。

## 4. バッファロウ公共図書館図書選択方針

イノック・プラット公共図書館の図書選択方針から多大な影響を受け，その範にしたがってつくられたのが，バッファロウ公共図書館 (Buffalo Public Library) の方針書である。同館の各種館内委員会は，1952 年度を通じてイノック・プラットを中心とする他館の図書選択方針を研究し，同年 10 月に成人図書と児童図書の図書選択方針書を別々に作成した[36]。

こうした成立過程の特殊性により，方針書の構成までイノック・プラットのそれの相似形をなしている。まず見出し語も大半は転用であり，違っているものの方が少ない[37]。とりわけ資料排除基準の項は，イノック・プラットの同項の文面をほとんど無修正で使用している。おそらくイノック・プラットの方針書を叩き台とし，バッファロウの特殊性を考慮して修正を加えるという方法で作成されたために，地域性の影響の少ない事項はそのまま残されることになったのであろう。大公共図書館としてはやや杜撰なやり方で

第1部　公共図書館の図書選択論

あるかにもみえるが，方針書の事例が少なく，イメージが具体化しがたい時代には，こういう方法が最も現実的であったかもしれない。

　模倣性が強い中にも，バッファロウの独自性がないわけではない。当然のことながら，まず同館の奉仕地域をバッファロウ市とイリー・カウンティと規定し，この地域の住民構造，教育水準，読書能力，読書興味等の考慮を求めて，方針書のバッファロウ化につとめている[38]。またボルティモア市と違って，バッファロウ市には収集調整の対象となる各種図書館が少ないので，収集調整については同市内のグロスヴィナー図書館との分担協定が規定されているにすぎないが，イノック・プラットの場合は単なる自主調整であったのに対して，バッファロウでは両館が協定を結んで一歩前進している。これによると，グロスヴィナー図書館は，医学，系図，建築，芸術の諸分野を担当し，公共図書館は化学，物理学，工学の諸分野を担当する。グロスヴィナー担当主題は，公共図書館は館外貸出用の図書を収集するにとどまるが，公共図書館担当主題ではかなりの程度研究文献を収集することを義務づけられている[39]。

　研究文献を収集する専門図書館が少なければ，公共図書館が研究文献収集を期待されることになり，この点にもバッファロウの方針書の特質があらわれている。例えば書庫内蔵書は数十万冊に達し，これが「研究に必要な図書の第1の供給源」となっているという[40]。また，同館は合衆国政府刊行物寄託館であり，バッファロウとナイアガラ地方の地方資料のコレクションも卓越している。工学部門は「多少とも研究のために恒久的価値をもつ資料」を収集し，最近の科学技術の発展にも遅れをとらぬよう，新資料の収集にもつとめている。雑誌や継続刊行物も「研究資料」として収集保存される[41]。イノック・プラットの文化教養主義に対して，バッファロウの研究文献収集主義は明らかに同館を特色づけるものであるが，イノック・プラットの模範的方針書に修正を加えながら，バッファロウ独自の特色を盛り込んでいくという手法には，図書選択方針の本質の一面があらわれている。

第 4 章　図書選択方針の形成

## 5. カーネギー図書館の図書選択方針

　ピッツバーグ・カーネギー図書館（Carnegie Library of Pittsburgh）は，バッファロウ公共図書館とはまったく違った経過で図書選択方針を作成した。同館は，『公共図書館調査』（*Public library inquiry*，委員長ロバート・リー）の報告書の 1 であるベレルソンの『図書館利用者論』から強く刺激されて[42]，1951 年春，同館のサーヴィスのあり方，とりわけ図書選択の方針に関するパネルディスカッションを行った。パネリストは，上記報告書の他に，ヘインズの図書選択論[43]，イノック・プラット公共図書館の図書選択方針，ロスアンゼルス市の図書館調査，さらにはアメリカ図書館協会（ALA）の『戦後基準』や『全国計画』について研究を重ね，1954 年に報告書の形にまとめあげた。これが同館の方針書『成人図書の選択の方針と手順』である[44]。パネリストの名は明らかにされていないが，方針書執筆担当者 5 名（委員長アダライン）がそれであろう。

　ベレルソンの報告書は，過去に行われた図書館利用調査を比較しながら，図書館利用者構成，利用目的，利用の時期，利用量などを分析したものであり，特定図書館の利用や図書選択に直接結びつけうるものではない。しかし，方針書は「ベレルソン報告『図書館利用者論』は，ピッツバーグの丘や峡谷の地形が……利用者の利用をより強く制限しているという点を除けば，［そのまま］ピッツバーグに当てはめても，事実上何の修正も必要としない」と述べ，ベレルソン報告が図書館利用者の実態を正確に分析している点を高く評価している[45]。ピッツバーグ・カーネギー図書館の方針書作成の動機が，ベレルソン報告による利用者の発見にあったという事実は，図書選択方針の本質の，他の一面を暗示する。

　方針書は，図書館の目的，図書選択ルーティン，図書選択方針からなり，図書選択方針が全 23 ページ中 16 ページを占めている。形はイノック・プラットと同様「図書館の目的」主導型であるが，カーネギー図書館の方針書は『全国計画』に示された，教育，生活充実，市民啓蒙という公共図書館の

65

第1部　公共図書館の図書選択論

目的の規定を転載しただけで，ピッツバーグ市の特殊性は同館の目的に全然反映されていない[46]。同方針書がコミュニティ分析に重心を移動したために，目的論が形骸化してしまったのである。コミュニティ分析に基づいた目的観の形成という思想はまだ育っていない。

　カーネギー図書館の方針書の第1の特色は，シカゴ市の3館協力システムに似た，収集上の協力協定（cooperative agreement）にある。先にバッファロウ公共図書館はグロスヴィナー図書館との間に収集協定を結んで，イノック・プラットの自主調整のレベルから一歩前進したが，ピッツバーグ市にはピッツバーグ大学，ピッツバーグ工学研究所があり，カーネギー図書館はこれらとの間で協定を結んで，3館の分担収集体制を確立したのである。これによるとピッツバーグ大学は人文科学，カーネギー図書館が音楽，カーネギー図書館とカーネギー工学研究所が科学技術分野をそれぞれ担当し，さらにカーネギー図書館には3館が共同購入する雑誌やフィクションをおいて共同利用に供するという[47]。シカゴ市の3部体制ほどに主題分担が整理されてはいないが，この不整合は，各館の現行収集方針を最大限に尊重する態度のあらわれであり，図書選択方針の現実主義の側面を表している。

　特色の第2点は資料費配分方式にある。イノック・プラット公共図書館は，各部局間の予算配分を定めただけで配分方式は示していないが[48]，カーネギー図書館では次のような予算配分比率があげられている。

| | |
|---|---|
| 新刊成人フィクション | 4.2% |
| 標準フィクションの更新 | 3.5% |
| 新刊成人ノンフィクション | 19.6% |
| ノンフィクションの更新 | 11.9% |
| 参考図書 | 14.0% |
| 定期刊行物 | 12.0% |
| 児童図書 | 20.7% |
| 学校図書館用図書 | 14.0% |

予算配分比の固定は収集の柔軟性を妨げることもあるので，一般にはあま

り行われないが，比率の無原則的な変動を防ぎ，計画的に収集を進めるための目安としては十分有効である。合計13万ドルに達する，さまざまな名目の特別基金をあげ，自動車関係，鉄鋼関係，服飾関係など，それぞれの購入対象主題領域を割り当てているのも興味深い。これは大学図書館の収集方針によくみられる型である。

　図書選択方針は「基本」と「特殊領域別」の2部からなり，「基本」の部では13項目の選択原理が箇条書きされている。このうち4項目は知的自由関係の原理であるが，必ずしも論理一貫していない。すなわち，一方で安っぽいもの，歪曲されたもの，センセーショナルなものは排するとしながら，他方で論争問題の両面を提供する，特殊住民グループの関心と一般住民の要求のバランスを保つ，『我が闘争』『共産党宣言』のような「代表的図書」は，その歴史的意義を認めて収集すると述べ，さらに言論・出版の自由や「図書館権利宣言」に言及している。カーネギー図書館自体が，これら諸原理が相互に背反し，図書選択者を当惑に追い込んでしまう深刻な現実問題に直面したことがなかったために，諸原理を列挙するだけで満足できたのでもあろう。しかし，方針書を注意深く読むと，実はこの原理列挙法の根底には，諸原理間の調整は「バランス」によって処理すべきであるとする，きわめてアメリカ的な哲学が存在することがわかる。

　　「この［「図書館権利宣言」の］方針を運用していくにあたって，図書館は，あらゆる公共問題の両面を素直に提示するという義務と，アメリカの政治形態の敵共によって，図書館が宣伝機関として利用されるのを許さないという決意との間に，真のバランスを保とうとする。」[49]

われわれは通常，矛盾を除くために，いずれか一方の原理で他をも律しようとするか，第3の基準を導入して両原理を止揚しようと考えるが，アメリカン・デモクラシーの社会は，矛盾する諸原理が「バランス」を保ちつつ共存する社会であり，したがって図書選択諸基準も，相互間に矛盾的要素を残しつつ，「バランス」を失しないよう適用されるのである。日本人にはやや馴染みがたいこの「バランス」論の基礎を固めたことも，カーネギー図書館の

第1部　公共図書館の図書選択論

図書選択方針の意義のうちに数えあげられるであろう。

「特殊領域別」の選択方針は，図書館の管理部門別と資料のタイプ別（資料類型別・主題別）に二分される。管理部門とは中央貸出係，読書相談係，参考係，技術部門，分館をいう。特に技術部門は，カーネギー図書館が政府刊行物寄託図書館に指定され，科学技術関係，原子力委員会関係の政府刊行物が自動的に入ってくること，カーネギー工学研究所と分担収集協定を結んでいること，国内国外の特許資料を積極的に収集していることなどのため，他の管理部門とまったく異なった高度な研究図書館となっている。担当主題は，鉄鋼，鉱業，地質学，化学，技術一般で，それ以外の主題分野はカーネギー工学研究所の担当領域とされている[50]。

体系的な分担収集協定を結んでいる場合，各主題分野別の選択方針は，常に協定を念頭におきながら規定されねばならないが，カーネギー図書館は，協定外の各種図書館の蔵書構成をも考慮に入れながら，主題別の収集方針を編みあげていく。例えば，法律関係ではアレジェニー・カウンティ法律図書館の蔵書と調整して，連邦，州関係資料に領域を制限，医学関係では，市内の病院図書館，ピッツバーグ大学図書館，ピッツバーグ医学アカデミー図書館の専門文献コレクションを念頭において，カーネギー図書館はもっぱら衛生，医学史，事典，素人向きの医書を収集し，神学関係では西部神学セミナリー図書館との関係で，非宗教的一般向き宗教書のみとする。資料類型の面から言えば，ペンシルヴァニア女子大学がフィルム・ライブラリーをもっているので，フィルム収集は行わず，ピッツバーグ大学がスライド・コレクションを形成しているので，これも収集対象から除かれる。一方，音楽関係は協定によってカーネギー図書館担当領域とされているので，レコード・ライブラリーを設け，すぐれたコレクションを形成している[51]。これらの分担収集は，多くイノック・プラット公共図書館型の自主調整方式であり，その影響は大きかった。

フィクションについては，1938年に「娯楽以外には何のメリットもない小説」は購入しないとの方針が確定されたというだけあって，カーネギー図

書館のフィクション選択方針は峻厳を極め，内容のよさ，社会的意義などの条件を満たさないフィクションはすべて排される[52]。娯楽機能はフィクションの存在理由とはなりえないのである。

　イノック・プラット公共図書館の方針書は大部分，現行方式を成文化したものであったが，カーネギー図書館の図書選択方針は，ベレルソンの利用者研究が動機となったという点にもあらわれているように，強烈な問題意識に導かれてスケジュールにのせられ，3年間にわたる討論を経てまとめられたため，創造性豊かな図書選択方針となった。利用者像の把握や協力システム構想は細部まで行き届き，イノック・プラットの方針書の修正採用という段階を完全に超越している。この違いの中に，現状制度化型方針書から将来構想型方針書への推移の流れが読みとれる。

## 6. ニューヨーク公共図書館のマニュアル

　イノック・プラット公共図書館の方針書が「方針と手順」の規定であったように，図書選択方針書には選択業務の手順の規定が含まれるのが慣わしとなっていたが，ニューヨーク公共図書館貸出部（New York Public Library, Circulation Department）の『図書選択マニュアル』は，標題でわかるように，業務手順中心の規定である[53]。

　　「このマニュアルは，第1に図書の選択・受入の手順の考察に捧げられるが，適切とあれば図書選択方針にも言及する。」[54]

　周知のごとく，ニューヨーク公共図書館は，参考部と貸出部の2部からなり，後者は中央蔵書，分館（専門図書館的分館を含む），2つの地区図書館を統合した図書館システムである。こうした機構的特性は，当然図書選択マニュアルにも反映する。

　方針書は，一般蔵書，特殊蔵書，非図書資料の3部からなる。「一般蔵書」とは中央蔵書，一般の分館，地区図書館など，一般貸出の対象となる蔵書の総称で，内訳は対象読者の年齢層によって，成人図書，青年図書，児童図書

の3種に分類される。一方,「特殊蔵書」は盲人図書館,市政調査図書館,音楽図書館,教員図書館などの専門図書館的分館の蔵書と,各分館に存在する外国語蔵書からなる。非図書資料は全分館に所蔵されるが,資料形態の特殊性によって分離して管理される。

図書選択の手順は,これら各単位蔵書別に整然と規定されている。例えば一般蔵書の成人図書の選択は,次の5段階を経て行われる。

1. 範囲と方針
2. 図書入手
3. 受入のための書評と認定
4. 発注
5. 職員への通報

「範囲と方針」とは,成人図書として収集される図書の範囲と選択基準をいい,文学的,教育的,情報的,娯楽的の諸価値,表現の効果性,批判力などの選択基準を示し,予算とスペース等のファクターにも言及し,著者のタイプ,論争問題への対処法等も指示される。その他,中央蔵書,地区館,分館別の蔵書のタイプの違い,分館の参考図書コレクションの性格などもここで説明される。要するにこの部分が一般の図書選択方針に該当する。

ところがニューヨークでは,各館がこれらの方針によって直接に選択購入するのではない。新刊書はまず図書発注課が,購入の可否を問うことなく残らず発注して図書館に納品させ,各タイトルに新聞書評等の切り抜きを添付する。これが「図書入手」の段階である。書評切り抜きのために調査する書評誌紙は11タイトルに及ぶ。

次に「書評」の段階で,図書発注課の職員が,既成書評の有無にかかわりなく,図書館の購入の是非を判定するための書評を書く。これらの書評に基づいて,分館監督課長が「購入承認」「購入延期」「要求が出るのを待て」の3段階の評定を与える。評定を受けた図書は,書評と発注スリップを挿入したまま図書選択室に排列される。ここへ各分館司書が来て,書評や評定等を参考にしながら,自館のための購入タイトルを選び,発注スリップに記入す

る。最後に購入タイトルをリストアップして全館に配布する。これが新着図書通報誌『部内通報』となる[55]。

ニューヨーク公共図書館の図書選択マニュアルは，方針よりも選択手順の解説に力を入れている点で，普通の方針書とかなり違うが，手順自体にも特異性がある。それは，書評担当者，評定担当者，購入決定者がすべて異なり，評価が三重に下される，という方式である。むろん3者とも，評価の基準は「範囲と方針」の規定にしたがわなければならないが，この規定自体が判断の基準となるほどの具体性をもたないので，3者の判断の分散はかなり大きい。おそらく，評価基準を詳細に規定した方針書としないで，多数の評価者の判断に決定をゆだねようとしたのであろう。しかしこうした機能分担は，図書選択の官僚主義化を招くおそれがある。

知的自由の原則については，マニュアルはただ「論争問題の場合は，可能な限りの意見の多様性とバランスが求められる」と規定するだけで，「図書館権利宣言」や，前年に作成された「読書の自由声明」(Freedom to Read Statement)には何の言及もない。知的自由の原則に対するこのような中性的態度も，おそらくニューヨーク公共図書館の手順主義，官僚的体質に由来するであろう。

## 7. デトロイト公共図書館の図書選択方針

同じ1954年に作成されたデトロイト公共図書館（Detroit Public Library）の図書選択方針は，従来の方針書と違って，全文5ページの簡潔型であるが，標題に「図書館の目的」を掲げているように，コミュニティ分析に基づいた確固たる目的像に導かれる目的主導型方針であり，しかもニューヨーク公共図書館と同様，書評と選択を分業させており，きわめて独創性ある方針書となっている[56]。

この方針書の特徴は，何といってもその明瞭なる目的観である。方針書はまず人口200万のデトロイト市の住民構成の複合性と，背後の巨大な企業・機関を展望し，個人ニーズと機関ニーズの両面を考慮しながら，館外貸出部

と参考部の機能を限定していく。それによると，館外貸出部の利用は新たな知識領域の開拓というよりも「現存知識［を伝えること］によって，……人々の最良の人格形成」を遂げようとする利用であるから，玉石混交の図書を提供するのではなく，「さまざまなレベルの入手可能な，最良かつ最有益なもの」を厳選して提供すべきである。

　一方，参考部の利用者は批判的な読書を求め，読者自身にもその用意ができているため，図書館はすべての知識を彼らに提供し，研究の自由への道を開くべきである。この目的を果たすためには，価値のはっきりしない図書，社会的・経済的・政治的に「非正統派とみなされる資料」等をも大量に収集しておかねばならない。

　館外貸出部の利用者は単純に受容的な読者であり，参考部の利用者のみが批判的読者であるとする利用者分類自体は，必ずしも読書の実態を正しく説明しているとはいえないので，この分類を基礎とする公共図書館目的論も無条件には支持できないが，コミュニティ分析，読書実態分析，ニーズ分析の上に図書館の目的を規定しようとする態度は妥当である。ピッツバーグ・カーネギー図書館の場合は，コミュニティ分析が目的規定に結びつかなかったために，主体的なコミュニティ分析と観念的目的観の並行状態を克服できなかったが，デトロイト公共図書館のコミュニティ分析はほかならぬ目的規定のために行われたのであり，これによって，「コミュニティ分析・ニーズ分析」→「図書館の目的規定」という原則が確立されたといってよい。

　デトロイト公共図書館は，他館のように数多くの評価・選択の方針や基準を列挙する必要を認めない。選択の基準は資料自体の入手可能性や予算枠によって変動するので，「図書を評価するための慎重に規定された基準」よりも，柔軟に対応しうるシステムを確立することの方が重要だと考えるからである。その結果，個々の判断は図書館員の「専門的判断」にゆだねられる。

　しかし専門家の判断力も絶対ではないし，「利用者のすべてが［専門家の］下したすべての決定に同意するわけでもない」ので，2つの補助手段が講じられる。その1は「選択の繰り返し」である。一度選択された図書に対して

第4章　図書選択方針の形成

職員や利用者から異議がさし挟まれたときは，もう一度選択を行い，2度3度繰り返すことによって次第に確かな選択に近づくことができると考えるのである。書評と選択を分業する方法も，この選択反復論の制度化といえよう。第2の補助手段は，「過去の記録」に示唆を求める方法である。過去に行われた，同類書に対する判断を参照することによって，眼前の図書に対する判断をまとめる方法であり，理論的に十分正当性をもつ。いずれの補助手段にも，確固たる基準による合理性ある一回的判断よりも，多くの人の判断を重ねて結論を得ようとする，いわばコモン・ロウの判例主義的な思考パターンの底流が存在する。

　方針書の後半は図書選択機構について規定している。デトロイト公共図書館には図書選択課が設置されているが，これは図書選択に関する事務処理を担当する機関であり，判断を下す機関は別にある。参考部は主題部門別閲覧制をしいているので，各主題部門の主任が関係図書を選択し，主題間の相互調整は行わない。館外貸出部では専門職が書評し，見計らい本とともに図書考査室に1か月陳列され，小委員会が現物と書評によって推薦リストを作成し，最後に一般図書委員会が購入するかどうかを決定する。この一連の過程で最も重要な役割を果たすのは書評であるから，方針書には書評担当者心得8か条が掲げられ，書評は図書館員の「特権」であり責任でもあるとし，時間外の書評活動の必要性も訓示されている。

　1949年のティスデルの調査によると，フィクション213タイトル，ノンフィクション163タイトルのリストを用いて，デトロイト公共図書館の書評ファイルをチェックしたところ，フィクション63％，ノンフィクション69％が書評されていたという[57]。シカゴ，クリーヴランド，ミルウォーキー等もほぼ同程度に書評していたというので，デトロイト公共図書館の書評活動は大公共図書館の標準と考えてよい。

　書評担当者はすでに評価基準を身につけているので，図書選択方針書の中で説明する必要はない。しかし彼らの基準はともすると，デトロイト公共図書館の特殊性を離れて，図書自体にひきずられる傾向がある。この弊を防ぐ

73

ためには，デトロイト公共図書館の目的が，書評担当者に繰り返し確認されねばならない。ここで方針書の目的論が生きてくる。目的主導型の選択原理と，館内書評システムを巧みに結合した，新しい型の図書選択方針である。同類の例に1956年のロスアンゼルス公共図書館の図書選択方針がある[58]。

## 8. ALA の図書選択専門会議

　マッカーシー・グループの図書館攻撃が峠を越えた1955年7月，ALAはフィラデルフィアで図書選択の問題に関する専門会議を開催した。会議のねらいは，マッカーシー・グループの攻撃の対象となった中小公共図書館に，図書館の主体的な図書選択を守るための手段としての図書選択方針の意義を認識させることにあった。ALAの知的自由委員会のヘンダーソン委員長と公共図書館部会長グレゴリーは，議事録の序文において，人口6万以下の公共図書館はほとんど図書選択方針書をもたず，大図書館の方針書を中小図書館に適用するわけにはいかないこと，図書館の知的自由を守るために成文化された図書選択方針が重要な役割を果たすこと等，現在の問題の核心を明らかにし，図書選択方針は図書館によって異なるべきものであるが，「すべての図書館に共通する基本原理」も存在するので，この会議においては，共通原理の「再検討」が焦点となる，と述べている[59]。

　実際の会議は，図書館に対する地域社会からの圧力という現実問題に眼を奪われて，必ずしも企画者の意図どおりには進行しなかったが，4人の報告者のレポートに続くグループ討議では，図書選択方針の作成から運用までの過程を4段階に分けて説明したグループもあった[60]。また総括においては，図書選択方針書の必要性が確認され，「図書館権利宣言」の趣旨を方針書にとり入れること，図書館のフィロソフィーと目的を明記すること，方針書は住民に周知せしめること，等が求められている[61]。

　ところが最終セッションで出された発言の中には，方針書の意義に対する否定的な意見が散見される。例えば方針書が「規則」のように法的意味をも

第 4 章　図書選択方針の形成

つものになると，かえって危険であるとの意見が出ている。概して「図書館の哲学的基礎，つまりデモクラシー体制下の公共図書館の機能を，2～3 の文章で表現しただけの文書」にとどめるべきだ，との意見が支配的であった。方針書作成の責任の所在についても議論百出し，理事会には方針をつくる能力が欠けているから，館長と職員が起草して理事会に承認させようとする提案もなされたが，大勢は理事会の政策決定権を尊重して，館長，職員，統治機関（governing body ＝ 理事会等）の 3 者共同作成方式を支持した[62]。

　この会議では，大図書館と中小図書館の間で，図書選択方針に対する意識が大きく違う現実が露呈され，中小図書館も方針書を作成するようにしよう，と考えた当初の意図は十分実を結ぶことはできなかったが，この会議を契機として，カリフォルニアにおいて知的自由に関するシンポジウムが開かれ，イリノイでも後述のシンポジウムが行われ，図書選択方針に対する一般の認識を深める役割は一応果たしたといえるであろう。

　会議に際して，グレゴリーは全国の図書選択方針の事例を収集し，重要項目別にアンソロジーをつくって議事録に添えた。収集された方針書は 28，うち公共図書館 21，カウンティ図書館 3 の制定年をみると，シカゴ（1936），クリーヴランド（1949），ボルティモア（1950）が特に早く，あとは 1952（3），1953（5），1954（7），1955（2）と漸増傾向をみせている。名の通った大図書館が多いのもこの時期の特色であり，中小図書館の啓蒙をねらった会議企画者の意図も理解できる[63]。

## 9. グレゴリーの図書選択方針論

　1955 年 10 月 27 日，イリノイ州図書館協会年次大会（シカゴ）において，グレゴリーが図書選択方針について，『ALA 選定図書リスト』（*ALA booklist*）誌編集長ヴァネクが論争された図書について，さらにイリノイ労働・工業研究所図書館長マッコイ教授が知的自由について，それぞれレポートした[64]。ALA の図書選択専門会議を州レベルで再現しようというものであり，その

第1部　公共図書館の図書選択論

中心人物は疑いなくグレゴリーであった。レポートの中でも彼女は，図書選択方針の本質，つくり方，使い方のすべてにわたって詳しく論じ尽くし，初めて一般論としての公共図書館図書選択方針論を提示した[65]。

図書選択方針書とは，彼女によれば，

> 「一図書館の資料を形づくる図書およびその他のコミュニケーション資料の選択の根底にあるフィロソフィー，基準，原理の総計である。」

これらの諸原理には「コミュニティのニーズ」や「市民の諸権利」が反映されていなければならない。したがって，図書選択方針書とは，「特定コミュニティの諸特質」と関係づけられたときの「図書の機能の分析」である，とも表現できる[66]。

方針書の規定内容についてグレゴリーは，現存各館方針書の内容の分析結果を示しながら，方針書は「図書館が立脚する諸原理の宣言」であって，何も図書選択の手順を細部にわたって規定する必要はないという。この原理宣言説は，先の図書選択専門会議の統一見解を継承したものであろう。

グレゴリーは，方針書作成の一般原則7項目をあげた。

1. ローカル・ニーズは地域によって異なり，またたえず変化している。潜在要求を含む地域独特のニーズに応じた方針とする。
2. 図書館の目的に結びつけられねばならない。「目的」とは，達成しうる目標，限界，将来計画を統合したものである。
3. 児童図書と成人図書を区別する。
4. 論争問題については，すべての側面に接しうる権利を認める。選択者（selector）と検閲者（censor）を区別する。
5. 図書選択の高度な基準を示す。質（quality）とは目的とニーズ（purpose and needs）に関連をもつものである。
6. 図書選択は，著者の人種，政治的立場によってでなく，図書それ自体について行われる。
7. 寄贈資料の扱い方を規定する[67]。

コミュニティ・ニーズ論，図書館の目的論，知的自由論など，図書選択方

針の基本要件を残さず指摘した，正統派の方針書論である。質（あるいは価値）を目的やニーズに結合する理論は，図書選択専門会議におけるフィニィの理論であり，専門会議がグレゴリーの方針書論の理論的出発点となった事情を物語っている。

## 10.「方針」と「施行細則」の分離

　1955年12月，ニューヨーク州のバッファロウ・イリー・カウンティ公共図書館（Buffalo and Erie County Public Library）の理事会が図書選択方針を採択したが，これは図書選択の原則を示し，1948年改訂の「図書館権利宣言」を添付した，ごく簡単な方針書である。職員によって構成される館内図書委員会が，詳細な規定は，図書館長と職員の手で作成される施行細則（implementation）に譲ることを勧告したために，理事会の採択する方針書は簡略化されたのである[68]。先の専門会議では，図書選択方針の作成は政策決定機関である理事会の責任領域に属するとの見解が支配的であり，このため図書館長・職員の姿勢が消極的にならざるを得なかったが，バッファロウ・イリー・カウンティでは，方針の実質的内容を施行細則にまわすことにより，現行制度下で現場に有利な方針運用をはかろうとしたのである。

　理事会の採択した方針書は全10か条からなる。第1条は「住民の性質と特質および彼らの関心」を方針の基礎とするという原則，第2条は国際，全国，地方レベルの「現在の一般的関心主題」を奉仕対象とするという規則を示し，ピッツバーグ・カーネギー図書館型のコミュニティ・ニーズ先行型方針書となっている。第4条，第5条でも，個人，集団の多様な興味・ニーズ，顕在・潜在利用者の考慮をあげて，コミュニティ志向性を強化しているが，図書選択専門会議における激しい「要求」（demand）批判の影響を受けたものとみえて，要求が唯一の選択基準ではなく，歴史的な名著や研究資料も，利用の有無には関連なく収集すべきだとしている[69]。

　「図書館蔵書は，変動する思想や意見の流れをたえず反映すべきである」

第 1 部　公共図書館の図書選択論

とする蔵書構成観には，図書館蔵書の思想史的性格が鮮やかに表現され，同館の認識の深さがわかる。

「施行細則」は 1956 年 11 月 8 日の主任会議において採択された[70]。冒頭に図書選択の目的を掲げ，責任の所在，選択基準，住民要求（public demand）への対処法などの一般方針を述べた上で，成人（本館・分館），青少年，児童，移動図書館などのサーヴィス部門別，および参考，産業労働，音楽，技術の主題部門別に，選択方針を具体的に展開しており，一般の図書選択方針と違うところがない。もっとも児童，参考，産業労働，技術の各部門は，細則の本文では簡単に規定し，附録において詳細に論ずるという，類例少ない方法をとっている。これらの重点諸部門について本文内で詳述し，全体のバランスを崩すことを嫌ったものと思われる。

内容上注目される第 1 点は，図書選択の責任体制の組織規定である。それによると，図書選択の究極的責任は図書館長に帰属するが，実施段階では，成人館外貸出，分館，青少年，児童，移動図書館，参考の各部門別に分化し，特に成人館外貸出，青少年，児童に対してはそれぞれ委員会がおかれるという。これはデトロイト公共図書館の場合と同様，図書選択組織規程である。

「住民要求」に対する態度は二分される。すなわち，特定タイトルの購入推薦は歓迎し，一度拒否されたものも再考の機会が与えられるが，図書選択方針に示された原理にしたがって購入された図書に対する排除要求は，個人であれ集団であれ応ずることはしないし，逆に特定タイトルの受入を強要する圧力も拒否されるのである。図書館は住民の意見や要求に耳を傾けるが，最後の判断は図書館が主体的に下し，図書館の判断を変更させようとする圧力はすべて排除するという，「住民要求」批判の趣意が再確認されているのである。

4 つの主要部門の扱い方を詳細規定した附録では，論争の対象になることの多い主題あるいは資料類型が列挙され，選択の留意点や，収集・非収集の別が具体的に示されており，マニュアルの観を呈している。一例をあげると，

参考部門

第4章　図書選択方針の形成

随筆・雑　まじめな作家・批評家の文学エッセイは購入するが、アンソロジー、書評集、雑誌コラムは一般に貸出用のみとする。逸話的、ユーモア的な軽いエッセイ、雑文も、参考図書としては購入しない。

図書選択方針書の作成を警戒する態度は、主として方針書が自由な図書選択を拘束することへの不安に起因するが、バッファロウ・イリー・カウンティの施行細則は図書館長以下の判断で自由に改訂できるので、この難を免れている。図書選択方針の実情をわきまえた現実性のある方法といえよう。

## 11. 『公共図書館サーヴィス最低基準』

ALAは、1956年に公共図書館基準『公共図書館サーヴィス最低基準』(*Public library service*) を発表した[71]。冒頭にジョンソンの公共図書館役割論を掲載し[72]、本文も公共図書館機能論から説きおこすなど、この『最低基準』は公共図書館の目的あるいは機能に関する統一見解を確立することに多大の努力を払っている。マッカーシー旋風期をのりこえた公共図書館が、新たな目的観の探求に着手したのである。この『最低基準』の中に「図書・非図書資料」の章があり、図書選択方針の必要性が強調されている。

「すべての図書館は、図書・非図書資料のコレクションの選択と維持に関する方針書をもつべきである。」

『最低基準』はあらかじめ、公共図書館の一般的目的 (purpose) として、住民の自己教育、知識習得など9項目を列挙し、各館はこれらの一般的目的の範囲内で、独自の目的 (objectives) を設定すべきである、これらの目的 (aims) は可能な限り詳細に規定されるべきだという。日本語にすれば、「目的」という1語になってしまう3つの概念が慎重に使い分けられているようであるが、これだけでは概念の相違は明らかでない。しかし図書館の目的、図書の質、コミュニティ・ニーズという目的主導型の3部構想が基本に横たわっていることは確実である[73]。

公共図書館の目的を、普遍的目的 (purpose) と各地域独特の目的 (objectives)

79

の両面でとらえようとすれば,「基準」は標準化,画一化と個別化という両面の作用を及ぼすことになり,その結果,標準化を志向する「基準」の影響をうけて,本来個別化をめざす図書選択方針書が各地で作成されることになった。例えば,同じ年9月に成立したニュージャージー州ブルームフィールド公共図書館(Bloomfield Free Public Library)の図書選択方針書は,アメリカの公共図書館の一般的機能として『最低基準』の目的9項目に若干修正を加えたものを掲載している[74]。方針書はまた,図書選択がよりどころとすべき制御要因はコミュニティ,図書の個別性質,図書館の内部事情,コモンセンスの4ファクターであるとしているが,コモンセンスを除けば,『最低基準』目的論的3部構想に一致する。

1959年のオハイオ州アクロン公共図書館(Akron Public Library)の図書選択方針は,かなり詳細な規定であるが,これにも『最低基準』の影響がある[75]。すなわち,まず公共図書館の目的を論じ,『最低基準』のコミュニティ関係部分を引用し,さらに図書評価基準6項目をあげ,典型的な3部構想方針書となっているのである。

## 12. 中小図書館の図書選択方針論

図書選択専門会議の最大のねらいは,まだ図書選択方針書をもつに至っていない人口6万以下の中小都市の公共図書館に,方針書の必要性を認識させることにあったが,十分な成果は得られなかった。そこで1959年には,プラット・インスティテュート図書館学校の非常勤講師ベンディックスが,中規模公共図書館の図書選択の実態調査を行い,図書選択方針書に期待される要件を考察した[76]。ベンディックスは,図書選択方針を図書選択の現状に対するアンチテーゼ,改革者,ないし治療薬と考えており,方針書が現状の制度化であった時代と一線を画している。

インタビューと蔵書調査が明らかにしたところによると,まず図書選択方針は地域からの圧力に対する対抗手段と考えられているが,「図書館権利宣

第4章　図書選択方針の形成

言」によって圧力を排除した実績もあるため，方針書は必ずしも必須不可欠とは考えられない傾向がある。また住民要求に対しては概して寛大，許容的で，リクエストの多い通俗小説類も相当購入されている。図書館員は，専門的業務である図書選択への外部からの干渉を嫌うが，館内書評は行わず，もっぱら書評誌紙に依存するという安易さがある[77]。中規模図書館の図書選択の実態には，図書選択専門会議で追究された問題状況がそのまま残っているのである。

　こういう問題性を見届けたベンディックスは，図書館の目的，図書の質的基準，コミュニティ・ニーズという，図書選択方針の三大基本ファクターの各々について，実態評価を試みた。まず質的基準の点では，住民要求の圧力に屈して，あるいは「サーヴィスのスピード」化をはかるために，リクエストを無批判的に受け入れ，十分なデータを使った評価を怠るために，蔵書の質が著しく低下した図書館が多い。一方，コミュニティ・ニーズに関しては，ニーズ測定のための「システマティックな試み」がなされず，主として直観に依存し，その結果コミュニティの理解度が劣弱である[78]。

　公共図書館の目的の中で，教育機能と娯楽機能は従来，価値対要求の対立関係で説明されることが多かったが，ベンディックスは，この対立はどの図書館にも存在し，究極的にはベレルソンのいわゆる「たてまえ目的」(professed objectives) と「ほんね目的」(actual objectives) に帰着すると考える。図書館が「ほんね目的」にしたがって方針書をつくれば，図書選択者は住民要求に素直にしたがえばよいが，もし教育機能を軸とする「たてまえ目的」によって図書選択方針を組み立てると，選択者は「たてまえ」と「ほんね」の狭間で苦悩することになる。そして，中規模図書館が方針書作成から尻ごみする最大の理由が，実はこの点にあるとベンディックスは考えた。

　しかし，ここで彼女は方針書敬遠派に譲ることはせず，逆に，図書選択の現実を「たてまえ目的」に近づけることによって問題を解消すべきである，方針書は実はそのための手段となるものだ，という。

　「このようにして，図書選択の領域における，たてまえの図書館目的と

81

ほんねの図書館目的の間のギャップを徐々に狭め，それによって公共図書館を，真に教育機関としての機能を遂行できるようにしてやることが可能となるであろう。」[79]

これは端的にいって，図書選択の教育主義への復帰である。しかし「ほんね」と「たてまえ」の分裂現象を，「たてまえ目的」で貫かれた図書選択方針によって克服しようとする矯正手段的図書選択方針論は，図書選択方針論に新たな展望を開くものとして，十分に評価されるべきであろう。

## 13. 『公共図書館方針書の手引き』

ALAは1960年，各公共図書館がサーヴィス方針や図書選択方針を作成するための手引き書『公共図書館方針書の手引き』(*Public library policies: general and specific*)を刊行した[80]。編者はウィスコンシン州チッピワ公共図書館長で，全米の公共図書館協会事務局次長ホワイトである。ここにいう「公共図書館方針」(public library policy)は，日本語の「公共図書館政策」よりやや広い概念で，図書館活動や経営管理上の諸問題を処理していくための指針を意味する。先の『公共図書館サーヴィス』が標準化を追求するのに対して，この『手引き』は各館独自の方針の形成をめざす個別化的指針である。その第2章が「図書選択」で，ここに図書選択方針策定の大綱が示されている。しかし，特に新たな方向が示されているわけではなく，「図書館権利宣言」や『公共図書館サーヴィス』の趣旨を繰り返し，方針書の事例を紹介しながら規定されるべき事項をまとめた形をとり，いわば1950年代の図書選択方針の波乱に満ちた歴史の総括となっている。

50年代の総括としての第1点は目的観の確立である。これまでみた多くの事例が明らかにしたように，図書選択方針は要求論を否定し，現状制度化方式を克服して，目的主導型の3部構成へと進んできたが，『手引き』は『公共図書館サーヴィス』や知的自由の諸宣言にみる標準的目的観を吸収しながら，最終的には各館独自の目的像を形成すべきであるとの統一見解を確

認したのである。

『手引き』はまた，図書選択方針は図書館を外圧から守るための手段であるとする一般の見解を一応肯定しながらも，さらに一歩前進する。

> 「しかしもっと大切なことは，図書館員が図書選択方針を，検閲官が一斉射撃してくるときの最終防衛手段としてではなく，コミュニティが必要とする資料を供給するための手段として，日々適用すべきだ，ということである。」[81]

この「日常性」は2つの面をもっている。その一つは，フィスク調査によって暴露された図書館員自身の検閲的行為に言及している点にあらわれているように，ともすると検閲的行為となりがちな図書館員の日常の図書選択業務を正しく導くという面である。一方，ベンディックスの研究で明らかにされたように，中小図書館の図書選択のレベルはきわめて劣悪であるため，これを日常的にレベルアップする機能も図書選択方針に求められているのである。こうして『手引き』は図書選択方針の手段的機能を，非常事態から日常事態へと引き戻したのである。

## 14. あとがき

実質10年間だけの図書選択方針史では，アメリカの図書選択方針の全体像をとらえるには十分でないが，1950年代は最も激動した時期であり，図書選択方針の基本的な問題は，この期間にほぼ出尽くしているので，1960年の『手引き』の総括をもってしめくくりとすることにしたい。

この10年間は大きく3つの時期に区分できる。第1期はイノック・プラット公共図書館などの大図書館が方針書を作成した時期である。作成の動機となったものは『戦後基準』やベレルソンの利用者研究であったが，潜在的には知的自由の侵害への不安があり，各館は現行図書選択方式を維持するために方針書を必要とした。そのためこの時期の方針書は本質的に現状維持的である。

第1部　公共図書館の図書選択論

　第2期のメルクマールは図書選択専門会議である。会議は中小公共図書館の図書選択方針形成の時代をもたらす目的で開催されたが，討論は従来好意的に受け入れてきた住民要求の危険な反面に集中し，ここで要求論から価値論への逆転現象が発生した。

　50年代末期の2つの公共図書館調査により，中小公共図書館の図書選択の劣弱な実態が明らかにされると，その改善が緊急課題となった。ここには外圧から守るべき図書選択そのものが存在せず，図書選択方針は現状変革の手段としての機能を要求される。このため第3期の図書選択方針は，本質において現状改革的であり，強い価値論的傾向を示したのである。

　しかしこの変動の歴史を貫いた一つの不動の理論があったことも忘れてはならない。それは『戦後基準』に示された，図書館の目的，コミュニティ・ニーズ，図書の質という3部構想である。この3部構想は，すでに戦前にシカゴ学派ウェラードによって提起され，ゴルドホアによって完成された図書選択の目的理論に源を発するものであるが，図書館の目的が要求対価値の論争の調停者の役割を果たすことが明らかになってくるにつれて，図書選択の現場において強力な指導性を発揮することになったのである。3部構想の理論整理は決して十分ではないが，1960年の時点でほぼ完全に，図書選択方針の基本構想となった。

　なお，本章で使用した資料の大部分は，川崎良孝氏のお力添えで入手することができた。記して心から感謝する。

# 第5章
# 蔵書評価法

　「個々の書物は，個人の精神的諸関連のみを伝えるが，無数の主体的精神活動より発しながら，なお一つの超個人的な大をなす客観的精神は，ただ図書館という形でのみ現存する。」（カールシュテット）

　ここにいう図書館とは図書館蔵書である。すなわち図書館は，社会の知的精神的活動を集積して，蔵書という一つの有機的全体を構成し，この蔵書全体をもって社会に働きかけ，新たな知的精神的活動を促す任務を負うものである。いわば蔵書が図書館の社会的役割を決定し，その存在意義を確立する。したがって，蔵書がどこまで充実しているか，図書館の役割をどの程度に果たしうるか，利用者の要求をどれだけ満たしうるのか，他の図書館の蔵書と比べてどのような特色をもっているかなどを知ることは，図書館の存在理由を確認するに等しい重要な課題である。ここに蔵書構成を分析評価する意義がある。

　しかし，日頃蔵書に直接ふれていても，蔵書全体の充実度や特質を把握するのは容易ではない。書架を一巡すればだいたいの様子がわかる小図書館でも，改めて蔵書構成全体について厳密な評価を求められると，的確な結論を示すことは困難である。まして大規模な書庫をもつ大図書館では，経験的に全体の構成を理解することは不可能に近い。したがってこれまで，蔵書構成の分析評価のための特別な方法が種々講じられてきた。その一つにアメリカで多用されているチェックリスト法がある。これは，ある標準的な図書リストを用いて蔵書をチェックし，リスト所収タイトルを図書館がどの程度所蔵

しているかを調べて、蔵書の充実度を測り、特質を見極め、構造的分析を加えようとする方法である。すでにアメリカの図書館では、この方法による調査例が数多く報告されている。むろんこれとても数々の限界をもち、この方法のみで蔵書を十分に分析評価しうるとはいえないが、現在行われている各種の方法の中では、最も具体的な効果が期待できる方法の一つである。

日本でも蔵書構成の分析評価の必要性が認められてからすでに久しいが、まだ決定的な方法を見出すに至っていないように思われる。そこで本章では、特にチェックリスト法をとりあげて、蔵書構成の分析評価が最も困難といわれている公共図書館の場合で、アメリカの調査例やいろいろな考え方をみながら、その可能性を追求することにする。しかし、そのアメリカでも、調査分析評価の技術的な点では調査者によって著しい違いがあり、必ずしも統一的方法が定着しているとはいえないので、ここでは多くの調査例にみられる方法を網羅的に検討し、のちの定式化のためのキーポイントをたしかめておきたい。

## 1. 蔵書評価法の種類

蔵書の分析評価には、チェックリスト法に限らず、さまざまな方法が数多くの人々によって適用されてきた。これらはある程度分類整理されているので、チェックリスト法の説明に入る前に、公共図書館を含む各種図書館に共通する蔵書分析評価法の種類について考察し、チェックリスト法独自の意義を他の方法との関係でとらえておくことにする。

マックダイアミッドは著書『図書館調査』の中で、
1. 蔵書量の数的評価法
2. 蔵書比率分析法
3. チェックリストによる蔵書分析法

の3種の蔵書分析評価法をあげている。1はいうまでもなく蔵書冊数を示して、図書館間でその多少を比較したり、同一図書館の蔵書冊数の年度別変動

状態を検討する方法で，図書館案内，各種報告，調査などで頻繁に使用されている。また，この蔵書総冊数が，他の図書館調査における図書館の規模別分類の基準になることもある。

2は，全蔵書を成人図書・児童図書・特殊集書・一般図書・郷土資料の各種類別に分類して，種類別冊数，全蔵書に対する比率を示したり，あるいは主題部門別，分類別の冊数・配分比率の形で表す方法である。この方法によれば各種の蔵書の，充実した部門・分野と，比較的ウィークな分野がわかり，蔵書全体の構造的特質を容易に理解することができる。図書館の蔵書統計は通常この方法で作成されているので，比較分析もこのデータに基づいて行われることが多い。

3は，分析しようとする蔵書の特徴，種類によって，適当な標準図書リストを準備し，これをもって対象館の目録をチェックして，リスト所収タイトル中，図書館の所蔵するタイトルを調査し，所蔵数，あるいはリスト中の総タイトル数に対する所蔵タイトル数の比率を計算する方法である。この場合，所蔵率の高低によって蔵書の質的評価を下すことも可能だし，リストの性格と関連づけて蔵書の特徴を判断する資料とすることもできる［27: 100ff.］（27は参考文献リストの番号，100はページ数を示す）。

カーノフスキーは，図書館サーヴィス評価法一般について，相互比較法と標準比較法を区別している。前者はマックダイアミッドの1にほぼ該当するが，彼によれば，これは何ら客観的基準を示すものではなく，かえって各館独自の目的を忘れて，互いに量を競い合う結果になる傾向がある。したがって，彼自身は客観的標準と比較して蔵書の質的水準，充実度を評価する方法によるべきだと考え，チェックリスト法を勧めている［8: 240-241］。また別の論文では，公共図書館蔵書評価法を，「量的方法」と「質的方法」に二分した。多くの調査例をみると，この両方法の区別は必ずしも明瞭ではなく，同じ方法を両面から使い分けることも可能な場合もあるが，彼は一応，マックダイアミッドの1と2を前者，3を後者とみなした。

ハーシュは4種の評価法をあげている。第1は「図書館のポリシーと目的

によって」蔵書を評価する方法で，評価担当者の，出版事情や書誌類に関する該博な文献的知識に依存する。多くの場合，図書館員や文献通の人が担当し，スペシャリストの助言でこれを補っているが，あくまで「主観的・相対的」「印象主義的」方法（impressionistic method）だといわねばならない。第2の方法はチェックリスト法である。

第3は「利用によって」蔵書を評価する方法で，利用度が評価の基準とされる。彼は「利用は相対的・数量的価値」であるとの見方をとり，評価の客観性の点で前二者よりすぐれているとみなす。むろんここでいう価値は「有益性」であり，「文献的・本質的価値」（intrinsic value）と区別されるべき相対的価値，あるいは使用価値である [1]。この方法のいま一つの利点は，全蔵書に対する全利用数，あるいは1冊あたり平均利用数が計算できることである。これによって蔵書の回転率を知り，図書館サーヴィスの機動性を評価することができる。また，知的価値と利用，利用上の価値との関係は弱く，すぐれた図書が多く読まれるとは限らず，逆に低俗な図書が広く読まれる傾向があるので，利用との関係における評価法を，他の評価法の結果によって検証する必要がある。

最後に，図書費の面からの評価法がある。一般に，図書費総額を他の図書館や諸機関と比較したり，図書費の種類別，部門別，分類別配分比率を計算して，各館の図書購入をコントロールする方法が行われている。特に図書費の他館との比較はしばしば行われるが，ほとんどすべての出版物を購入しうるほど十分な図書費を与えられている館と，必要最小限度の図書すら満足に購入しえない館では，選択技術や蔵書構成方針の如何にかかわりなく，蔵書に決定的な差が生ずるので，最も基礎的分析基準だといわねばならない。ただ，これはあくまで「純然たる量的アプローチ」であり，これによって蔵書の質や性格をきめこまかく分析することはできない [37: 7-20]。

ウィリアムスは，蔵書調査の目的を，（1）1館の蔵書に関するデータを収集，組織化し，学者に配布して，蔵書の改善をはかること，（2）多館調査によって，収集の主題分担，相互協力を推進すること，の2点におき，調査方

法を，(1)規模，(2)蔵書のバランス，(3)利用，(4)チェックリスト，(5)点検，の5種に分けて解説している。

彼のあげる5つの方法のうち，(1)はマックダイアミッドの1，(2)は2，(4)は3に該当し，(3)はハーシュの1にあたる。(5)は，調査者が書庫へ入って書架を一々点検し，蔵書の質・量・配分などを実物に接しながら検討する方法で，調査者の豊富な経験と鋭い観察力を必要とする。それだけに調査方法としては「非科学的」で，特にとりあげて論じられることは少ないと述べているが，事実，点検はたいてい書庫・蔵書管理法の一つとみなされているようである。経験・直観に依存する点は，たしかに文字や数字によって分析する他の方法に比べると「科学性」に乏しく，調査者によって分析評価の結果が違ってくる可能性が強いが，調査方法の一つに加えられるべきことに変わりはない。ハーシュの1の方法と結びつけることができよう。

彼が調査目的に結びつけた1館調査と多館調査は，調査方法とも密接な関係をもっている。多館調査の目的を主題分担・相互協力においているが，多館調査が必然的に主題分担へ向かうわけではなく，のちにみるように逆に多館の蔵書を等質化する場合もある。また，相互協力の期待できない広域の多館調査も実施されているが，その目的はいうまでもなく図書館相互の比較にある。詳しくはチェックリスト法の場合で論ずることにして，ここでは1館調査と多館調査という，調査対象の数による方法の区分が考えられることを示すにとどめておく [42: 24-32]。

堀内郁子は，大学図書館の蔵書評価法として6種類あげている。その1は，図書館員や学識経験者による蔵書点検，2はチェックリスト法，3は集書の「程度」をたしかめること，4は利用状態を基準とする評価，5は利用者の閲覧請求や相互貸借のタイトルの記録によるチェック，6は図書資料費による評価である。このうち，1，2，4，6はそれぞれハーシュの1，2，3，4に該当し，説明内容からみてもこれを参考にしたもののようである。3はコロンビア大学の図書館調査の際に設定された5段階の蔵書の類型との対比法であり，5は要求されたタイトルが所蔵されていなかった場合を記録にと

第1部　公共図書館の図書選択論

どめておき，のちにこれらのタイトルの購入の可否を検討する方法である[2]。

これまで論じられてきた諸方法を整理すると，次の9種類に要約できる。

1. 蔵書資料総数　増減の動向，他館との比較，基準との比較，奉仕人口との比較など。
2. 種類別蔵書資料数　成人・児童別，一般図書・特殊集書・地方資料別，フィクション・ノンフィクション別，図書・逐次刊行物・パンフレット別（形態別），読書資料・視聴覚資料別など。
3. 主題別蔵書資料数　分類表，主題部門，その他の主題分類による主題別蔵書資料数，蔵書資料比率。
4. 図書資料費
    a. 総額　増減の動向，他館との比較，基準との比較，奉仕人口との比較，図書館総経費に対する比率など，
    b. 配分　蔵書資料の種類別配分，主題部門別配分など。
5. チェックリスト法　各種の標準図書による蔵書のチェック。
6. 蔵書点検　エキスパートや学識経験者による蔵書の点検調査。
7. 利用との比較　蔵書統計と利用統計の比較による評価。
8. 購入希望との対照　購入希望タイトルのリストによる蔵書再評価。
9. 蔵書類型　いくつかの蔵書の類型を設定し，各館の蔵書がどの類型に該当するかを検討。

大まかにいえば，この9方法のうち1〜4はカーノフスキーのいわゆる量的分析，5〜8は質的分析にあたり，9は総合的分析である。しかし，同じく質的分析といっても，5と6は蔵書の文献的価値，あるいは本質的価値による分析評価であるが，7と8は利用者の側からみた使用価値，あるいは相対的価値による分析評価法であり，アプローチのしかた，着眼点を異にしている。この他に，ウェラードによって提起されている読書興味調査の結果と蔵書構成との比較による分析評価法も考えられるが，応用例の有無がわからないので，ここでは特にとりあげないことにする[3]。

ハーシュも述べているように，これらの諸方法のいずれも，単独に使用し

て完全な蔵書分析評価を成就しうるものではなく，蔵書の総合的・立体的分析評価のためには，2〜3の，あるいはすべての方法が併用されなければならない。本論で論考しようとするチェックリスト法は，このうちの文献的価値の面からみた質的評価法の一つであるにすぎない。

　なお，人により見方によって，蔵書の調査（survey），分析（analysis），評価（evaluation. measurement）など種々の用語が使われているが，その概念は同一ではない。最も多く使われている「評価」は価値の決定であり，当然その背後に蔵書構成の「改善」の意図がある。これに対して「分析」とは原則的には没価値的判断であり，蔵書の構造的特質を追い，その背後の論理を探求することである。「調査」は本質的には没価値的概念であり，社会科学の「科学化」の方法であり，調査結果を整理して複数の類型を認定し，相互の優劣を問わない場合もあるが，評価と同一視できる場合もある。むしろ分析と評価の両面を包括した概念とみなすべきであろう。本文中ではこの3用語は適宜使い分けることにしたい。

## 2. カーノフスキーのチェックリスト法

　マックダイアミッドの事例紹介をみてもわかるように，チェックリスト法（checklist method）[14: 468] ははじめ大学図書館の蔵書調査に使われた[4]。カーネギー財団のカレッジ図書館助言団は，カレッジ図書館補助金の支給基準を作成するために，全米的にカレッジ調査を行ったが，このとき初めてチェックリスト法が使用された。助言団は，図書館蔵書調査のために，スワースモア・カレッジ図書館長ショウにチェックリスト編纂を依頼した。ショウは *ALA catalog, Booklist* あるいはマッジの *Guide to reference books* などを参考資料とし，原案を全国の各分野の専門家に送って意見を求めるなどして，1930年にリストを完成し[5]，助言団がこれを各カレッジに郵送した。リスト所収の 14,200 タイトルは，大学院生，教官を除くリベラルアーツの学生を対象とする一般的図書からなっている。データ整理と報告書作成には

シカゴ大学図書館学研究科準教授ランダルがあたり，1930年からチェックリストその他のデータの不備を補うために，各調査館を訪問して現場調査を進め，1932年に結果をまとめて発表した[6]。

ショウのリスト作成と同じ1930年，カリフォルニア大学のヒルトンは，ジュニア・カレッジ用の基本図書リストを編纂し[7]，合衆国教育局がこのリストを使って1933年に教員カレッジ図書館の蔵書調査を行った[8]。1931年には，ポモナ・ジュニア・カレッジの図書館長ヘスターも同じくジュニア・カレッジ用の基本図書リストを作成した[9]。1933年にはシカゴ大学図書館が，シカゴ大学調査の一環として図書館調査を行ったが，その主任となったレイニー館長は，膨大な数の文献目録を使用して，チェックリストによる蔵書分析評価を完遂した［27: 107］[10]。

大学図書館蔵書調査法としてがぜん脚光を浴びてきたチェックリスト法を，公共図書館の蔵書調査に初めて適用したのは，シカゴ大学図書館学研究科講師カーノフスキーである。同研究科博士課程を修了して，1932年にPh.Dを取得した彼は，ただちに同研究科の講師に任命され，研究科に新風を吹き込んだが，翌年シカゴ図書館クラブの依頼を受けて，シカゴ首都圏の公共図書館の総合的実態調査を実施した。このとき採用したのがチェックリスト法である[11]。チェックリスト法を採用した事情について彼自身は何も説明していないが，同研究科のランダル教授や，同大学のレイニー館長らが，大学図書館調査で実施した方法にヒントを得て，公共図書館調査へ応用したことは疑いをいれない。以後，彼の行った数多くの公共図書館調査のうち，蔵書調査はほとんどすべてチェックリスト法によっている。

調査対象は，シカゴ首都圏所在81の公共図書館のうち，目録不備の2館を除く79館とした。評価用具としてのチェックリストは，最初ショウのリストを使うことを考えたが，公共図書館用としては不適当なので［6: 287］，これにかわって，① *ALA catalog 1926-1931*（2,711タイトル），② *Booklist 1932*（226タイトル），③ *Children's books 1926-32*（320タイトル），④ *A list of reference books*（247タイトル），⑤ *A list of selected non-fiction*（290タイトル）

の5リストを使用した。①と②は両カタログの成人図書すべてからなり，③は同じカタログの児童図書をまとめて一つのリストにしたものである。④と⑤はいずれも調査のために特別に編纂したリストであるが，前者はマッジのリスト と，イリノイ州立図書館対外奉仕部編の参考図書リストを参考にし[12)，後者は各主題分野のエキスパートに推薦を依頼して作成した。①と②は「学術図書と純然たる娯楽図書の中間」に位置する標準的図書からなり [2: 265]，⑤は，公共図書館がどの程度に高価な図書を所蔵しているかを調べるためのリストとして，5ドル以上の図書のみを収録した。こうして異質なリストを使用することにより，蔵書のさまざまな側面にメスを入れることが可能となった。また①，②，③が1926～32年の7年間の出版物を収録していることにより，最もカレントなタイトルの所蔵状態を調査して，「ある地域の住民が，広範な主題領域に及ぶ最新の望ましい図書やレファレンス・サーヴィスを受ける可能性がどこまであるか」を追究することができただけでなく，各年度別の所蔵状態を検討することによって，大恐慌期を中心とする時期の，公共図書館の図書収集の動向を知る資料も得られたのである [2: 263-4]。

　彼はデータの整理分析を，蔵書構成自体についての考察と，蔵書構成・図書館費・利用傾向の関係の考察とに分けて発表している [2, 3]。前者では，分析の都合上，シカゴ公共図書館本館を除く78館のデータに限り，リスト別に各館の所蔵率を計算し，さらに標準得点（Z-score）に換算してリスト間の所蔵状態を比較している。

　また，リスト中の各タイトルの所蔵館数を一々計算し，図書館群への分布状態について考察した。これらの分析の結果から，彼は全体として所蔵率が低いこと，のみならず78館の間の差がはなはだ大きいこと，特に群小図書館の数が多く，これが全体のレベルを低下させていることなどの問題点を指摘し，その原因が結局は各館の財政力にあると結論した。したがって第2の分析では，特に図書館費と蔵書構成（＝所蔵率）の関係の究明に主力が注がれ，蔵書構成と住民の人口の相関関係（r = 0.63）よりも，図書館費と蔵書構成の関係の方がはるかに密接であること（r = 0.92）が明らかにされた [3]。

第 1 部　公共図書館の図書選択論

　カーノフスキーの調査とほとんど時期を同じくして，イリノイ州立図書館対外活動部は，1933 年に州内 281 の公共図書館を対象として，チェックリスト調査を実施し，翌年の全州的総合調査とあわせて調査結果を発表した [21, 22, Cf. 6: 293]。

　この調査の目的は，公共図書館には当然備えられるべきだとみなされているタイトルを，各館が現実にどの程度所蔵しているかを調べて，現状を評価することにあった。使用したリストとタイトル数は次のとおりである。

　　Adult classed books：*ALA catalog 1926-31*（2,430），*Booklist 1932*（288），
　　　*Booklist 1933*（265）　　　　　計 2,983
　　Adult fiction：*ALA catalog 1926-31*（270），*Booklist 1932*（40），
　　　*Booklist 1933*（41）　　　　　計 351
　　Juvenile books：*ALA catalog 1926-31*（300），*Booklist 1932*（44），
　　　*Booklist 1933*（45），*Children's books for home and school libraries*（310）
　　　　　　　　　　　　　　　　計 699
　　Reference collections：*Reference collection for small libraries*（150），
　　　*ALA catalog booklist*（14）　　　計 164
　　Professional books：*Essentials for the librarian's professional shelf*（63）
　　　　　　　　　　　　　　　　計 63
　　　　　　　　　　　　　合計 4,260 タイトル [13)]

　この調査にカーノフスキーが参加したかどうかはわからないが，使用リストに共通のものが多く，分析法にもかなり類似性があるので，両調査の間にはかなり緊密な連絡が保たれていたとみなければならない。特に集計分析をいずれも所蔵率と分布度の両面から行っていることは，調査分折方法において，何らかの意見の一致があったことを物語っている。ただ本調査では，成人用ノンフィクションとフィクションを分離して別のリストにしていること，図書館員用の図書リストを使ったこと，所蔵率によって級分類して，該当図書館数をあげる度数分布表を作成していること，所蔵率 25%以下をさらに細分して，累積度数を示していること，別に人口規模別・所蔵率別の度

第 5 章 蔵書評価法

数分布表をつくったこと,分布度分析はカーノフスキーほど重視していないことなどの特徴がある [22: 54-58]。カーノフスキーは,のちにこの調査の結果をとりあげて,シカゴ首都圏調査の結果と比較した [8: 293]。

1936 年には,カーノフスキーとワイトが,ニューヨーク州ウェストチェスター・カウンティの 31 の公共図書館と 4 つの分館の総合調査を行った。これは,同カウンティの政治委員会議長フォルツハイマーがカーネギーから 5,000 ドルの補助を得て,自らカウンティ調査図書館委員会の議長となり,カーノフスキーらに実施を委嘱したものである。この調査の 3 分の 1 は蔵書調査にあてられ,報告全体の中で「最も興味深く価値のある部分」となっている [14)]。

ここでは従来の調査と違って,ウィルソンの *Standard catalog 1934* を使用した [15)]。カタログ全体ではタイトル数が多すぎるので,この中の 1 つ星と 2 つ星のタイトルのみ抽出し,2,911 タイトルの標準図書リストを作成した。このリストの特徴は,ノンフィクションの選択が卓越し,また *ALA catalog 1926-31* と違って 1926 年以前の出版物も含まれている点にあるが,フィクションと児童図書が欠けているという難点もある。カーノフスキーらは,あえて別にフィクションと児童図書のリストを作成して補足することはせず,このリスト 1 本で調査をやりおおせた。チェッキングの結果,1 つ星のタイトルは大部分の図書館に所蔵されているのに対して,2 つ星まで含めると,所蔵率は最高 86%,最低 1.5%,平均 25.6% とはなはだしい差があらわれた。これにより,カウンティの図書館では,蔵書数最高 11 万冊,最低 1,000 冊となって出ている量的隔差が,そのまま質的隔差となっていることが判明した。また分布度を分析すると,文学,伝記,紀行類の分布度が高く,歴史がこれに次ぎ,応用科学,自然科学,芸術,言語学,宗教関係のタイトルの分布度は相当劣っている。すなわち,主題によって分布度に相違がある。本調査では,一つのリストによりながら,リストの主題分類を利用することによって,主題別の分布状態を検討するという新しい試みを企てたのである [4, 5, 6: 294-300]。

この年,シカゴ大学図書館学研究科のウェイプルズ教授と,同大学の政治学準教授ラスウェルは,1935 年度のロックフェラー基金による海外研究の

第 1 部　公共図書館の図書選択論

成果の一つとして，欧米諸国の大図書館の実態報告を発表した。この中の蔵書構成調査は同じくチェックリスト法によっている。調査対象は，英，米，仏，独，墺，伊，ベルギー，スイスの各国と，国際連盟の図書館，合計 33 館であり，いずれも学術図書館として屈指のものである。

　カーノフスキーらの調査に比べると桁違いに規模が大きいが，チェックリストは精選し，少数主要文献のみに限定している。すなわち，英，仏，独，その他の国語で書かれた「現代の社会科学の著作」476 タイトルと，逐次刊行物 97 種からなる 2 種のリストを特別に作成した。これはさらに，経済，政治，法律，社会学に主題分類されている。いわゆる公共図書館のカテゴリーには含まれない大図書館の調査であるが，整理方法をリスト別，主題別，都市別の所蔵率，タイトル別分布度の両面からとしている点で，従来の各調査と共通性をもっている［23: 19-53, Cf. 24: 94-95］。

　1938 年 8 月 1〜12 日にわたってシカゴ大学で開催された図書館研究集会で，カーノフスキーは，従来の調査を総括してチェックリスト調査法の手順を説明し，例として，シカゴ，デトロイト，ミネアポリス，ニューヨーク，ピッツバーグ，セントルイスの 6 市の公共図書館の本分館システムの蔵書構成を分析してみせた。この調査は，当時進行中であったシカゴ公共図書館総合調査のうちの蔵書構成の比較分析の一つとして実施されたものであり，のちにほぼ同じ内容で総合調査報告に収録された。

　シカゴ首都圏調査のような図書館群の調査はこれまで行われてきたが，図書館システムを比較する調査はこれが最初である。本・分館を合計すると 162 館の多数にのぼるので，チェックリストは単純化し，*Booklist 1936* のうちの最も基本的なタイトル 350 をピックアップした。内容はノンフィクション 243，フィクション 94，ミステリー小説 12，ロマンス 1 となっている。

　整理分析では，所蔵率はとりあげず，各タイトルのシステム内分布度分析を中心としている。分布度分析ではこの調査が最も整然としており，一つの基本的様式を示している。すなわち，各システム別に 1 分館の 3/4 以上，1/2〜3/4，1/4〜1/2，1/4 以下 1 分館，本館のみ，0 館，の所蔵しているタイ

トル数をあげる6級区分法をとっている。また，分布度をシステム別により明確に比較するために，各級に得点を与え，タイトル数を乗じ，総得点を計算してシステム間の比較をするという，いささか便宜的ではあるが，新しい方法をとった（後述）。所蔵率分析を省略していることなど，問題もないではないが，特異かつ興味深い調査例である［8: 245-249, 10: 305-311］。

1934年のシカゴ首都圏調査の結果をみたシカゴ公共図書館長ローデンは，1935年の同館の年次報告の中で「シカゴ公共図書館に関する同様の調査を行えば，明らかに実務上意義があるだろう」と述べ，シカゴ大学図書館学研究科の指導のもとに調査を実施する企画を提案した。この問題について図書館と図書館学研究科は協議を行い，カーネギー財団へ調査費の補助を要請した。財団は要請を受けて，1937年11月，研究科に対して調査費1万ドルを支出し，図書館は全館員がこの調査に協力する旨を約した。これらの協力を受けて，研究科はジェッケルを調査主任に，カーノフスキーを副主任に命じ，1938年1月に調査活動を開始した。蔵書構成の調査分析はカーノフスキーが担当し，各種の量的分析法とともにチェックリスト法を採用した。

チェックリスト調査では，蔵書を，1. 基本蔵書，2. 新刊図書，3. 高価図書，4. 参考図書，5. 児童図書，6. 定期刊行物の各要素について分析評価するために，それぞれ別のリストを使用した。まず基本蔵書調査のためには，さきにウェストチェスター・カウンティで使ったウィルソンの *Standard catalog* の星つきタイトル2,911のリストを用い，新刊図書には *Booklist 1936* の成人図書1,428タイトル，高価図書には *Book review digest* の1922, 27, 32, 37年度版のうち，4ドル以上で書評における評価の高い2,140タイトル，参考図書にはショアーズの *Basic reference books 1937* のうち重要度の低いものを除いた254タイトル[16]，児童図書にはALA，NEA，全国英語教員会による合同委員会の編纂した *Books for children 1936* の1,619タイトル[17]，定期刊行物にはワルターの小図書館用の126タイトルと，ライルのカレッジ用の370タイトルの2種[18]を，それぞれチェックリストとした。

基本蔵書の調査対象は，本館と2つの地方図書館を主体としたが，整理の

第1部　公共図書館の図書選択論

結果，本館の所蔵率は91.1％，2つの地域図書館68.1％，63.4％で，本館に比べてかなり劣っていることがわかった。新刊図書はこれに対して，前線サーヴィス機関としての45分館の場合を中心に分析したが，上位と下位の所蔵率の差は著しく，サーヴィス機能の偏差が看過できないほどに大きいことを示している。また分布度調査では，分布度の域を狭めるにつれてタイトル数が増加し，0館所蔵は全タイトルの49％にも及んでいる。高価図書調査は本館のみに限定し，年度別にみると，1922年の62％所蔵が，1932年には21％まで減少し，恐慌による財政窮迫をはっきりと反映している。参考図書は本・分館ともにきわめて高く，分布度も高いところから，本・分館それぞれが基本的参考図書を備えつけるべきだとする方針が実をあげていることが証明された。児童図書も，所蔵率・分布度ともに高く，蔵書の充実した状態を明らかにしている。ワルターのリストによる定期刊行物調査によると，本館が92％，分館は最高66％，最低5％となり，本・分館の差，分館間の差が大きい。一方ライルのリストは，すでにイノック・プラットが使って調査しているので，その結果とシカゴの場合を比較し，全体としてシカゴの所蔵率の方がかなり低いことを指摘したが，同リストは全体を28の主類に分類しているので，両館比較を主類別に行っているのは注目される。

　分館について調べた新刊図書のチェックリストが，同じ方法でニューヨーク以下5市の調査に適用され，6市の本分館システムの分布度が比較されたことはすでに述べた。その他にこの調査で初めて実施された新しい方法がある。シカゴ市には，公共図書館の他にジョン・クレラー図書館，ニューベリー図書館の2大参考図書館があり，相互に主題分担しているが，この両館と，参考図書所蔵状態の比較調査を行ったのである。まず，ジョン・クレラー図書館の専門領域である社会科学関係の参考図書402タイトルのリストをつくり[19]，両館蔵書をチェックし，ついでニューベリー図書館の担当する人文科学の405タイトルでチェックした結果[20]，両分野ともそれほど劣っていないことがわかり，シカゴ公共図書館のレファレンス能力はニューヨーク，ワシントン，ボストンに次いですぐれていると評価した。

第 5 章　蔵書評価法

　カーノフスキーとしても初めての 1 館調査であっただけに，リストの選定，分析方法は入念を極めている。殊にジョン・クレラー，ニューベリー両図書館と 2 館比較調査を行ったこと，既述の 6 市の本分館システム調査を行ったこと，高価図書を年度別に整理して，歴史的考察を加えたこと，定期刊行物にはレベルを異にする 2 つのリストを用いたことなど，チェックリスト法に可能なさまざまな方法を採用している点は特に意義深く，のちの 1 館調査の範型を形づくったというべきであろう [10: 298-329, Cf. 206-227]。

　この年シカゴ図書館学研究科を修了して研究助手兼講師となったマーチンは，シカゴ公共図書館システム，およびシカゴ市周辺の 7 市の公共図書館の蔵書について，「社会問題」関係の所蔵状態を調査した。方法はだいたいカーノフスキー方式にならったが，リスト作成には特に意を払い，*Book review digest* から，1934, 35, 36 年に出版された公共図書館向きの標準的タイトル 250 を精選し，リストの信頼度テストまで行った上でチェッキングした。

　整理の結果，シカゴ市システムの所蔵率の隔差が大きいこと，しかもシステム全体の所蔵率を他市と比べると，上位 2 館はシカゴ・システムをしのいでいることがわかった。また，各館の蔵書規模の順位と所蔵タイトル数の順位にある程度の相関関係のあることに着目して，成人図書 1,000 冊あたりの所蔵タイトル数を計算し，最高 5.5 タイトル，最低 1.6 タイトル（本館は除く）とかなり集約した数値を得た。そのほか蔵書規模の順位と所蔵率の順位の順位相関係数は 0.904 ときわめて高く，両者の間に密接な関係のあることが確認されるなど，興味深い分析を行っている [25: 249-72]。調査対象の範囲はカーノフスキーの場合に近いが，調査した主題が限定されているために，このような詳細な分析が可能だったといえよう。チェックリスト法は，カーノフスキーの後継者に引き継がれて進展を遂げたのである。

　1941 年 12 月，カーノフスキーは「大学・研究図書館協会」（ACRL）のジュニア・カレッジ部会で，図書館の自己評価法の一つとしてチェックリスト法をとりあげ，カリキュラムと関係づけて分析する必要性を強調した [11]。

　翌 1942 年には，ヴァージニア州の州立教育カレッジの図書館長メリットが,

第 1 部　公共図書館の図書選択論

ユニオンカタログに関する論考においてチェックリスト法を適用した。調査対象は「研究図書館協会」のメンバー館 46，および 12 地域のユニオンカタログとし，議会図書館と 88 館のユニオンカタログから得たサンプル 3,682 タイトルをチェックリストに使用した。もともと蔵書調査自体を目的とするものではなく，ユニオンカタログ作成の基準を求めるための調査分析なので，蔵書分析評価法としては適当でない面もあるが，カーノフスキーの分布度調査と 2 館比較法を併合したような，重複所蔵率計算法，これを基準とする重複指数・包摂指数・特殊性指数の計算法など独自な分析法を提示している [28: 58-96]。蔵書構成とユニオンカタログ論の交点を示す興味深い研究である。

　1949 年に行われたロスアンゼルス公共図書館の総合調査の，蔵書構成の部はカーノフスキーが担当した。調査全体の指揮には，同市の経営分析学者ターヒューンと既述のマーチン（コロンビア大学図書館学部教授）があたっているので，蔵書の評価では，カーノフスキーとマーチンが協力したとみるべきであろう。この調査はカーノフスキーにとって 2 度目の 1 館調査なので，シカゴ公共図書館の場合以上に精密な準備，調査，分析をしている。

　ここでもシカゴと同様，まず蔵書資料の形態別，本・分館別，本館の主題部門別冊数と，9 年間の増加率を組み合わせた複雑な資料分類による各カテゴリーの数量を計算し，相互比較，増加率などを考察する量的分析を行った上で，詳細なチェックリスト調査を実施した。使用したリストは，シカゴの場合とまったく違い，徹底的に主題別リスト主義をとっている。要約すれば次のとおりである[21]。

　　＜本館＞

　　　　参考図書　　A　Mudge : *Guide to reference books*.　6th ed.

　　　　　　　　　　B　Winchell : *Supplement*.

　　　　　　　　　　　　　　　　　　　　　　　　　　　　　　（5,142）

　　　　数部門関係　A　Lomax & Cowell : *American folk song and folklore*.

　　　　　　　　　　　　　　　　　　　　　　　　　　　　　　（380）

　　　　　　　　　　B　Jensen & Wright : *Best references of geography*.　（131）

## 第5章　蔵書評価法

|  |  |  |  |
|---|---|---|---|
|  | C | *Best New Zealand books.* | (109) |
| 芸術音楽 |  | Lucas : *Books on art.* | (979) |
| 歴史 | A | Allison : *Historical literature.* | (541) |
|  | B | Cowan : *Bibliography of California.* | (5,000) |
| 文学語学 | A | Cambridge English literature. | (759) |
|  | B | Cambridge American literature. | (1,116) |
| 科学工業 |  | Hawkins : *Scientific medical and technical books.* | (667) |
| ＜分館＞ |  | Shores : *Basic reference books 1937.* | (450) |
|  |  | *Univ. of Chicago Alumni list booklist special lists.* 他 | (980) |

　本館のリストが主題別主義をとっているのは，同館の主題別部門制を重視したためであるが[22]，部門間の陥没地帯の調査を行きとどかせるために，数部門に関係するリストを使用したことにまず注目する必要がある。また分館調査では「主題」別でなく「論題」別に15主類に分類して小リストをそろえている点は，本館の主題リスト主義の延長であるとともに，マーチンがさきにシカゴで行った調査の「社会問題」関係へのアプローチをいくぶん反映しているとみなすことができる[23]。本分館ともに雑誌，児童図書などがチェックされていない点で，シカゴの場合と大きな相違がある。

　使用したリストの組み合わせの複雑さ，タイトル数の大きさに比べて，データ整理法は意外に単純で，本館の場合は各リストの所蔵率の比較によって主題別のレベルの高低を判断し，分館では各論題別の分布度を分析比較している程度である。ただ本館の参考図書のデータを主題・タイプ別に整理比較して，工学，芸術，文学，政府刊行物などの所蔵率が高く，雑誌記事索引，地理学，書誌などが低いことに注意を促しているが，これはリスト自体の分類によるものであり，ウェストチェスター・カウンティと同じ方式をとっている点に注意すべきである [12]。本調査の意義は，のちにリーも評価したように，詳細なリスト編成と，リストの使いこなし方にあるといえよう。これをもって1館蔵書分析評価法が一応完成段階に到達したとするも，あながち過言ではあるまい。

第1部　公共図書館の図書選択論

　1940年，TVA計画の一環としてテネシー渓谷図書館会議（Tennessee Valley Library Council）が組織され，渓谷諸州の開発のために図書館も協力する態勢が整えられ，1946年，TVAの要請にしたがってTVLCが同地域の公共図書館事情の調査を実施することになった。これが南東部諸州図書館共同調査である。主任にはミルツェウスキーが就任し，彼の辞任後ノースカロライナ大学のウィルソン[24]がこれを受け継いで，1949年に調査の結果を発表した。調査対象は南東部9州の全公共図書館で，蔵書構成の網羅的調査の中では最大の規模である[25]。チェックリストの回答を寄せたのはそのうち180館であるが，市町村，カウンティ，地域の各種公共図書館がこれに加わっている。

　チェックリストには，1. 南東部地方関係資料，2. 地方・全国・世界関係資料の重要タイトルを，各種ビブリオグラフィーや専門家の意見を参考にして特別に編纂した。前者は南東部開発関係資料161タイトルからなり，資源保存，地域開発，代表的農作物，健康，教育の諸問題に及んでいる。後者はより一般的な見地から社会・経済・政治を扱っている182タイトルを含み，教育，軍事訓練，コミュニティ計画，労働組合，言論の自由，国際関係の各方面に及んでいる。この2種のリストの特質からもわかるように，本調査は，南東部諸州開発への協力，および第二次世界大戦後のアメリカの国内的，国際的再建に寄与するという面で，公共図書館がもっている能力を診断することを目的としたものである。したがって，これまでの各種調査が図書館蔵書全体の構造，特色，レベルを分析評価しようとしたのと比べると趣きが違う。

　第1リストは180館，第2リストは191館から回答が寄せられた。これらを，まず各州別に，また所蔵タイトル数の級別に図書館数を示す度数分布表にまとめ，ついで各州別に，最少所蔵館・最多所蔵館・中央値のタイトル数を示す表をつくった。これらのデータから，ウィルソンらは，地域，全国的な重要な問題に関する資料が，公共図書館にはきわめて乏しいこと，とりわけ連邦政府，州，諸機関刊行物の所蔵状態が極度に劣悪であること，などの事実を指摘し，南東部住民がこの種の資料に接しうる機会を保障するために，公共図書館の収集方針に再検討が加えられるべきであるとの示唆を与え

102

た [33: 28-37]。チェックリスト法の技術的な面ではとりたてて言うべきものは見出せないが，このような広域調査においてウィルソンがチェックリスト法を採用したことは，同法がすでに蔵書調査法の代表的方法の一つとしての地位を確保してきた事実を示すとともに，次のリー調査同様，同法がシカゴ大学図書館学研究科で温められ，練りあげられてきたものであることを物語っている。

　南東部調査とほぼ同時期の1947～50年には，ALA が「社会科学研究会議」に要請し，「出版の自由委員会」委員長，ワシントン大学社会学講師，シカゴ大学図書館学部研究科訪問教授であったリーを主任とする，全国的規模の「公共図書館調査」(Public Library Inquiry) が実施された。全体は19のプロジェクトからなり，多数の学者が参加して行われ，その結果はシリーズとして各担当者によりコロンビア大学出版部から出版されたが，リー自身も全般的報告書を出版し [34]，特に力を入れた蔵書調査についてはペンを改めて詳細にまとめて *The library quarterly* 誌上に発表した [35]。この蔵書調査では量的方法とチェックリスト法が併用されているが，後者はカーノフスキーの助言にしたがって実施し，特に彼のロスアンゼルス調査からは多くのものを受け継いでいる [33: 260，34: 157. 160. et. al.]。

　調査対象には，カウンティ図書館10，市町村図書館50，計60館を，全国各地から抽出した。これを奉仕人口，年間図書館費，蔵書総冊数の3つの基準により4段階に区分し，問題によって，最も適切な区分を利用して分析している。蔵書構成の量的分析では，奉仕人口による区分を使ったが，チェックリスト調査では，カーノフスキーの初期論文 [2，3] の結論にしたがって図書館費による4段階区分をとった。調査対象の内訳は次のようになる。

| Type I:   | 大都市図書館 | 図書館費 | 10 － 500 万ドル      | (26) |
| Type II:  | 小都市図書館 | 図書館費 | 2.5 － 5 万ドル       | (8)  |
| Type III: | 町村図書館   | 図書館費 | 5,000 － 25,000 ドル  | (18) |
| Type IV:  | 小村図書館   | 図書館費 | 2,500 － 5,000 ドル   | (8)  |

チェックリストには，従来使われた多数タイトルのリストを避けて，簡単

なリストを数多く組み合わせて使う方式をとった。すなわち，

1. 新刊フィクション　　　　　　　　　　　　　　　　　　　36
   a. 1948年度ベストセラー（12）
   b. ALA選定「注目すべき」図書（12）
   c. 専門書評家の評が一致する図書（12）
2. 新刊ノンフィクション　　　　　　　　　　　　　　　　　89
   a. ベストセラー（29）b. ALA選定（30）c. 書評（30）
3. 標準ノンフィクション[26]　　　　　　　　　　　　　　　230
   a. 米国史（26）b. 政治（60）c. 労働（49）d. 科学・社会（10）
   e. 食物育児（25）f. 写真（20）g. 教育・家庭（40）
4. 定期刊行物　　　　　　　　　　　　　　　　　　　　　120
   a. 大衆雑誌（25）b. 通俗雑誌（25）
   c. 良質雑誌（20）d. 専門雑誌（50）

このうち，3はカーノフスキーのロスアンゼルスの分館調査に使われた15種の社会問題関係図書リストを基本とし，このうちのほぼ評価の定着したスタンダードなタイトルを抽出して作成した。また，ロスアンゼルスではチェックリストによる定期刊行物調査は省略したが，別の担当者が4類型分類によって量的分析を行っているので[27]，リーもほぼ似かよった4種類のチェックリストを用意したのである［35: 167］。このように，本調査ではリストの組み合わせに細心の意を払っている。

集計表には4つの大分類リスト別に，各級別の図書館数，小分類リスト別所蔵率（級内平均）が示されている。これでみると，当然のことながら，全リストとも図書館費の減少するにつれて所蔵率が低下しているが，新刊フィクションのa，b両リストは全館種とも所蔵率が高く，cはType IIIから激減している。新刊ノンフィクションではaの所蔵率が高く，bはType IIIから激減し，cは図書館費50万ドル以上，5～50万ドル，5万ドル以下ではっきりと所蔵率の差が出ている。リーは同様の分析によって，所蔵率と図書館費の関係はきわめて緊密であるが，図書の種類によって関係のあらわれ方が異

なっていることを示しつつ、全体としては図書館費10万ドル以下の館は各種図書館において充実しているのに反し、1万ドル以下の館は限られた予算を大衆利用のために近刊ベストセラー、大衆雑誌の購入に投じて、標準図書の所蔵率が極度に低く、これが両極をなしている、すなわち「図書館資料設備の2つの極を特徴づける二重性は公共図書館の構造、あるいは図書館の目的の修正が必要であることを示唆している」と結論した［35: 172］。論理的に組み合わされたチェックリストを使用し、雑多な図書館を図書館費という基準で級分類し、蔵書構成の全体的構造を見事に整理分析した、興味深い調査例である。

　一方カーノフスキーは、1952年にはグリーンズボロ、1954年にはマンスフィールド、1957年にはヴァンクーヴァー、1960年にはセントポール、1965年にはラシーヌと各地の公共図書館調査を次々と実施した［13, 15, 17, 19, 20］。蔵書構成調査ではチェックリスト法を使ったものと考えられるが、詳しいことはわからない。また、チェックリスト法が公共図書館調査で広範に使用されはじめ、あるいは同法に対する批判も出はじめたので、これらに対して一つの総括を示すべく、1953年に「公共図書館蔵書評価」と題する論文を発表し、各種調査から得た結論を簡潔にまとめ、種々の疑問や批判に対して詳細な解答を示し、改めてチェックリスト法の意義を強調した［14: 16, 18］。これについては後述する。ハーシュが「蔵書評価法」においてチェックリスト法をとりあげ、ウィリアムスが「図書館蔵書評価法」でさらに詳しく論考したのはこれ以後である。1940年にマックダイアミッドが、公共図書館の蔵書調査法の重要な一方法として紹介した当時は、わずかにイリノイ州、カーノフスキー等2～3の調査例があるにすぎなかったが、その後の10年間で相当広範に適用され、ようやく総括段階に入ったのである。

　参考までにリー以後の調査例を1～2紹介すると、1966年、ノーウォークの4つの公共図書館を調査した、デイトン＆モントゴメリ・カウンティ図書館長チェイトと、フィンケルシュタイン記念図書館館長エイクは、*Library journal*誌の推薦図書リストをもとにして、ビジネス書、技術書、参考図書

の3種のリストを作成し，これで蔵書をチェックし，分析評価した［40:
22-34］。また同年，イリノイ大学図書館学部長ダウンズは，前年ノースカロ
ライナ州で行った全州図書館資料調査と同じ方法で，ミズーリ州の全州資料
調査を実施したが，ノースカロライナでは大学図書館の場合でのみ採用した
チェックリスト法を，公共図書館へも敷衍して，独自に編纂した基本逐次刊
行物（100タイトル），*Choice* から抽出してつくった *Basic reference collection*
（257タイトル）の2リストを使って調査した［41: 101-105］[28)]。両調査とも比
較的常識的な調査であり，特にここで詳しく紹介するほどのこともないが，
チェックリスト法が全州資料調査，市内公共図書館システム調査などに応用
された例として，その意義は認められる。

## 3. チェックリスト法の調査手順

ひと口にチェックリスト法と言っても，調査手順，チェックリスト決定，
分析評価法はきわめて多様である。それは使用するチェックリストの種類に
よる差でもあり，データ処理・分析評価法による相違でもあるが，以上にみ
た各種調査例の中に，現在考えうる方法がひと通り出そろっていると考えら
れるので，これらを整理しながら，チェックリストによる公共図書館の蔵書
分析評価法を総括しておきたい。

カーノフスキーは調査手順を，1. 図書館の目的の決定，2. 評価用具＝基準
図書リストの選定・作成，3. チェッキング，の3段階に区分しているが［8:
245-246］，調査の準備開始から分析評価の完了までの手順としては十分でない
ので，私はもう少し詳細に区分して，次の6段階を設定した方がよいと思う。

1. 調査目的の決定
2. 調査対象の決定
3. 評価用具チェックリストの選定・作成
4. チェッキング
5. 集計

6. 分析評価

以下，段階別に詳しくみていこう。

## (1) 調査目的の決定

　調査目的の決定と，(2)の調査対象の決定は，必ずしもすべての場合にこの順序で進行するとは限らない。例えば，公共図書館の蔵書構成の全体，あるいは特殊領域の性格を分析し，評価するために本法を使用する場合は，上に記した手順で作業が進められるが，特定の図書館，図書館群があらかじめ決定され，その総合的調査の一環として本法による調査が実施されるときは(2)と(1)の順が逆になる。また，特定の図書館，図書館群の蔵書構成の分析評価のために本法が採用される際は，(1)と(2)が同時に決定される。

　このような関係を一応認めた上で，調査の目的決定について考えると，まず蔵書構成自体の構造・性格を分析評価する場合と，図書館の他の諸機能，諸設備，その他の諸条件との関係を考察する場合とに分けられる。前者では，蔵書のもつ主題的あるいは水準的性格・特徴を追究し，チェックリストを基準として現在の蔵書のレベルを評価し，あるいは他館の蔵書と比較して優劣を判定し，主題分担状況を考察したりすることを目的とする。カーノフスキーのシカゴ首都圏調査，イリノイ州調査などはこの例に数えられよう。後者では，図書館の対外活動・参考業務・閲覧方式（開架式，出納式，主題別部門制など）との関係，分類・目録との関係，利用状況，顕在的・潜在的要求との関係，地域社会（人口，職業，産業など）との関係，図書館費・図書費との関係，職員構成との関係などを見極めることを目的とする。

　また，蔵書全体の主題別，水準別構造の性格を調査する場合と，蔵書のうちのある部分，例えば参考図書，基本図書，社会問題関係図書，地方資料，児童図書，フィクション，定期刊行物などのいずれかを調査する場合とでは目的が異なる。シカゴ公共図書館，ロスアンゼルス公共図書館調査や，シカゴ首都圏，イリノイ州，「公共図書館調査」などは前者に属し，マーチン，ウィルソンらの調査は後者に属する。

第1部　公共図書館の図書選択論

　蔵書を望ましい基準に照らし合わせて，現在の蔵書の基準達成度をテストする場合と，チェックリストを媒介としながら，特に評価的な意味においてでなく，蔵書の特色を追究しようとする場合が区別されねばならないことは先にふれた。前者はカーノフスキーが"How good is my library?"と設問しているごとく，蔵書のもつ価値の度合いを決定しようとする自己評価，または他者による評価であるが [11]，後者では基準の達成度の判定を媒介としながら，究極的には図書館の蔵書の特質を追究し，現在果たしている役割をたしかめ，図書館の目的・方針を模索・再検討しようとする。多くの場合このような調査は，蔵書をパターナイズし，各パターンにそれぞれの意味を認めようとする方向に進む。

　「公共図書館調査」やシカゴ以下6市のシステム比較は，かなり評価的側面をもちはするものの，各パターンの特質，役割を認めようとする傾向ももっている。チェックリスト法から評価的性格を除去して，図書館の多様性を認め，蔵書構成のパターンを設定し，各々の独自な意義・役割を求めるチェックリスト調査も必要である。

　チェックリスト法を最も常識的に考えると，標準図書リストで蔵書をチェックし，リスト中のタイトルの所蔵の有無を点検し，欠落タイトルを補充する目的で本法を使用することになる。この場合問題になるのは個別のタイトルであり，所蔵率や分布度のごとく，量化一般化した評価は付随的な意味しかもたない。すなわちリストは，購入リストと同じ役割をもち，リスト中のタイトルすべてを購入・所蔵することを目標とする。これに対して，所蔵率や分布度を計算することによって，蔵書全体の目標達成度をテストし，あるいは蔵書構成の構造を分析し，性格を判断する立場がある。この際，チェックリストは図書館が購入・所蔵することが望ましい図書のサンプルにすぎず，その欠落を補充し，リストの完全所蔵をなしとげても目標を達成したことにはならない。リストは図書館およびその蔵書のもつ目標の達成度をテストするための便宜的尺度にすぎず，究極的な目的は蔵書全体を目標に接近させることにある。

## (2) 調査対象の決定

　調査対象館の数からみると，1館調査，2館調査，3館以上の多館調査の3種に分けられる。1館調査の場合は，チェックリストを基準として，目標達成度を評価するか，その図書館の他の諸条件との関係を分析するか，蔵書の内容を分類して，分類別所蔵率を比較するなどの方法がとられるが，調査方法が複雑化する傾向がある。カーノフスキーの実施したシカゴ，ロスアンゼルス両公共図書館調査の例では，チェックリスト数が増加され，その組合せによって多角的に分析する方法がとられた。

　2館調査においては，1館調査とも多館調査とも違った独自な分析方法がある。カーノフスキーがシカゴ公共図書館のレファレンス図書を評価するために，ジョン・クレラー，ニューベリー両館と，それぞれの主題分野について2館比較した方法，メリットが重複所蔵率を計算するためにとった2館比較法などがそれである。

　3館以上の多館調査 [42: 27] では，1館調査法の単純な拡大による比較分析法，2館比較法の拡大利用，および多館調査独自の調査分析方法の3種が考えられる。第1の例は，チェイトの4館調査や，ダウンズのミズーリ州37館調査などであり，第2の例はメリットの重複指数，包摂指数，独自性指数の計算法である。カーノフスキーはシカゴ首都圏調査で，所蔵率による図書館の序列配置，標準得点の計算，分布度分析などを行い，イリノイ州調査では，所蔵率の級区分と奉仕人口の級区分による度数分布表を作成して，全体の傾向を総覧できるようにした。また，マーチンは蔵書総冊数とリスト中のタイトルの所蔵率の関係を追究し，さらに地域社会の教育水準，経済的水準，人口動態などの関係を考察した。「公共図書館調査」においてリーは，図書館費によって対象館を級分類し，図書館費と所蔵率の関係を分析した。

　多数館調査独自の方法は，奉仕人口，蔵書総冊数，図書館費その他の諸条件と所蔵率の関係を比較分析する形のものが多い。しかもこれらの諸要素は，等間隔，不等間隔に級区分され，度数分布表にまとめられる。

　相互に特別の関係をもたない多数の図書館を調査する場合（「公共図書館

第1部　公共図書館の図書選択論

調査」),ある地域の図書館を対象とする場合(イリノイ州,南東部諸州,ミズーリ州),相互に密接な関係をもつ図書館システムを対象とする場合(シカゴ地区,ノーウォーク市,シカゴ・ロスアンゼルス公共図書館の本・分館システム),および複数の図書館システムを対象とする場合(シカゴ,ニューヨークなど6市調査)のような,いくつかの型がみられる。独立対等な関係にある図書館群であるか,本館・分館システムを構成しているかによっても,調査分析方法が使い分けられる。

## (3) チェックリストの作成・選定

　この調査法を適用する場合,どのようなチェックリストを使用するかは,調査の成否を決定する最大の鍵である。カーノフスキーは,評価用具としてのチェックリストに要請される一般的条件として,「妥当性」,「信頼性」,および「実用性」の3条件をあげている。妥当性とは,使用するリストが,当該公共図書館の蔵書構成を分析評価するという目的に対して,適当な用具であるかどうかである。例えば,大学図書館の蔵書チェックのためのリストとしてはすぐれていても,公共図書館の蔵書構成の評価用具としては適当でないこともある。そのリストは,調査目的に設定された問いに満足すべき答を出してくれない。

　また,そこで得られた蔵書構成の程度や性格が実際の蔵書構成を歪曲し,実態をあるがままに忠実に把握していない場合には,そのリストの信頼度が欠けているという。リスト所収のタイトル数が少なすぎると偶然的条件が入りやすく,リストは評価用具として適当でない。どの図書館に適用しても蔵書の実態をそのままに圧縮して再現する,客観的基準としての信頼度が要求される。

　信頼度を高めるためには,リスト所収のタイトル数を増加すればよい。しかしタイトル数があまり多すぎると,それだけチェック作業が困難になる。カーノフスキーが *Standard catalog* の全タイトルを使用せず,そのうちの星つきタイトルだけに限定したのは,この困難をさけるためである。すなわ

ち，調査者に与えられた時間，あるいは人員，経費などに可能な範囲内に，タイトル数を限定しなければならない。これをチェックリストの実用性と呼ぶ [6: 287-288]。

マーチンは，リスト作成段階で信頼性の検定を行った。すなわち，チェックリストの全タイトルを 2 等分し，それぞれのリストで同一図書館群を対象として調査し，両調査のデータを比較した。その結果，所蔵率による図書館の序列が一致したので，このリストに信頼性ありとみなした [25: 255]。信頼度係数計算法のうちの折半法を採用したわけである。

次に，チェックリスト法は調査目的，調査対象に応じて，特に蔵書調査を目的とするリストを新しく作成する場合と，既存の各種図書リストから最適と考えられるものを選定する場合に分けられる。われわれのみた範囲内だけでも，この両方法の例は相半ばしているが，既存リストを使用したのはカーノフスキーとイリノイ州だけで，その他の調査者はいずれも，既存リストを利用し，あるいは各種書誌を参考にしながら，その調査のために独自のリストを作成している。この点についてハーシュは，「この方法を使用する評価者は，*Standard catalog*，*ALA catalog* のような，出来合いの幅広い目的のリストよりも，むしろ特別に編纂されたリストを使用すべきである」と述べ [36: 15]，ウィリアムスは，多館調査においては特別のリストを作成する傾向があることを指摘している [42: 31]。

リスト所収タイトル数は，リストの信頼性を決定する重要な問題であり，カーノフスキーの言うように，実用性の許す限度内で多数タイトルをおさめるべきであるが，実際に使われたリストをみるとかなりの幅がある。1 館調査の 2 例をみると，シカゴ公共図書館は 9,655 タイトル，ロスアンゼルス公共図書館では，本館だけで 14,924 タイトル，分館を合わせると 16,354 タイトルの多きに及んでいる。多館調査では，シカゴ首都圏 78 館の 4,794 タイトル，イリノイ州 281 館の 4,260 タイトルが最上位にあり，「公共図書館調査」の 58 館は 475 タイトル，南東部諸州 180 館は 315 タイトルと桁違いに少なく，マーチンのシカゴ地区 52 館の 250 タイトルが最少となっている。

第1部　公共図書館の図書選択論

したがって，1館調査ではタイトル数を多くして精密な分析を加え，多館調査では比較的少数の精選された単純なリストを使用して，調査作業と分析を容易にしようとする傾向がはっきりと認められる。

　リストの信頼性の下限をどのあたりまで下げることができるかは，マーチンの折半検定法などによって決められるべきであるが，そのマーチンのリストがタイトル数最少となっているので，リスト作成法如何では，少なくとも250タイトルまで引き下げることができるといえる。一方，実用性の上限は作業量と作業能力によって決定される。すなわち作業量が多くても，調査期間とこれにたずさわる人員およびその調査能力が，これを完遂するに足るものであれば，実用性の上限は相当高められる。

　蔵書全体を分析評価するか，限られたある分野の蔵書を分析評価するかによって，リストの種類も当然違ってくる。蔵書の総合調査の例をみると，シカゴ公共図書館では9種類，ロスアンゼルス公共図書館では本館で10種類，分館の各種小リストを合わせると，実に23種類も使っている。シカゴ首都圏では5種類，イリノイ州では6種類，「公共図書館調査」では大分して4種類（細分すると17種類）と，多館調査でもかなりの数のリストを使い分けているので，リスト数には別にはっきりした基準があるわけではない。1種類のリストを使っても，その内部分類を効果的に利用すれば，多種類のリストを使用したと同じ結果が得られる。使用するリストがどれだけ多くの角度から蔵書を分析し，立体的にとらえて評価する条件を備えているかにかかっている。

　他方，蔵書のある部分のみに光をあてて，これを分析評価しようとする場合には，当然リストの数は限定されてくる。社会・経済・政治・法律の諸分野に限定して調査したウェイプルズ，TVA地域開発関係資料，戦後再建関係資料を集中的に調査したウィルソン，社会問題関係に焦点をしぼったマーチンらの調査は，それぞれの主題分野において厳選したタイトルのリストを使用しているし，ダウンズの調査も定期刊行物と参考図書だけに限ったリストを用いた。カーノフスキーがジョン・クレラー図書館，ニューベリー図書

館と，シカゴ公共図書館を，社会科学，人文科学両分野の参考図書について調査比較した場合も，リストはかなり限定されていた。これらの場合には，当然タイトル数も少なくてすむ。総合的リストを使用するか，部分的リストを使用するかは調査目的によって決定される。

　シカゴ首都圏調査のように，リストを基本図書，新刊図書，児童図書，参考図書，高価図書の各カテゴリーに分ける方法と，ロスアンゼルス調査のように，主題別のリストを使う方法とがある。いずれも図書館分類法と同じ手法で分類して，全蔵書を評価しようとしたものであるが，それぞれの分類基準はまったく異なっている。調査目的を十分に達成するためには，リスト分類にも十分考慮を払う必要がある。

　一つの総合的リストの分類を有効に生かして立体的分析を加えることが可能であることはすでに述べたが，この場合，リストの分類と図書館の分類とが必ずしも一致するものではないことに注意する必要がある。一見これは不便なようであるが，実はこの点にこそチェックリスト法独特の意義がある。図書館分類はもともと蔵書全体から1冊の図書を探し出す手段としてつくられたものであって，蔵書構成分析の基準としてつくられるものではない。そのため，図書館分類に基づいて作成される蔵書統計を使って蔵書構成を精密に分析しようとすると，困難が生ずる。この点，チェックリストを適切に編成し，あるいは単一リストの内部分類を有効に利用することによって，主題別，水準別，その他さまざまな角度からの蔵書の分析が可能となる。

　「公共図書館調査」の分類はこういう目的できめこまかく，かつ合理的に構成されており，チェックリスト法の長所をうまく活用した例といえる。既成リストを利用するにせよ，新たに編纂するにせよ，また複数リストを用いるにせよ，リストの内部分類を利用するにせよ，蔵書の総合的調査に際しては特にこの点を十分考慮しておくべきである。

## (4) チェック作業

　蔵書をチェックする作業には3種類の方法が見出される。その1は，調査

第1部　公共図書館の図書選択論

者自身が図書館へ赴いて，直接に目録カードと照合するフィールドワーク方式である。この方法によると，図書館の書庫，職員の業務，諸設備などを実際にみて，さらに職員とのインタビューによって図書館の現状を総合的に把握して，チェックリスト法だけでは理解できない部分を補うことができる。

　チェックリストの妥当性や信頼性を確保することは容易でないので，観察法やインタビューなどによって不足な面を補い，さらにはリストの妥当性・信頼性を検定することも考えなければならない。カーノフスキーは，シカゴ公共図書館調査は言わずもがな，ロスアンゼルス調査でも，膨大な種類とタイトル数のリストを使用しながら，足りないところを観察法・インタビュー法によって補って説明している。

　第2は，調査者自身は現場へ出向かず，チェックリスト調査依頼書，および付随的質問紙を調査対象館あてに郵送し，図書館職員の手でチェッキング作業が実施され，調査者のもとへ回答紙とともに返送され，調査者が集計分析する郵送調査方式である。これは広域の多数の図書館を調査する場合に適し，「公共図書館調査」で採用された。図書館員の協力が期待できるところでは，この方式が有効である。とかく経験的評価ですませる傾向のある図書館員自身に，自館の蔵書を客観的基準で分析評価する機会を提供するという効果もある。

　第3の方法は，カーノフスキーがシカゴ市など6市の本・分館システムの調査でとった，ユニオンカタログ利用方式である。この方法では，観察法，インタビュー法，質問紙などの補助的調査はいっさい行わず，ユニオンカタログにあらわれた限りでの調査であり，カタログさえ十分に整備されていれば，作業は最も敏速に進捗する。短期間にデスクワークで多館調査を行わねばならない場合には，最適の方法である。メリットが，ユニオンカタログ問題を論考するために，12のユニオンカタログを使ってチェックしたこともすでにみた。各館の冊子目録によってチェッキングを行うことも可能である。

　以上の3種の方式には欠点もある。フィールドワークには十分な時間と調査要員が必要であり，多館調査の場合には相当の困難がある。郵送調査方式

は，調査者の労力を図書館員が肩代わりしてくれる協力態勢が欠けていたり，図書館員の時間的余裕がない場合には，回収率の低下，チェッキングの不十分さなどの難が生じる。ユニオンカタログ利用方式は，他のデータによって不足を補うことができないので，分析評価が表面的になる傾向は否めない。

## (5) 集計

集計法は単純なものから複雑なものまで，きわめて多様である。集計法によって調査の成否が決定されるともいえるほどに重要な問題である。詳細に比較するとかなり複雑で，長所・短所がわかりにくくなるが，ここでは煩をいとわずくわしく比較してみることにする。

最も単純な集計法は，各館別に，1. リスト所収タイトル数，2. 図書館所蔵タイトル数，3. 非所蔵タイトル数，4. 所蔵率（1に対する2の百分率）を記入する基本的な集計法である。所蔵率をみるだけで各館の蔵書のレベル，性格などをある程度判断できるので，この集計を示すだけで終わっている調査例もある。ダウンズとチェイトは，所蔵率の計算も行っていないが，同一リストによる多館調査においては，これだけでも所蔵の序列を知ることができるし，所蔵状態も一応わかる。カーノフスキーのシカゴ，ロスアンゼルス両公共図書館の1館調査では，多数のリストを用いて，各リストの所蔵率を計算するだけで評価を終えているが，リストの複雑多角化に応じて，集計方法は単純化する傾向がある。

集計表において図書館をどういう順序に排列するかは重要な問題である。調査例にみた限りでは，1. 所蔵数（所蔵率），2. 図書館費，3. 奉仕人口，の3基準によって図書館に序列を与えている。カーノフスキーは，シカゴ首都圏調査やシカゴ公共図書館の分館調査で，所蔵率あるいは所蔵タイトル数の順に図書館名を列記し，マーチンも，シカゴ市45館，近隣7市の図書館を別々に，所蔵タイトル数の順に排列して，他の分析への道を開いた。「公共図書館調査」では2の方法により，図書館費を基準として排列した。カーノフスキーは，奉仕地域人口によって図書館を排列する第3の方法をとり，

第 1 部　公共図書館の図書選択論

所蔵率が奉仕人口よりも図書館費により直接的な関係をもっているとの結論をひき出したが，これがのちにリーをして「公共図書館調査」で第 2 の方法を選ばせることになった [3]。所蔵率による序列表は，各館の蔵書のレベルを他館と比較し，全体の中の位置づけを知るのに役立ち，図書館費による序列表は，図書館費と蔵書構成の関係を求めるために，また奉仕人口による序列表は，人口と蔵書構成の関係を求めるために，それぞれ有効である。

　多館調査の場合，すべての館を列記した集計表は，そのままでは全体の傾向を把握するのにあまり適当でないので，上記基準によって図書館を級分類し，各級ごとに平均所蔵率を示す表が使われる。「公共図書館調査」の図書館費による排列は，最終的には図書館費 2500〜5 千万ドルを 9 段階に級分類して，各級別の図書館数と平均所蔵率を示す表にまとめられている。またカーノフスキーも，奉仕人口による序列を，シカゴ市，ゲイリー市，人口 5〜10 万，2 万 5 千〜5 万，……5 千以下の 9 級に分類して，各級内でさらに人口順に排列し，分析する方法をとった。所蔵数・所蔵率を級分類した場合は，級内平均所蔵率を示す必要がないので，各級に該当する図書館数をあげる度数分布表がつくられる。ウィルソンの南東部調査では，4 級に区分した度数分布表を作成している。

　これらの諸基準を組み合わせた集計表もつくられている。イリノイ調査は，一方に奉仕人口の級，他方に所蔵率の級を示し，両級の交わる欄に該当する図書館数を記入した集計表にまとめた。これは奉仕人口による各級の平均所蔵率を算出する代わりに，所蔵率をさらに級区分したものであり，全体の状況をより具体的，立体的に知るためにすこぶる効果的である。チェックリスト法における度数分布表の最も精巧な例といえよう。同様に，図書館費と所蔵率をそれぞれ級区分した度数分布表とする方法，奉仕人口と図書館費をそれぞれ級区分し，交叉欄の平均所蔵率を示す方法も可能である。

　級区分法によらず，所蔵タイトル数・所蔵率の最高，最低，平均値の 3 点を示して，手軽に全体の傾向をあらわす方法もある。カーノフスキーは，シカゴ首都圏調査でこの手法を用い，シカゴ・ロスアンゼルス両公共図書館の

分館調査でも同法で説明した。ウィルソンは，各州別に最高，最低，中央値を示す表をつくっている。平均値と中央値の違いをどの程度に考えるかはのちにみるとして，この方法は代表値を中心とする所蔵率のレンジを知る上で便利である。

　所蔵数（所蔵率）と関係のある条件としては，蔵書総冊数，地域社会の人口構成なども考慮されねばならない。マーチンは所蔵数順に排列した集計表に，成人図書総冊数（彼の調査対象は成人図書に限られた），成人図書1,000冊に対する所蔵タイトル数を記入する欄を付加して，蔵書総冊数と所蔵タイトル数の関係を知る基本データとした。蔵書総冊数との関係をみる表としては，むしろ奉仕人口，図書館費の例にならって，蔵書総冊数による序列を使用する方がよいが，彼の場合は序列にさほど重きをおかず，両者の関係に焦点を絞っているので，これでも十分な成果が得られた。一般化するためには，蔵書総冊数順に排列し，所蔵数，蔵書1,000冊比所蔵タイトル数（あるいは百分率）を記入する集計表，あるいは蔵書総冊数を級区分して，各級の平均所蔵タイトル数（平均所蔵率）を示す表，さらには蔵書総冊数の級と所蔵率の級による度数分布表の方がよい。

　マーチンはまた，地域社会の奉仕人口を分類して，これと所蔵タイトル数の関係を求めた。その1は，住民の受けた学校教育の年限を基準とするもので，彼は，一定年限以上の学校教育を受けた人口の比率と，所蔵タイトル数をヒストグラムで示し，両者がきわめて密接な関係をもつことを明らかにした。また住民の経済生活水準との関係をみるために，ある基準以上の地代を納入している住民の比率と所蔵数を同じ方法で図示し，両者の強い相関関係を確認した。リスト自体の内部に何らかの分類が施されているか，あるいは分類する可能性がある場合に，分類別にタイトル数，チェック数，所蔵率を算出する方法である。カーノフスキーはシカゴ首都圏調査で，*ALA catalog 1926-31*所収タイトルを出版年によって分類し，各年度別に所蔵率を示す表をつくり，1929年という経済恐慌の年をはさむ時期の所蔵率の変動，したがって図書購入の質的・量的変動の状態を分析した。またシカゴ公共図書館

第 1 部　公共図書館の図書選択論

　本館の定期刊行物調査では，使用したライルの分類リストによって，各主題別に所蔵タイトル数を計算し，同表を使ったイノック・プラットの結果と比較している。ロスアンゼルスの分館調査で使った 12 論題のリストもこれに準ずるものであり，本来ならのちにリーが「公共図書館調査」で行ったように，一つの表に集計して主題間で所蔵率を比較すべきだった。ウェイプルズ＆ラスウェル調査は，全体を 4 主類に区分して，主題別に所蔵率を示す表をつくっている。リストの主題分類を利用する方法は，すでにランダルの大学図書館調査に前例があり，カーノフスキーも，大学図書館がこの方法によって主題別分析を加え，カリキュラムとの関係を検討する必要性を強調しているが [11: 306]，公共図書館でもかなり実行されているのである。

　仮に分布度と呼んだ側面を分析するための集計法もある。リスト所収の各タイトルが，調査対象館へどの程度に分布しているか，すなわち何館によって所蔵されているかを計算する方法である。この方法はカーノフスキーによってはじめて使用され，ウェイプルズ＆ラスウェル，ウィルソンなどシカゴ大学図書館学研究科関係者が採用し，メリットもユニオンカタログの原理にしたがって同じ方法によっている。

　これは基本的にはユニオンカタログで使われる手法であり，チェックリストの全タイトルについて，所蔵館名を示す表をつくり，これをさまざまに変形していく。カーノフスキーはシカゴ首都圏の参考図書調査で，*New international* は 65 館，*Britannica* は 60 館，*Who's who in America* は 73 館など，所蔵館数の特に多いタイトルを列記し，ロスアンゼルスの分館調査ではさらに，重要と思われるにもかかわらず分布度の低いタイトルを逐一書き並べた。

　調査対象館数が多いときは，全館数に対する所蔵館数の百分率で表した方が，分布度を示す数値としてはより明快であり，カーノフスキーはシカゴ首都圏の場合，所蔵館数と並んで百分率をあげている [2: 281-3]。

　タイトルも数量化することができる。カーノフスキーはシカゴ公共図書館分館調査で，所蔵館数を基準にして，0 館所蔵，1 館所蔵，……10 館所蔵，11 館以上所蔵と序列を示し，各級に該当するタイトル数をあげた [10: 304]。

第 5 章 蔵書評価法

　こうしてタイトル，図書館ともに数量化され，すっきりとした表に整理される。ウェイプルズ＆ラスウェルは，0 館から 7 館まで，級区間 1 とし，各級のタイトル数と，全タイトルに対する百分率をあげた [23: 29]。つまり，カーノフスキーの表は所蔵館の級別タイトル数を示す度数分布表であり，ウェイプルズ＆ラスウェルの表は相対度数分布表である。

　カーノフスキーは，級区間をなまの図書館数によって決定せず，4 分法によって，全図書館数の 3/4 以上，1/2〜3/4，1/4〜1/2，1/4 以下の 4 段階に区分する方法をとっている。シカゴ市など 6 システム調査では本・分館システムの分布度を比較するための集計表で，全分館の 3/4 以上，1/2〜3/4，1/4〜1/2，1/4 以下，本館のみ，0 館，の 6 段階の級を設定した [8: 246, 10: 306]。

　カーノフスキーが，シカゴ公共図書館とジョン・クレラー，ニューベリー両図書館の参考図書の所蔵状態を比較した際，2 館比較法によったことはすでに述べたが，その集計表には，AB 両館所蔵，A 館のみ所蔵，B 館のみ所蔵，AB 両館非所蔵の 4 欄があり，各々のタイトル数と全タイトルに対する百分率を記入する度数分布・相対度数分布表の形式になっている。この表を各館別々の立場で読むと，所蔵数，所蔵率がわかり，両館共通の立場からみると，重複所蔵率，すなわち分布度がわかる。この意味で，2 館比較法は所蔵率分析と分布度分析の中間的方法だとみなされるわけである。

　メリットは AB 各館別に，自館所蔵タイトル数，比較対象館との重複タイトル数，所蔵数に対する重複数の百分率を記入する方式をとった。この場合チェックリストのタイトル数は記入されず，したがって所蔵率はわからない。また，重複率はメリットの表では各館の所蔵数に対する百分率なので，両館の重複率の数値が異なってくる。その他にカーノフスキーは重複率の高さをもって，両館が同等のサーヴィスを提供しうる条件とみなして重視する傾向があるのに対して，メリットには非重複所蔵，すなわち各館独自に所蔵しているタイトル，分野を重視する傾向がみられるという相違があるが，これはむしろ評価法の相違である。

第1部　公共図書館の図書選択論

### (6) 分析・評価

　以上の各種集計表をもとにして，最後に1館，2館，多館の蔵書の分析評価が行われる。

　まず，チェックリストを，カーノフスキーが「価値理論」と概念化したところの，価値の具体化されたものとみなすならば，調査館の多少には関係なく，およそ所蔵率であらわされるものすべてを，図書館蔵書の価値量を示す数値とみなす素朴な評価法がある。すなわち所蔵率60％であれば，その蔵書は完全に満足すべき状態の60％を実現していると評価される。

　しかし現実には，あらゆる意味で100％のリストはありえない。リストの目的と図書館の目的が異なれば，そのリストがその図書館にとっては150％，200％であったり，逆に70％でしかなかったりすることもある。したがって，2種以上のリストを使用する場合は，基準の異なる尺度を用いて計量する際と同様，基準を統一し，同じ尺度に換算して比較する必要がある。カーノフスキーが，編纂基準の違う5種のリストによる調査の結果を，標準得点に換算したのもそのためである。換算した結果，ある図書館では所蔵率50％で同館の他のリストと比べて最低であった精選ノンフィクションが，標準得点では最高となり，平均値を基準とする標準得点と，数字の上の所蔵率の間に大きな相違のあることが明らかになった［2: 285］。複数のリストを用いて多館調査を行う際は，一応考慮に入れておくとよい。

　チェックリストにはこのような限界があるが，一応評価基準としての意義を認めて，リストの価値を100％と仮定する1館1リスト調査，1館多リスト調査の分析評価法を考察しておく。われわれのみたものの中には前者の例がないので，後者の事例としてシカゴ・ロスアンゼルス公共図書館本館調査の場合をとりあげると，シカゴでは *Standard catalog*，参考図書リストなどは完璧に近い所蔵状態にあり，定期刊行物は，ワルターのリストでは100％，ライルのリストでは62％とかなりの差があり，高価図書は1922年の59％から32年の21％へと激減しているなどの事実が明らかにされ，またロスアンゼルスでは，アメリカ民謡・民俗，科学・工学，英文学などの諸主

題が70％台と高く，ニュージーランド関係図書19.6％，芸術37.3％などが劣弱であると診断された。

これに対して，1リスト多館調査，多リスト多館調査では，リストを100％の価値体とみなす立場をとらず，むしろ他館との相互比較によって，各館の蔵書の優劣の順位，さらには優劣の度合いを測る手段としてチェックリストを使用する傾向がみられる。つまり，リストは図書館間の比較をするための媒体基準である。まず所蔵数，所蔵率によって序列を与えれば，各館の優劣関係，全図書館群の中で各館のしめる位置が決まってくる。これを単純化して，最高・最低・代表値の3点で説明すれば，図書館群の所蔵状態の略図が示される。

所蔵率を級区分した度数分布表では，各級に該当する図書館数から，図書館群の蔵書構成の特徴を構造的に描きあげる。ウィルソンの調査では，リスト161タイトルのうち，50タイトル以上の館は4％，10～49タイトル所蔵館は37％，9タイトル以下が約6割をしめて，弱小図書館が圧倒的に多いピラミッド構造をなしている事実が確認された。カーノフスキーも，平均値に近い図書館の序列が全館の中央よりかなり上位にあることから，「半数以上の図書館は平均以下である」と述べて，全体がピラミッド構造をなすであろうことを推測したが [2: 286]，度数分布表によればはるかに明瞭に構造が示される。イリノイ州調査では，25％以下の図書館が272館中227館（83％）にも及んで，あまりに下層が厚いことが明らかになったため，25％以下をさらに15％以下，10％以下，5％以下の各級に細分し，この部分を累積度数分布表の形であらわした。

「公共図書館調査」では，図書館費と所蔵率の関係を検討して，図書館費10万ドル以上の図書館と，1万ドル以下の図書館では，蔵書構成が完全に異質であることを指摘した。すなわち前者はあらゆる面で充実した蔵書構成をもつ，ほとんど理想的ともいうべき図書館であるに対し，後者は，量的にも質的にもきわめて劣弱な状態にあり，ポピュラーな図書の収集に主力を注いで，当面の要求を満たそうとしているがために，改善の見込みすら立たない

第1部　公共図書館の図書選択論

こと，かなり場当たり的な図書選択が行われ，蔵書改善の努力が払われていないこと，両極の中間に位置する図書館がほぼ平均的レベルにあるが，これはよくも悪くも両極の特徴を混有していること，などが説きあかされ，今後の課題は何よりも，このような蔵書構成の二重構造性の改善，克服にあると強調された［34: 171-172］。

　マーチンによる蔵書総冊数と所蔵タイトル数の分析の結果，相関係数が0.904ときわめて高いことが証明された。また彼は，蔵書1,000冊に対する所蔵タイトル数を計算して，全館が1.6～5.5の間に分散していて，その関係が集中的であることを指摘し，原則として蔵書規模が大きければそのリストによる評点も上昇し，そのために図書費を増額することが必要だと結論した。

　しかし，仮に250タイトルのうち50タイトル所蔵を最低基準とすれば，1.5の場合は蔵書が少なくとも21,000冊でなければならないが，5.5の場合は9,100冊の蔵書で基準を充たしうることになる。つまり，蔵書全体の規模の拡大によって基準のレベルに達する方法と，図書選択収集の方針を限定して，集約的にこの型のタイトルを購入する方法があるのである。

　リストの主題別使い分け，あるいは主題分類のあるリストの使用には，カーノフスキーが標準得点に換算したような方法で，尺度を統一する必要があるが，尺度が同等のリストによるチェックの結果を主題別に比較する場合は，各主題の所蔵率を計算し，また所蔵タイトル数の主題別配分比率を算出して，量的蔵書分析法に類する構成分析を行うことが可能である。

　チェックした結果を年度別に整理集計する方法によって，一定期間の図書購入の動向を知ることができる。カーノフスキーは1929年という年を中心として，「高価図書」の所蔵率が激減・緩慢な復旧という過程をたどったことを示した。この程度のことは，購入図書冊数の量的変動の過程をみればわかるが，蔵書冊数の増減の動向と所蔵率の動向の関係まで分析を及ぼせば，また新たな事実も発見できよう。

　図書の類型別リストによる分析を一歩進めると，図書の水準別のリストによる蔵書水準構成の分析法が出ることは，先にリスト選定の項でも述べた。

リーが定期刊行物を4段階に分類した分析の結果によると，大図書館では良質雑誌，専門雑誌の所蔵率が高く，大衆購読雑誌，通俗雑誌がこれに次いでいるが，図書館費25,000ドル以下の町村図書館では大衆購読雑誌が第1位となり，1万ドル以下の小図書館では通俗雑誌が第2位に上昇し，それにはるかに劣って良質・専門雑誌が3・4位にとどまって，大図書館とまったく逆の構造を呈している。雑誌におけるこの方法を図書に適用して，いくつかの異なったレベルのリストを使用して蔵書の水準構成を分析することも可能かつ必要である。この水準別蔵書構成と，主題別蔵書構成の基準を組み合わせれば，先に問題にした主題間の選択水準の不均等の内容を解明することができる。本館・分館・巡回文庫の別にこの水準別分析を行えば，種々興味深い問題が発見されるであろう。

分布度分析は，以上の諸方法とは異なり，個々の図書館の蔵書構成の分析や評価ではなく，個々のタイトルについてみれば各タイトルの評価であり，図書館群，システムについてみればシステム全体の蔵書の評価である。

基本データである各タイトルの所蔵館数を記入した集計表から，カーノフスキーは，概してポピュラーなタイトルの分布度が高く，これに圧されて重要なタイトルの分布度が低下していること，児童図書で分布度の高いのはたいていニューベリー賞受賞作品であること，基本的参考図書は一般に分布度が高いが，必要性に地域差のあるタイトルは分布度が限られていること，などの傾向を指摘した。所蔵館数の順にタイトルを再排列して，分布度の特に高いもの，特に低いものを検討し，そこに何らかの共通性を見出そうとする方法である。ロスアンゼルス調査では，一般には評価の高いタイトルが，分館の分布度では意外に低い場合もある事実に注目し，そのタイトルを逐一列記している。

最も整理された形の6市比較度数分布表では，各システムの分布構造の特徴が明瞭にあらわれている。シカゴ市では1/4以下分布のタイトル数が最多，3/4以上分布がこれに次ぎ，分布度の両極分化傾向がみられる。カーノフスキーは特にこれについて言及していないが，シカゴ市では最も定評ある

第1部　公共図書館の図書選択論

タイトルは全システムが共通して所蔵し，逆に意見の一致のみられないものは多くの館が購入から除外する傾向があるといえよう。ニューヨーク，ピッツバーグ，デトロイト各市もほぼ同様の両極分化傾向をもっている。これに対し，ミネアポリス，セントルイスでは，1/4以下分布が最多の点は前記諸館と一致するが，第2位以下は分布度が上昇するにつれてタイトル数が減少するという，むしろ常識的な傾向をあらわしている。

　また，システム全体の非所蔵タイトル数はシカゴが62で最高，ニューヨークが9で最低となっている。分館数はそれぞれ45，46とまったく互角なので，この相違は，ニューヨークが基本的タイトルをシステム内で少なくとも1部は所蔵する方針をとっているのに対して，シカゴでは各分館のサーヴィス能力を同等に保つために，最も基本的なタイトルは全分館で購入し，非所蔵タイトル数が増加してもやむを得ないとの方針を立てているためと考えられる。また，システム全体の所蔵タイトル数がほとんど等しいニューヨークとミネアポリスを比較すると，前者の本館単独所蔵タイトルは9，後者は118と著しく違っている。これは前者が多数の分館を利用して，全分館が購入責任を分担する方針をとり（1/4以下分布は122タイトル），後者が分館の所蔵を限定して，欠落タイトルは本館が購入する本館中心体制をしいているという方針の違いによるといえよう。

　カーノフスキーが分布度調査をしたのは，すべての図書館は，相互貸借制をとっていても，やはり基本的図書は同等に所蔵して，地域での利用の便をはかるべきだと考えるためである。したがって，同じタイトルがシステム内に重複所蔵されている度合いが高いほど，サーヴィス能力がすぐれているとみなし，3/4以上，1/2～3/4，……の各級に5，4，……の点を与え，該当タイトル数を乗じ，これを集計して分布度指数を計算するという便宜的方法も利用した。これによると，システムとしての所蔵率では最低のシカゴ市が，分布度指数では第3位に上り，所蔵率では第2位のミネアポリスが分布度指数最低となり，システムの特質がある程度描きだされている。

　しかし，同一タイトルの重複所蔵を避け，分担購入してシステムとしての

所蔵タイトル数を増加しようとするシステムもある。ニューヨークはその一例である。この場合，相互貸借制が円滑に機能しているという前提条件が満たされていなければならない。もっともカーノフスキーは，相互貸借サーヴィスでは最高水準のシカゴ市ですら，年間の利用の90％は各館の蔵書に向けられ，相互貸借で利用するのは10％でしかないという論拠のもとに，分布度調査法を実施したのである。重複所蔵か，分館分担所蔵か，あるいは本館中心体制かをここで論ずることはできないが，各システムがどの方針をとっているかを調べるには，分布度調査法を利用するとよかろう。

2館比較法の評価は比較的単純である。カーノフスキーはシカゴ公共図書館とジョン・クレラー図書館を比較し，重複所蔵45％，ジョン・クレラー単独所蔵28％，公共単独所蔵10％で，公共図書館もさほどひけをとらないこと，両館あわせると83％所蔵となり，シカゴ市としては相当高度の参考サーヴィス能力を有することなどを明らかにした。ニューベリーとの比較も同じ方式で，似たような結果を得ている。

メリットの方式についてはすでに詳論したので繰り返さないが，ハーヴァードとニューヨーク公共図書館を比較して，一般には重複指数が低ければ，包摂指数が高くなる傾向があるにもかかわらず，ニューヨークは両指数ともハーヴァードに劣っているという変則的現象をとりあげている。この種の変則性は，蔵書規模最小の英語協会図書館に典型的にあらわれている。蔵書規模最大のハーヴァードと比較すると，後者の前者に対する重複率は10.3％，前者の後者に対する重複率は16.7％で，顕著な差は認められない。このような変則性は異質の図書館を比較した場合にあらわれる。

## 4. チェックリスト法の評価

1949年1月，ACRLのジュニア・カレッジ部会で，中部カレッジ・中等学校協会の大学委員会の事務長バーンズは，カレッジ認可基準の図書館関係条項について協会の方針を説明したが，この中で蔵書評価法の一つとして

チェックリスト法をとりあげ，その問題点を指摘した。まず，リストは短期間でアウト・オブ・デイトになり，アップ・トゥ・デイトにするには頻繁な改訂が必要であるが，実際にはこれは容易でない。

また，許可を得るために蔵書構成の評点をよくしようとして，チェックリストをそのまま購入リストに使い，その購入に力を入れる例もあるが，このために実際のカレッジのプログラムと一致しない蔵書ができあがるおそれもある。こうした問題を指摘しつつ，彼自身はチェックリスト評価法の適用の是非については結論を保留した[29]。

おそらく同様の批判が各方面から出されたためであろうが，カーノフスキーは1953年に発表したチェックリスト法に関する総括的論文の中で，種々の批判を逐一とりあげて，これに対する彼の見解を説明し，改めてチェックリスト法の意義を強調した。彼のこの論文に示された論旨を中心にして，チェックリスト法の意義をまとめておく［14: 466-468］。

カーノフスキーはチェックリスト法に対する批判を次の7項目に要約した。

1. チェックリストは気ままなタイトル選定であり，いずれも同等の価値をもつとはいえず，またリストから漏れたタイトルに，よりすぐれたものも少なくない。
2. 正確さ，権威，読みやすさではすぐれていても，地域社会との関係が少ない。
3. タイトルが短期間のうちにアウト・オブ・デイトになる。
4. 所蔵されている同種のタイトルが，リストに収録されていないために無視される。
5. 相互貸借による利用の可能性が考慮されていない。
6. 貧弱なタイトルしか所蔵していないとの理由で図書館を断罪すべきではない。
7. 特定図書館にとって重要な特殊コレクションが考慮されない。

カーノフスキーによると，まず1の批判はチェックリスト一般に対してではなく，例えば *Standard catalog* など，具体的なリストに向けられるべきで

第5章　蔵書評価法

ある。この種のリストは，図書館員と書評家の合作であり，それなりに信頼をおくことができる。このリスト以外のすぐれたタイトルを所蔵していても，チェックリストの妥当性を損なうほどの意味はもたない。また，各タイトルが同等の価値をもたないというが，図書の価値とはつまるところ「特定の目的あるいは人々に対する価値」であり，その意味ではあらゆるタイトルの価値は固定的ではないといわねばならない。

　2はリスト選定法の問題であり，調査者が機械的にスタンダードなリストを使用するだけでなく，地域の事情に合ったリストを選定することによって解決できる。

　3の批判はよくきくところであるが，刊年が多少古いからといって図書の価値が減るものではない。それ以上にすぐれた図書が出版されない限り，10年経過しても価値はほとんどもとのままに保たれるであろう。

　4の批判は図書の代替可能性を前提としているが，本来図書はユニークな価値をもち，読者は特定の図書を求めて図書館を訪れる。この要求に対して代替物を提供しても，ある程度以上の満足を与えることはできない。代替物にあまり依存しすぎるべきではなかろう。

　5にいう相互貸借はあくまで図書館サーヴィスの補助的手段であり，「すぐれた蔵書の代理をつとめるもの」とはなりえない。自館の蔵書を評価するのに他館の豊富な蔵書をあてにするのは見当違いである。むしろその場合は，一団の図書館全体をチェックして，各々のウィークポイントを確認し，システムとしてこれを補うべく系統的購入計画を立てるべきであろう。いずれにせよ「図書館利用の圧倒的部分は，読者の訪れた図書館の書架上に見出されるものに依存している」ことを忘れてはならない。

　チェックリスト評価法は，6のいうように蔵書を批判断罪するために行うのではなく，むしろ蔵書の中の豊かな分野を発見し，これを伸ばしつつ，貧弱な分野を補充していくための評価である。

　7の特殊コレクションは，チェックリスト法以外の方法で評価してもよいし，その分野のリストでチェックしてもよい。一般的なリストを用いること

によって，特殊コレクションが無視されることはない。

カーノフスキーのこの一連の弁明は，チェックリスト法の意義の再確認であり，提起された批判を十分に論駁している。バーンズの批判の第2点は，公共図書館では地域性，図書館のプログラムなどに転じて当てはめられるが，これもリスト選定法の調整によって解決できる。4の批判に対するコメントは，いささか図書のユニークさを強調しすぎたきらいがあるが，原則的には正論である。

ハーシュは，バーンズの批判とカーノフスキーの反論を紹介し，さらに「公共図書館調査」，ウェイプルズ＆ラスウェル調査などを参照しながら，チェックリスト法は新しい図書館や小規模図書館では効果が大きいが，大図書館，大学・学術図書館ではそれほどの効果を発揮しない，チェックリスト法の価値は大部分，リストのでき具合とデータの処理解釈法にかかっているので，その運用に十分な注意を払うべきである，目的に合ったリストを特別に編纂することが望ましい，と述べている [37: 13-14]。

ホィーラーとゴルドホアは，スタンダードなリストを使用したチェックリスト法を推奨し，さらに「いくつかの遡及的な，精選された評価的書誌」でチェックして，これらのいずれのリストにも収録されていないタイトルが蔵書中にあれば，それはむしろ廃棄されるべきだとまで主張している[30]。使用するリストがほとんど完全に編纂されている場合は，これ以外のタイトルはたしかに彼らの言うごとく廃棄検討の対象に加えられるべきかもしれない。

ウィリアムスは，大学，学術，公共図書館で実施されたチェックリスト調査例を数多く紹介しながら，チェックリストは元来，質的評価手段として作成され適用されたが，多館調査では重複所蔵数を発見するための量的調査手段にも用いられていると述べ，カーノフスキー [19]，クールマン[31]，あるいはメリットの調査例を紹介した [42: 33]。チェックリスト法に関する最も総括的な説明であり，質的評価法が量的評価法へ転用されていることの指摘など，傾聴に値する指摘も見出される。

カーター＆ボンクは「質の判定を量的表現にかえる」方法には限度がある

として，現在「最も広範に使用されている蔵書評価法」としてのチェックリスト法を支持した[32]。

　弥吉光長は「蔵書の評価法」を二分し，ファーゴの主題別配分比率などにみられる数量的方法に対するものとして「標準目録による評価」を第1にとりあげている。弥吉はまず大学図書館用のショーのリスト，公共・学校図書館用のALA目録，ウィルソンの目録による調査評価がしばしば実施されてきたことを紹介し，リーの行った「公共図書館調査」を「見本法による評価」と呼び，「一種の反省評価」法としての本法の実施の必要性を認めている[33]。弥吉の『新稿図書の選択』，『図書の選択』（シリーズ・図書館の仕事　6）などに掲載されている，中小図書館向きの参考図書リストは，チェッキングによる評価のためのリストの含みをももっていると考えられる[34]。

　堀内郁子は，大学図書館の蔵書評価の6方法の1として本法をとりあげた。堀内は大学図書館では，各専門分野の教官が調査に参加して各タイトルの重要度を決定することができ，また忘却されていたタイトルを想起するきっかけとなるという副次的成果もある，調査作業が比較的容易であるなどの長所を認めつつも，データの処理方法は必ずしも容易でない，リストの選定には十分の配慮が必要である，リストがアウト・オブ・デイトになりやすい，リストに収録されていないタイトルが評価されない，各大学共通の「中核となる重要資料」のリストでチェックすると大学の特殊性を無視し，さらには蔵書を規格化するおそれがあるなどの問題点を指摘し，ハーシュと同様，新設図書館，小図書館では有効であるが，大図書館では利用価値が少ない，と評している[35]。

　高橋重臣は，その大学の最大特徴をなしているような学科ないし講座では，特色を強化するために，関係分野の「完全無欠なコレクション」を形成するよう努力すべきであると述べ，種々の書誌による蔵書のチェッキングが必要であるとし，また教育機能を果たすためには「大学教養課程標準図書目録」を編纂して，チェックすべきであると提言している。チェックリスト法は「蔵書構成におけるバランスの欠如の自覚をうる」に，少なからず寄与す

第1部　公共図書館の図書選択論

る調査法であるともいう[36]。

　チェックリスト法の意義はだいたい次の11点に要約できる。
1. 蔵書中の重要な欠落タイトルを発見できる。
2. 妥当性，信頼性，実用性ともに備わったリストを使用すれば，所蔵数，所蔵率を算出して，リストがカバーする分野の蔵書の充実度を知ることができる。
3. 各部門別，あるいは図書の種類別にチェックすれば，蔵書中の充実した分野とウィークな分野を発見することができる。
4. 地域社会のニーズを要素分析し，各要素別に標準リストを作成してチェックすれば，地域ニーズの充足能力を測定することができる。
5. 異なった水準のタイトルからなるリストを使用すれば，蔵書の水準構成を分析することができる。
6. 2館の蔵書の充実度を比較することができる。
7. システム調査により，図書館システム全体の蔵書の充実度が評価できる。
8. システム内の分布度分析により，共通蔵書構成方針，分担収集方針，地域ニーズ対応方針など，種々の収集方針の実現度を測ることができる。
9. 複数システム調査により，各システムの蔵書構成の特徴がわかる。
10. 広域調査により，蔵書規模，奉仕人口，図書館費（図書費），その他の諸条件と所蔵率の関係を知り，公共図書館一般の図書選択方針への示唆を得ることができる。
11. 包摂指数，重複指数，独自性指数などから，各館の位置づけが可能となる。

　チェックリスト法は，図書館蔵書の分析と評価のための一方法にすぎない。リスト所収タイトルというサンプルによる調査であり，この方法ですべてを評価しうると考えることはできない。諸家一様に忠告しているように，他の分析評価法によって不足部分を補いつつ，より正確，忠実に蔵書を分析するよう心しながら，この方法を応用していくべきであろう。

# 第2部

# 大学図書館の図書選択論

# 第1章
# 大学図書館の図書選択論の成立

## 1. 史的背景

　図書選択の理論に関する文献の大部分は公共図書館のもので，大学図書館の図書選択論の文献は比較的少ない。それは，大学図書館の図書選択の責任の主要部分を担う教員が図書選択一般を論ずることを好まず，一方深い関心をもつ図書館員の図書選択に関する権限は制限されているためである。しかしこうした制約を受けながらも，図書館員や図書館学者たちは，図書選択の理論形成のための地道な努力を続け，選択業務の質的向上につとめてきた。本章では，特にアメリカ大学図書館図書選択論の成立期の諸理論を掘りおこして考察する。

### (1) 寄贈による収集

　19世紀末まで，大学図書館の図書選択が公然と論じられることはなかったが，選択や収集の業務は行われており，この先行事実が図書選択論前史となって，理論形成のための素地を用意した。

　1636年，マサチュセッツ植民地のピューリタンは，植民地の牧師の知的レベルの低下を防ぐためにカレッジを設立することを決定した。このカレッジに備えつけられた最初の図書は，イギリスから渡来して間もなく死去した若きピューリタン宣教師ハーヴァードが遺した370冊の蔵書であった。その4分の3は神学書で，聖書注解書，説教集など，それにジュスイット教団の

第1章　大学図書館の図書選択論の成立

もの若干，さらにベーコン随筆集，チャップマンの訳したホメロス，クワールズの詩集等も含まれていた[1]。

ハーヴァード大学の初期の図書収集はもっぱら寄贈に依存したが，その量は多くなく，1682年寄贈の長持8本分のコレクション以外は，とりたてて述べるほどのものはない。1764年の火災で，5,000冊の蔵書も大半が消失したため，大学は寄贈収集に力を入れた。しかし1774年，イギリス人ホリスから図書購入費500ポンドが寄付されて，ようやく独自の図書費をもち，「選択」購入することができるようになった[2]。寄贈書は大部分神学書で，現代の図書が乏しいことがしばしば非難されたという[3]。

1697年に開講したウィリアム・メリー大学は革新的大学であったが，1705，1859年の火災と南北戦争で蔵書や記録をほとんど失ってしまい，初期の図書館についてはまったく不明である。ただ，1691年に死去したボイルの遺産の一部が，大学設立に際して図書購入費として寄付され，1697年には大学自体が相当額の図書購入費を支出しているので，寄贈によらない「図書選択」の条件は，他大学よりも早く整えられたといえよう[4]。

イェール大学は1701年の創立と同時に図書館を設置し，創立を決議した10人の牧師がそれぞれ図書を寄贈した。1714年の800冊の寄贈などにより，まもなく1万冊をこえたが，戦乱中に略奪されるなどで，1743年の蔵書目録には2,600冊が収録されている。主題範囲は自然科学と神学を中心とし，主に学生用とみなされたが，学生，教員の利用はそれほど多くはなかった[5]。

プリンストン大学は1746年に創立され，1755年のベルチャー総督による474冊の図書寄贈などによって，図書館蔵書の基礎がつくられた。しかしこの初期のコレクションは，独立戦争中に略奪されてしまった[6]。1755年にフランクリンが創設したペンシルヴァニア大学は，前身アカデミーの時期に100ポンドを投じて「ラテン・ギリシャの著書，地図，草稿，道具類」を購入したが，フィラデルフィア図書館会社やローガン図書館が利用できたため，大学としては特に蔵書の増強につとめることはしなかった。独立戦争後は，積極的に図書購入費が充当された[7]。その他，コロンビア大学の前身キ

ングズ・カレッジ,ブラウン大学,ダートマス大学の諸大学も,創立当初は図書を寄贈に仰いだ。

図書が寄贈によって収集される限り,寄贈書の中で取捨を行う以外には「図書選択」はありえない。収集される量も限られ,古い図書が多く,あまり利用されなかった。初期の大学図書館には,事実上図書選択は存在しなかったのである。

### (2) 図書費寄付

ショアーズは,大学図書館発生期の図書収集について次のように書いている。

「直接購入によって入手された受入図書の割合は,おそらく全受入図書の10分の1にも達しなかったろう。特に購入の多くが個人の寄付金の成果だと考えられていた時代には。」[8]

特定図書が寄贈される場合と,図書費が寄付されて必要な図書を選んで購入できる場合とでは,図書館の受ける利益はまったく異なる。こうした理由で,ハムリンも図書寄贈と図書費寄付の間に一線を引いている[9]。

大学図書館が図書購入費をもったのは,先にふれたウィリアム・メリー大学の創設期の図書館をもって嚆矢とする。ハーヴァード大学では,1726年のホリスの寄付金1,170ポンド,翌年のコットン師の200ポンド寄付などが早い例であり,火災後はさらに広い範囲からの寄付が寄せられた[10]。プリンストン大学では,1753年にデイヴィース学長が渡英して募金活動を行い,図書と金を集めて帰国した[11]。ブラウン大学でも1783年に,蔵書を整備するために700ポンド募金を行った。ハーヴァードでも1842年(21,000ドル),1852年(1,100ドル),1859年(6,167ドル)とたびたび募金を行った[12]。

寄付金が受動的な収入であるのに対して,募金は必要に応じて積極的に集められる資金で,それだけ図書の計画的収集に寄与する程度も大きいが,一時的収入であり,長期的収集計画を支えることはできない。その他,寄付金には往々にして使途が指定されることがあり,これが自由な使用を制限した。

第 1 章　大学図書館の図書選択論の成立

### (3) 図書費基金

　寄付金や募金が 1 回的であるのに対し，基金 (fund) は毎年一定額の利子を提供するので，計画的な収集に役立つ。大学財源から図書予算が支出されるのが遅れたアメリカでは，恒常的財源はこの基金収入だけであり，今日でも各大学は，相当程度を基金収入に依存している。

　ハーヴァードの最初の基金は，1774 年にホリスが寄付した 500 ポンドであり，1801 年には同学図書館長をつとめたシャプレイが 3,000 ドルの土地を遺贈し，1844 年にはヘヴンの 3,000 ドル遺贈があった。1850 年以降はさらに頻繁な基金寄付があり，前述の 1859 年の募金収入も，結局は基金に組み込まれた[13]。プリンストン大学でも創立まもなく基金が設置された[14]。

　ただこれらの基金による収入も無条件に自由に使えたわけではなく，購入分野が指定されている基金も少なくなかった。例えばシャプレイの基金は，文学，詩，散文等の「現代書」に充当されることとされ，ギリシャ・ラテンの古典購入は禁じられたし，逆にソルズベリ基金はギリシャ・ラテン文献の収集のためのものであった。ヘヴンの基金は天文学，数学に指定された[15]。1900 年までのハーヴァードの基金をみると，購入分野指定基金と無指定基金の各合計額はほぼ同額となっている。

### (4) 雑収入源

　初期には恒常的な財源が欠如していたため，さまざまな収入を図書購入に充当していたようである。例えばハーヴァード大学は 1698 年に，複本を売却して得た金を購入費に向け，1764 年には大学寮の賃貸料の一部を図書費とした[16]。ペンシルヴァニア大学では，会議を欠席した理事に 1 シリングの罰金を科し，教授が休暇をとると 10 シリングを科すなどにより，図書費を捻出したという[17]。ダートマス大学では 1796 年に宝くじを行い，収益金を図書購入費とした[18]。

135

### (5) 図書館利用料

プリンストン大学は1765年，在学生・卒業生の図書館利用に，3か月2シリング6ペンスの利用料を課すこととし，1786年には5シリングに値上げした[19]。ダートマス大学は1774年，図書の冊数とタイプに応じた利用料を課し，1793年には1学期2シリング（1年1.33ドル），1802年には1年1.50ドルとした[20]。ウィリアム・メリー大学も，1779年以後毎年新入生から図書館充実費を徴収し，1782年度の場合は1人10シリング，その3分の2が図書費に充てられたという[21]。ブラウン大学では1792年の大学収入の中に，図書館利用料204ドルがあげられている[22]。

### (6) 大学予算

最も安定し，また使途の自由な財源は，大学予算の中の図書予算である。ハムリンは，前述ウィリアム・メリー大学の1697年の「かなりの支出が，図書予算の最初の例であろう」と推測している[23]。プリンストン大学では，遅くとも1757年に公費支出が行われた。当時はまだ「大学図書館はもっぱら寄贈・遺贈によって発展することができるとの信念があったにもかかわらず」，学長と理事会は「図書館の発展のために徴収された当初基金をいくらか充当した」のである[24]。

しかし，これらはいずれも一時的支出であって恒常性はない。1770年頃，プリンストン大学の理事会はようやく図書館管理規定を作成し，その中で図書館と設備の維持のために，図書館長が1学期1学生につき18ペンスの予算を支出することを決定した。しかし，この予算が図書購入に充当されたか否かは明らかでない。1803年に理事会は，図書購入のために3,000ドルを支出し，その後も授業料を若干値上げすることによって，年々図書予算を配分した[25]。

ミズーリ大学では，大学創立以来公費が図書館に充当されることはまったくなかったが，1849年になってようやく1,250ドルの予算が組まれ，その後も公地売却により少額の予算がまわされた。インディアナ大学では，創立6

年後(1834年)になって,初めて公費予算が成立した。サウスカロライナ大学では,大学開校に先立つ1805年に,州議会が先に教員給与に予定していた予算の一部を図書費に転用することを決議した[26]。

州立大学は,18世紀末期から19世紀にかけて相次いで創立されてきたが,これら公立大学は概して比較的早い時期に図書購入予算を支出したようである。上にみた諸大学のほかにも,ヴァージニア大学(1832- ),アラバマ大学(1831- ),ペンシルヴァニア大学(1832- ),ヴァーモント大学(1846- ),ミシシッピ大学(1848- )などの州立大学では,1851年段階で公費による図書費予算もしくは図書館予算が恒常的に計上されていた[27]。州立大学制度の確立が,大学図書館の図書予算制度確立に大きくプラスしたであろうことは十分に考えられる。

### (7) 図書選択機構

初期の図書選択の責任ないし権限は,おおむね理事会の手に握られていた。ミシガン大学の理事会は1838年に,歴史,伝記,紀行,詩,統計,科学に関する標準的な英文の著作を購入するために,グレイ教授をヨーロッパに派遣した。インディアナ大学でも,1829年から1874年の間は,理事会が図書館運営上,最も重要な役割を果たし,設立当初の図書の収集は学長に命じたが,あるものについては理事自らとり行った[28]。カリフォルニア大学(バークリー)でも,1898年までは常設図書館委員会は理事会の小委員会であり,図書選択も主としてここで実施されたものと推測される[29]。

しかし理事会の図書選択への直接関与は長期間は続かず,19世紀に入ると図書選択の実務は,理事会の手を離れて教員の手に移された。特に学長に権限が一任されることが多かったらしく,ノースカロライナ大学のコールドウェル学長が1824年に6,000ドルを携えて渡欧したこと,ヴァーモント大学のトリー学長が8,750ドルもって(1834年),ミシガン大学のタッパン学長(1853年),コーネル大学のホワイト学長(1868年)がそれぞれ渡欧したことは,すべて理事会の図書選択権が教員の手に移行する過渡期の現象であろう[30]。

ハムリンは，図書選択権の移行の過程を次のように説明している。

「大部分の大学は，その初期において実際の図書選択は理事会の委員会の手にあった。この責任は通常，短年間のうちに教員委員会の手に移された。学長も図書館長も，この委員会のメンバーでない限り，図書選択に参加しなかった。」[31]

「図書館用に購入されるべき資料の選択は，しばしば理事の手に握られていたが，それも19世紀ないしそれ以前に限られることであり，遅れて創設された大学の場合は一般に，当初数年間だけであった。仕事はまもなく教員の手に移され，今世紀に入るまでは，図書館長がこの件で何らかの直接責任を負うことは少なかった。」[32]

デントンは，ドイツとアメリカの大学図書館の図書選択の方針と制度を比較し，アメリカの基本的制度を教員選択制とみなし，ドイツの図書館員選択制との違いを明らかにしたが，ドイツに関する歴史の分析が詳細であるのに対して，アメリカの歴史は3ページにも満たない[33]。これは資料不備のためには違いないが，教員選択の時代が，特に注目をひく実績をあげていないことにもよるといえよう。

プリンストン大学では，1770年に図書館管理規定を作成し，その中で図書館長が図書を収集，排列，目録作成する責任を負うことを定めた[34]。しかし一般的には，図書館長が図書選択に直接関与しはじめるのは，20世紀になってからのことのようである。パウエルは次のように述べている。

「それ［図書選択］は，大学が開校するとまもなく教員の責任となり，世紀が交替するまでは，何ら支障なくこの状態がつづいた。世紀交替期に，大学は，参考図書やその他の一般的性質の図書［の購入］に使うために，少額の規則的に支出される予算を図書館長の統制下におく方式を採択した。」[35]

### (8) 図書選択方針

すぐれた図書館長のいた図書館では，すでに19世紀の間に図書選択の実

第 1 章　大学図書館の図書選択論の成立

権がかなりの程度図書館長の手にゆだねられ，事実上一貫した図書選択方針が形成された。デントンによれば，ハーヴァード大学図書館長コグスウェルが，大学図書館は単に一般的な「読書」のための機関であるにとどまらず，さまざまな分野の「研究」にも役立つべきであるとする，ドイツの大学の図書館の理念を持ち帰って，「際限ない」資料要求に応えるために，「皮相で一面的な研究者なら無価値だと考えてしまうような図書，パンフレット，ペーパー」類でも，残らず収集しようとする方針を確立したという[36]。

コグスウェルは，研究に役立つ研究論文を厳選して収集しようとするドイツの大学図書館の収集方針に学びながら，この方針を拡大解釈して，研究に役立つ資料を網羅的に収集することによって，ドイツに劣らない研究図書館を形成しようとしたのである。アメリカの大学図書館を，すでに質量ともにすぐれた蔵書をもつドイツの大学図書館のレベルに引きあげるには，まず質を問わない網羅的収集によって量の増大をはからなければならなかったのであろうが，当時のアメリカには，研究論文に値する文献の絶対量が乏しかった現実も反映しているであろう。この網羅的収集方針は，その後アメリカ独特の方針となり，これが豊富な一次文献コレクションをもつ現在のアメリカの大学図書館のすぐれた一面を育てたのである。

当初ハーヴァード大学の図書館委員会は，すみやかにはこの収集方針に賛同しなかったが，コグスウェルの指導を受け，後年自ら図書館長に就任したシブリーはコグスウェルの方針を継承し，その後任ウィンザーもその範にならった[37]。ポッターの示すハーヴァード大学の蔵書統計によると，1790～1830 年の 40 年間で 2.3 倍，1830～1863 年の 33 年間で 3.3 倍，1863～1885 年の 22 年間で 2.3 倍，1885～1905 年の 20 年間で 2.0 倍と，非常な速さで蔵書が増加しており，網羅的収集方針の実績が顕著にあらわれている[38]。

第2部　大学図書館の図書選択論

## 2. 図書選択論の発生と展開

### (1) ポッターの選択権論

　図書購入予算が確保されず，また選択の全権が理事者や教員に掌握されている間は，筋道だった図書選択論が書かれることはなかったが，図書館業務に専念する職員に選択権の一部が移されると，図書館界の雑誌で図書選択が論じられはじめた。われわれの眼に入る最初の図書選択論は，ハーヴァード大学図書館の受入係ポッターの論調である。

　1897年のフィラデルフィアにおける全米図書館大会で，ポッターは大学図書館の図書選択の基本問題をとりあげたペーパーを提出し，コリンズがこれを代読した[39]。ポッターの論点は蔵書構成と図書選択権である。

　大学図書館の蔵書は，教科関連図書，参考図書，一般教養図書，教員用図書の4カテゴリーから構成され，それぞれ独自の目的にしたがって収集される。その中で基本をなすものは一般教養図書である。

　　「大学が学生に対して負う最高の義務は，おそらく学生に一般教養（general culture）を与えることにあり，その点で図書館は重要な役割を果たすことができる。」[40]

　学生は，教科とは別に自由な読書によって人間形成を進めるが，この目的に役立つ図書は一般に標準図書（standard books）と呼ばれ，これから学ぶ知識は学識（scholarship）というより教養（culture）と呼ぶにふさわしい。

　一方教員は，専門分野の基本文献にはすでに通暁しており，その上彼らのために図書館が収集するとすれば，それは「最近の理論，最も先進的な研究の成果を与えてくれる新刊書」であり，該当分野の研究の発生と発展の過程を物語る「古い著作」であろう[41]。畢竟，大学図書館の蔵書の核をなすものは，学生のための標準図書と，教員のための新旧研究論文である。

　ところが，図書選択者に関する論議に移ると，ポッターの構想が変わる。すなわち「求められるさまざまな種類の図書」を精査すると，「これらは事実上大学の教科と同じ線に流れ込んでいく」というのである。換言すれば，学

生は教科関連図書を中心に利用し，教員は教科関連研究書を求めるというのである。後者は問題ないとしても，学生のためのコレクションの中心は，蔵書構成論の中では一般教養のための標準図書とみなされたが，ここでは教科関連図書を中心とみなして何ら疑念を挟まない。この論理的齟齬の原因はわからないが，あるいは次に述べる教員選択権擁護のための工作であろうか。

蔵書構成が教科中心であれば，図書選択の主要部分は教員の手にゆだねられるべきである。

　「だからわれわれは，当然のことながら，さまざまな研究部門の教員に図書の選択における援助を求めなければならない。」[42]

公共図書館には，各主題分野の専門家がなく，この点で大学図書館は「理論的には」公共図書館より有利な条件を与えられている。教員の「援助」という限り，図書選択の主導権が図書館（員）に移行した印象を与えるが，以下にみる図書選択権論では，実質的選択権は教員の手に留保されている。

大学図書館には通常，学長，教授5～6名，図書館長からなる委員会（committee）がおかれ，図書費の学科別配分を主務とした。学科配分された図書費は，それぞれ所属教授の指示にしたがって支出される。一方，一般図書（general works）や教科外図書のための図書費の支出の決定は図書館長の手にゆだねられる。各学科教員の購入案は絶対的ではなく，常軌を逸した高価な買い物には図書館長が規制を加え，また教員が看過した重要タイトルへの注意を促すことも怠らない。こうした図書館長による適切な制御によって，教員中心の図書選択が「ほとんど理想的」に機能できる[43]。このシステムでは，図書館長は教員による図書選択への制御要因の役割を果たしているといえよう。

しかし，図書選択の「実際」は必ずしも理論どおりには進まない。ポッターは，教員中心の図書選択制に伴う問題点を次の3点にみた。その一つは，図書選択への取り組み方における教員の個人差である。かたや図書選択にほとんど関心をもたず，学科別の配分額を年度末に使い残してしまう教員（怠慢型）がある反面，他学科の図書費までも使い込みかねないほど意欲的

に購入する教員もあり，また趣味的な選択を行い，稀覯書に巨額の図書費を費やして，幅広い収集をないがしろにする教員（興味型），特定主題の特定側面のみ収集し，異なった面の図書をまったく顧みない教員（一面型）などがある。怠慢型の結果は，長年にわたる脱漏の累積によって，蔵書に重大な空白部分を生じてしまう。興味型は，研究活動に必要な資料の欠損を招き，一面型は蔵書に独断性の強い偏向をもたらす。いずれの場合にも，教員が交代した際，後任教員が蔵書の欠乏に苦しめられる[44]。

　第2の欠点は，教科外の図書の収集が遅れる傾向である。教科外図書の選択は，本来図書館長の責任領域に属するが，館長の裁量にゆだねられる図書予算が限られているので，参考図書等の購入でほとんど消費され，教科外図書に充当できる分はきわめて少なく，結果としてこの部分の蔵書が大きく陥没してしまう。

　こうした欠点をカバーするために必要とされるのが，図書館長による修正・改善である。教員が図書館長の助言を受け入れない場合は，図書館長が修正的意見を述べ，補充購入案を示しても，たいていは無視，あるいは拒否されてしまう。これが第3の欠点である。ポッターは，図書予算を使い残した学科は次年度の配分額を削減すると警告し，さらに見計らい図書を示して直接図書に接して選択させようとするが，あまり効果はないという[45]。

　教員中心の選択制の欠点を正すために，選択の主導権を図書館長に移し，教員には「推薦権」のみを認めようとする意見もあったようだが，ポッターは，このような方法はますます教員の図書選択への関心を減退させ，「かくて図書館は，彼ら［教員］の専門知識から引き出される利益の多くを失ってしまう」という[46]。

　彼は「理論的には」教員中心の図書選択制を「理想的」と考えたが，実際は必ずしも理論どおりにいかないことも認めた。しかし「自己の責任に敏感で，力の及ぶ限りの手を尽くして，このシステムのもつ周知のような欠点を改める用意のある図書館長」の力によって，理論と実際の分裂の間に妥協点を求めようとした。

「仕事を主として教員の手にゆだねてしまうという，通常行われているシステムが理想的であるわけでは決してない。……いかなるシステムも完全ではありえない。全体としてみると，このシステムの利点がその欠点をしのぐだけのことだ。」[47]

ポッターの図書選択権論は，内に大きな矛盾を孕んだ妥協論であり，この妥協によって，彼自身の蔵書構成論をも歪曲してしまう結果となった。理論と実際の背理について功罪の両面をあげながら，教員中心体制の「理論」を支持したのも，適切な判断とはいえない。「実際」の中の諸問題を彼自身の蔵書構成論に結びつけて，現体制とは異なったシステムの可能性を追求する試みもなされてよかった。

シフレットはポッターの図書選択論を，図書館経営における教員と図書館長のイニシャティヴ争い，あるいは図書館員の専門職としての地位確立の過程上あらわれた意見の一つであり，「個々の教員にできるだけやりやすい」方法を求める保守派の立場とみなし，教員選択権を批判するキャンフィールド等に対立させている[48]。たしかにポッターは，教員の選択権を擁護する「理論」を立て，「実際」上の不都合は，図書館長の卓越した行政的手腕によって是正すべきであるとし，またそれが可能であると考えた保守的オプティミストであった。シブリー，ウィンザーなど，凡俗を抜く図書館長をもったハーヴァード大学では，彼の求めた「理想」は決して実現不可能ではなかったのである。

図書選択権をめぐるその後の論議の展開をみると，従来疑問を付されることのなかった教員中心体制の理論に，現実の諸問題をぶつけることによって，図書選択権の帰属そのものを論議の俎上に乗せたことの意義は大きい。ポッターの図書選択論を歴史的に位置づけるとすれば，むしろ図書選択権問題をフィールドに引き出した功績を評価すべきであろう。

## (2) ポッター報告をめぐる議論

ポッターの所説を聴いた出席者は，さまざまな意見を述べた。その多くは

第2部　大学図書館の図書選択論

局部的な意見にすぎないが，これらの中に当時の大学図書館の現場における図書選択論が姿をみせている。

　著名な図書館員チャールズ・A. カッターの甥であるウィリアム・P. カッターは，所属する農務省図書館の例と比較しながら，省内の研究者たちが，理由を添えて図書購入を申し出る方式が，大学図書館にも適用できるのではないかと示唆した。この場合，彼は各学科・学部の主任教授が代表して図書選択を行う一般的システムを排して，全教員が個別に選択するシステムを勧奨している[49]。ポッターが見逃した，教員選択制の中の保守的一面も，この意見によって表面化した。

　一方，プリンストン大学図書館長リチャードソンは，ポッター説もカッター説もとらず，また現行の図書館委員会にも信をおかず，学科・部局とは分離した独立の図書選択機関を設置し，各教員の必要とする図書すら，この機関の専門家の手で選択させるべきだと主張した[50]。構成員はおそらく教員と図書館長であろうが，選択権を学科から切り離すことにより，図書館独自のポリシーにしたがった選択が可能となると考えたものと思われる。学科中心の教員による選択から，図書館の立場における教員による選択システムへの移行を求め，図書館長選択権の強化を志向する興味深い提言である。

　コーネル大学図書館長ハリスは，怠慢型の教員に対する対策の一方法として，年度末近くなって残額のある学科の主任教授に選択を督促し，6月1日までに発注しきれなかった額は図書館評議会に引き渡すという，同館の方式を紹介した[51]。

### (3) コウクの図書費配分論

　上述の発言の中でリチャードソンは，図書費問題に注意を促したが，それ以上の発展はみられなかった。1908年のミネトンカにおけるアメリカ図書館協会（ALA）図書館大会において，ミシガン大学図書館長コウクが，改めて図書費配分法について所信を述べ，この問題がようやく大学図書館の重要課題とみなされることになった。コウクはコーネル大学図書館のダンテ・コ

レクションのビブリオグラファーを 5 年間つとめ，議会図書館の目録部に移り，1904 年にミシガン大学図書館副館長に招かれ，翌年館長となった人である。同大学では図書館学校長も兼務し，図書館学原論，図書館経営，建築，図書選択を講義した。

コウクは図書費配分について 4 つの問題を提起した。

1. 学科主任教授が選択権を独占する学科では，若手教員には選択権が認められない。のみならず主任が自分の関心をもつ特定二流作家の作品ばかり収集したり，ラテン語シンタックス論ばかり購入し，他の教員の必要とする文献にはまったく意を払わない場合もある。
2. 新設学科は，開設当初に多くの図書費を必要とするが，学科別に機械的に配分する方法では，この点の調整がきかない。しかも学科内では教授 1 単位，助教授 2 分の 1 単位の割合で配分され，文献の必要度より教員の地位が重視される。
3. 図書館長が自由裁量の図書費をもたないと，雑誌の欠号補充等の施策が講じられない。
4. 境界領域はどの学科も購入しない。

コウクの問題提起の趣旨を理解するには，20 世紀初期の図書費配分法の一般的な形を理解しておく必要がある。

大学差が大きいので一律には論じられないが，図書館の管理する図書費の主要部分が，学科教員数，教員の身分など一定の基準によって各学科へ配分され，学科主任がこれを運用するのが通常であった。主任教授は，W. P. カッターが暗示し，コウクが直接指摘したように，まったく個人的判断で図書選択を行い，学科内の他の教員の意見や要望をいれることすら稀であった。図書費は学科に対してではなく，学科主任に対して配分されるとの認識が一般的であった。

学科主任に配分した残余が図書館長所管の図書費となるが，これは参考図書，一般図書，製本等に充当され，その額は限られていた。ワイヤーによれば，当時の図書館委員会は 5～7 名の学科主任によって構成されるのが習わ

しであったというから[52]，大学図書館の運営も，図書の選択も，学科主任教授の職権に属するとする常識があったのであろう。

しかし学科数が増加し，図書館委員会に加われない学科主任が多くなると，学科間で主任の権限に格差が生じ，調整が困難になる。教員側のこのような自治能力低下とは逆に，図書館長の専門職としての実力は向上し，ここで図書館長が学科間の調整に一役を買うことになった。コウクの提言は，まさに大学図書館の管理システムのこのような変動期を象徴する意見である。

コウクの提言の第1点は，学科でなく学科主任に図書費を配分する現行システムに対する批判であり，暗に図書選択権の全教員への分散を示唆している。第2点は，教員の身分に比例した配分法の不合理性と，新設学科への特別の配慮を欠く機械的配分の不当さを指摘し，必要度に応じた配分法を求めている。第3点は，図書館長の手許に相当額の図書予算を残し，学科間の相互調整を容易にし，第4点も調整機能の強化をはかろうとする意見である。

これらの指摘からわれわれは，図書館長に相当額の予算を留保し，全教員一律の額を配分し，各教員に自由に選択させるシステムが提唱されることを予想するが，予期に反してコウクも図書費配分そのものを全廃した某大学図書館の例を紹介して，ここに問題解決の道を見出そうとした。

この図書館では，図書費はすべて図書館長の管理下におかれ，各学科主任教授は購入希望スリップを図書館長に提出し，図書館長が発注する。ノーチェックで発注すると図書費が不足するので，図書館長は各学科別の使用額を記録し，必要に応じて購入希望の取り下げを求める。記録はいっさい公開されず，図書館委員会も公開を求めたことがないので，学科間にかなりのアンバランスが発生する事態も予想されるが，通常は各学科主任の購入希望がほとんど満たされているので，特に苦情も出ない[53]。

非合理的な予算管理法であるかにみえるが，図書費を図書館長が管理する方式は，形式的には教員推薦と図書館長決定のシステムに近く，伝統的な教員中心体制を否定する原理を含んでいる。コウク提案は，図書館長選択権の確立に向かう過渡期の現象といえよう。

第 1 章　大学図書館の図書選択論の成立

　コウク発言に対して，イリノイ大学図書館の前受入主任，現館長代理ドルアリーは，図書選択権が教員に握られている大学では，図書館長によるコントロールは事実上不可能であると嘆き，その例としてイリノイ大学のシステムを紹介した。

　イリノイ大学では，図書の購入は教育的事項であり，本来教員の任務であって，図書館長の自由裁量権は認められない。図書費は，図書館長の出席する予算配分委員会において，学部長，大学院主任の手で分割され，各学部はさらに各学科に配分する。

　ドルアリーは，伝統的なシステムが，「教育方針形成期のイリノイ大学には必要であることを認めながらも，図書館が確立されれば，図書費配分権，もしくは図書費使用権は，[コウクによって] 略述されたように，図書館長に帰せられるべきだと思われる」と述べ，コウクの見解を支持した[54]。

　J. I. ワイヤーの弟で，アイオワ州立大学図書館長 M. G. ワイヤーは，ハリスが紹介したコーネル大学の方式に似たアイオワ大学システムを報告した。ここでも図書費が学部・学科に配分され，5月1日現在の使用残額は自動的に図書館長の自由裁量にゆだねられるのである。図書館評議会でなく図書館長の管轄下におかれる点が，図書館長選択権への一歩前進といえよう[55]。

　これらの論議によって，図書費配分法自体が図書選択論の重要テーマの一つであることが認識されたことは有意義であった。特にドルアリー発言にあらわれるように，大学が成長の途上にある間は，予算配分法も一定の役割を果たすが，図書館の体制が確立されると，予算の機械的細分がかえって蔵書の力動的発展に対する桎梏となるとの見方が，大学図書館員一般に拡散していた事実は興味深い。それにしても，蔵書構成・図書選択の原理論に至るまでに，本来はその前提条件にすぎない制度的問題に，かくも多くの討論がかわされなければならなかったという事情の中に，大学図書館の図書選択論が公共図書館のそれに50年もの遅れをとってしまった理由のすべてが語られているようである。

第 2 部　大学図書館の図書選択論

## (4) ワイヤーの大学図書館論

　従来,図書選択論は図書選択権や図書費配分法などの制度上の問題別に論じられてきたが,1911 年発行の ALA の『図書館学マニュアル』(*Manual of library economy*) シリーズ第 4 冊の『大学図書館』(*The college and university library*) は,図書選択を大学図書館論の中に位置づけようとしている[56]。

　著者ジェームズ・I. ワイヤーは,ニューヨーク州立図書館のデューイ学校で図書館学を学び,デューイ,カッター,デイナらの薫陶を受け,ネブラスカ大学図書館に勤務,書誌学教授を兼務し,1906 年にニューヨーク州立図書館参考係に復帰して,母校の副校長,さらに校長をつとめた。後年著した『レファレンス・ワーク』は,今日図書館学の古典的著作と目されているが[57],9 年前に書いた大学図書館論も,このテーマでは最初の単行本として,重要な意義をもっている。

　本書は,ネブラスカ大学在任中の経験と知識をもとにして書きあげた,全 39 ページの小冊子であり[58],当然図書選択論のスペースも限られているが,「管理」の一分野として,図書選択,受入,雑誌,寄贈交換などを 5 ページにわたって解説している。ところが「図書選択」の見出しのもとに扱われたものは大部分が図書選択権問題である。ワイヤーといえども,図書選択論を「原理」に進めるには,まだ条件が熟していなかったようである。公共図書館で執拗に論じられた原理論は,「管理」論ではなく大学図書館の「機能」の問題とみなされている。こうした限界があるので,本稿ではワイヤーの「図書選択」の概念に拘泥せず,著作全体の中の図書選択論を一括して考察することにする。

　大学図書館の機能は「教育・学習の過程において教員と学生に助力を与える」ことにある。第 1 にはフォーマルな教育活動を補助し,第 2 にカリキュラム外の標準的な教養・娯楽読物を提供し,第 3 に大学院課程の研究活動に必要な研究資料を供する。さらに各教員のカリキュラム外の個人的研究にも役立たねばならない[59]。

　サーヴィスの「直接的,確定的な奉仕対象」は教員と学生であるが,それ

第 1 章　大学図書館の図書選択論の成立

以外にも，卒業生，学外研究者，地域住民，関連諸学校，他の図書館なども「遠隔奉仕対象」として，大学図書館のサーヴィスを受ける[60]。これらの諸機能と各種奉仕対象が蔵書構成の枠組みと図書選択の原理を決定するはずであるが，ワイヤーはそこまで論理を展開せず，原理論としては不備に終わっている。

　ワイヤーによる図書費財源の解説は，19 世紀以来の図書選択の現実を知る上で参考になる。それによると財源は次の 5 種類に分けられる。

　a）用途指定のない基金からの図書費配当分。
　b）図書購入を目的とする特殊寄付基金。
　c）図書購入のための寄付金・遺贈金。
　d）州議会決定による図書館予算（州立大学の場合）。
　e）校納金。

このうち最も一般的な財源は b と c というので，19 世紀までの財源構成がほぼそのまま存続しているものと考えられる。しかし，ワイヤーは校納金も「多様かつ最も効果的な収入源」と述べ，財源の安定化傾向を示唆している[61]。

　前述のように，当時の図書選択は教員の手で行われていた。この「一団の承認された専門家による図書選択という理論」は，大学図書館の基本機能である「教育」の実現のためには，教育職員が図書選択を行うことが最も望ましいという事実の上に成立する[62]。

　　「その理論は，図書館は一切の教育の仕事を補助するものであるがゆえに，教育を行う人たちが図書館のために図書を選ぶべきであるという点にある。」[63]

公共図書館ではすでに 19 世紀後半に図書館員の図書選択権が確立され，図書の内容評価や利用者の要求，コミュニティ・ニーズ等に関する「理論」形成が進行していたが，大学図書館ではまだ，図書館の教育機能を果たすための図書選択は教員の手で行われるべきだという論理を，図書選択の「理論」とみなすレベルに低迷していたのである。

　ところが教員の図書選択といっても，実権は学科主任の専断にゆだねられ

149

ることが多く，一般教員が直接関与するにしても，彼らはしばしば自分の主題の狭小な方針を立て，広い範囲を無視し，しかも中央館との重複購入は避けられなかった。これらの欠点を調整することが図書館長の役割である。さらに，参考図書に典型的にあらわれるように，教員による選択において欠落する部分がきわめて多く，その補充もまた図書館長の努力をまたねばならない。教育機能にふさわしいコレクションを形成するための教員による図書選択，という「理論」は，現実の教員のもつ限界のために，すでに崩壊しはじめているのである。

ワイヤーはあえて「理論」と呼ばなかったが，教員が選択しない図書を図書館長が選ぶ際の原理の重要性も忘れてはならない。この原理の成り立つ根拠を彼は，学生のもつ合法的ニーズ（legitimate needs）であるとする。

「合法的ニーズは，学生の図書館利用から発生する。このニーズは，いかなる教授にも知られず，いかなる教科にも関係をもたない。」[64]

「合法的ニーズ」という概念は，ワイヤー論文発表の2年前に，セントルイス公共図書館長ボストウィックが使用している[65]。ボストウィックは，いわゆる「要求」（demand）と区別して，利用者自身も気がつかない必要事項まで含むいっさいの必要を「ニーズ」（needs）と呼び，その中で，合理性をもち，社会的承認の得られるニーズを合法的ニーズと呼んだ。ワイヤーがボストウィックの影響を受けたかどうかはわからないが，彼は大学図書館の教育機能からして，その正当性が承認されるような学生の読書要求一般を合法的ニーズと呼んだのであろう。教員による選択が大学の設定したカリキュラムに関連する図書を対象とするのに対して，図書館長による選択は，学生の自発的読書のための図書を対象とするという機能分担に，この原理の独自の意味がある。

学生の内発的要求を選択の基準とする以上，図書館長は選択にあたって，学生に接する機会の多いサーヴィス部門の意見を求めなければならない。こうして図書館長選択は，教員の要請ではなく学生自身のニーズにしたがう理論，および教員による選択でなく学生に直接接する図書館員による選択とい

う理論に進展するであろう。ワイヤー自身の「理論」はまだポッターの保守的立場の域を脱していないが，彼の思想全体はすでに原理の二元化に向かって歩を進めているのである。

## 3. 実態調査から科学的研究へ

### (1) ALA の大学図書館実態調査

1910 年代までに，大学図書館の図書選択における基本的な問題，とりわけ制度的側面に関する意見が公にされるようになったが，それは主として先進的大学図書館の場合で，一般の図書館がどのような制度や原理によって図書選択を運用していたかは皆目わからなかった。ところが 1920 年代に入ると，大学図書館を対象とする 2 つの全国調査が行われ，その結果，図書選択の制度，方針，理論の実態が明るみに出た。

第 1 の調査は，ALA 創立 50 周年記念事業として行われた各種図書館を対象とする全国調査である。その報告書『合衆国の図書館調査』は 1926 年に全 4 冊として刊行され，1876 年の合衆国教育局の特別報告書『アメリカ合衆国の公共図書館』と同様，1920 年代のアメリカの図書館事情を知る絶好の資料となっている。この報告書の第 1 冊第 2 部「大学図書館の管理業務」の第 3 章「資料の選択受入」が，われわれのテーマにかかわる部分である[66]。調査対象は全国 711 の大学図書館で，261 館から回答が得られた。3 分の 1 強の回収率で，決して十分とはいえないが，回答の文面をそのまま引用して具体的に説明しているので，当時の実態をかなり細部にわたって知ることができる。

公共図書館の部の「資料の選択受入」[67]と大学図書館の報告を比較すると対照的で，大学図書館の図書選択（論）の特色を鮮明に浮かびあがらせる上で効果的である。すなわち，公共図書館の図書選択の「原理」においては，best books, current demands, needs, potential and actual readers などの諸問題が論じられたが，大学図書館の部では，value, popular appeal, educational needs, needs of research workers などの基本概念は「購入分野」の問題とみな

され，分担収集制等と並んで扱われている。一方，「図書選択の原理と方法」の中にとりあげる原理的問題といえば，一般的部門と学科関係部門の区分ぐらいのもので，図書選択の「原理」は公共図書館と大学図書館との間で完全に異質である。

　大学図書館の部では，図書選択の原理論に先行して，図書予算配分法が詳細に比較論考されているが，公共図書館の部では予算はほとんど問題にされていない。大学図書館では，図書館長が関与しうるのは学科別予算配分までであり，図書館長所管に属するわずかな額の参考図書，逐次刊行物，一般図書購入費を別にすれば，図書館長が図書選択に関与しうる余地はほとんど残されていないので，図書費配分問題が，いわば「原理」成立の前提条件となるのである。報告書によると，図書費配分は3つの方式に分類される。

①図書費分割方式

　この方式では，大学理事会が図書予算も最初から大学図書館と各部局図書館に分割し，その使途については原則として相互に容喙できない。部局図書館は，部局の図書館委員会または学科主任に図書選択をゆだねるが，予算管理は，部局で直接行う場合と大学図書館長に託す場合とがある。この方式では，概して大学図書館の図書費が制限される傾向があるため，部局の図書費の一部をプールして，大学図書館用とする例もある[68]。

②図書費集中方式

　理事会は全図書費を一括して大学図書館に交付し，大学図書館はこれを各部局に再配分せず，図書館長が直接管理する方式。学部・学科の教員は，図書館長が適正と判断する部局別の予算枠の範囲内で，自由に図書購入を申請することができる。部局の予算枠は規模，学生数，ニーズ等によって決定されるが，通常は配分額は図書館長の頭の中にのみあって，当該学科にすら通知されないことが多い。図書館長の独裁体制となる可能性もあるが，図書館長の管理権は予算配分までで，個々のタイトルについて是非をいうことはしない[69]。

③集中図書費配分方式

第 1 章　大学図書館の図書選択論の成立

　回答 51 館中 70％を占める最も一般的な方式で，大学図書館に一括交付された図書費から，大学図書館分の逐次刊行物費，製本費，一般図書費をとった残りが部局に配分される。大学図書館分と部局分の比率は大学によって異なる。配分単位によって，次の 3 種の方法に分かれる。
1）学部別配分
　大学院・学部両レベルの学部単位に配分する方式。学部は通常さらに各学科へ細分するが，学部一括して予算運用する例もある。
2）教科別配分
　カリキュラム上の教科目単位で予算を配分する方式。「カリキュラムにカバーされているすべての主題を認めるという原理に基づく」方式であるが，全学的にみた主題別蔵書構成を適正にする上で効果的である。
3）学科別配分
　学部をとびこえて，直接に各学科に配分する方式で，教科別配分法を併用する折衷型も入れると，54 館中 28 館がこの型に分類される。金額で配分するのが普通であるが，各学科に適正な数の「単位」を配分し，毎年 1 単位の金額を変更する方法，1 株 200 ドルの「株」を配分する方法，教員 1 人 1 人に予算を配分してしまう方法などもみられる[70]。

　調査結果からすると，1920 年代に最も一般的な予算管理方式は，集中図書費配分方式の中の学科別配分法であった。コウクやドルアリーは，このシステムの問題点を指摘して，図書費集中方式のような，図書館長の予算管理権強化の方向を求めたが，その方向に進展しているかどうかはこの報告書のみではわからない。ただ，図書費分割方式の場合でも，部局が図書費の一部分をプールして，大学図書館用に充当する例が紹介されるなど，図書館長の予算管理上の調整機能の必要性が認められる傾向がある。

　調査報告のいう大学図書館図書選択の「原理」とは，図書を一般図書と部局関係図書に二分する構想であるが，この区分は図書自体の特性によって蔵書を分類するのではなく，図書選択の責任もしくは権限が，図書館長に帰属するか教員に帰属するかの区分である。しかし現実には，図書館長選択分の

第 2 部　大学図書館の図書選択論

実務が貸出係，参考係，発注係に託され，図書館長が彼らの選択を承認する方式もみられるという。一方では，直接選択者が教員であるか図書館員であるかにかかわりなく，疑問のある購入に対する図書選択の最終権限を，図書館長もしくは理事会内の図書館委員会が掌握し，重複や欠落を調整し，大学全体として蔵書構成の「系統的発展」をはかろうとする傾向もみられるという[71]。既存の「原理」の変形，あるいは新たな「原理」の形成が進行しているのである。

「購入の領域」の第 1 のテーマは，公共図書館のいわゆる価値論・要求論の問題であるが，回答にみる限りでは，大学図書館はこの両論の間で妥協することはしていないという。現実には，良書を中心とし，部分的にポピュラーな図書を加える折衷型が多いのだが，大学図書館の利用者は「かなりの程度の教養をもつ，あるいは教養を求める人たち」であるとの認識，および大学では教育ニーズ（educational needs）が基本ファクターをなすとする理論が根底にあるため，少々通俗書を購入しても価値論に「妥協」を強いることにはならないのである。カリキュラム・ニーズの他に研究ニーズに言及しているのも，大学図書館図書選択論の新しい時代を予見させる[72]。

「購入の領域」のいま一つの課題である図書館協力，分担収集については，3 つの型をあげて，実例を数多く紹介していて興味深い。

　ごく自然に行われる分担　「明瞭な協定」をもたない　ウースター市，ハートフォード市等の自然分担形態。

　一定の「協定」に基づいて分担する型　プロヴィデンス市，ミネソタ大学と 2 つの公共図書館など。

　購入の領域の明瞭な分担　ニューヨーク公共図書館とコロンビア大学，シカゴ市内の各館，ミシガン州の歴史資料収集協力システムなど[73]。

23 館中 15 館は何らの協力関係ももたず，協力活動はごく限られた範囲の問題であるが，これらの「先進的」事例を紹介することによって，分担収集制に対する一般の大学図書館の意識を高めようとしたようである。その効果はともかくとしても，これによって分担収集問題は，明らかに大学図書館の

図書選択論の一隅に定着することができた。

## （2）ワークスの大学図書館調査

1924年，一団の図書館員の企画と，カーネギー財団の資金援助により，大学図書館の管理運営上の諸問題に関する，教育学専門の研究者による実態調査が開始された。調査主任は，コーネル大学教育学科主任ワークス教授で，ミシガン大学図書館長ビショップなど5名の大学図書館長からなる助言委員会がこれを助けた。調査対象は，カリフォルニア，コロンビア，イェールなどの大規模大学図書館18館である[74]。

ALA調査のねらいは，大学図書館の現状に対する客観的，具体的な認識を得ることにあったのに対して，ワークス調査はきわめて問題意識に富んだ調査であった。すなわち，20世紀に入って大学教育のあり方が変化し，「教科書と講義へのほとんど完全な依存状態から，関連読物（collateral reading）の幅広い利用へ」と，原理の転換が進行してきたが[75]，大学図書館がこの線に沿って進展をとげるには，いかなる施策が必要であるか，との問いが調査動機の軸であった。

こうした現状認識に基づいて，ワークスは大学「図書館の機能」についての，教育中心的な在来の機能論を逆転して，研究機能を第1とする大学図書館観をうち立てた。すなわち，大学図書館の諸機能間の重要性の序列は次のようになる。

1. 研究条件整備
2. 教育学習条件整備
3. 一般教養読書の機会提供[76]

ALA調査においても，わずかながら大学図書館の研究機能への言及がみられたが，基調は教育機能・教養機能にあった。ALA調査とワークス調査はほとんど同時に実施されたのであるが，いったい何がこれほどの認識の差，価値観の違いを生んだのであろうか。

考えられる第1の理由は，ALA調査が大小各種の大学図書館を対象とした

のに対して，ワークス調査は大規模の総合大学のみを対象としたという点にある。当時，総合大学はすでに高度の研究機関となっていたが，カレッジは典型的な教育機関であり，ここに両調査の視点のズレが生じたのであろう。

第2の理由として，調査担当者の立場や見方の違いがある。ALA調査は図書館員，ワークス調査は大学教員（研究者）が行ったが，図書館員の大学観は，大学教員の大学観に比して，常に一定程度の遅れを示す傾向があり，特に20世紀初頭の激動の時期には，両者の大学観の間には決定的な開きがあったであろうことは，容易に想像できる。

蔵書の増加傾向に影響を及ぼしたファクターが何であるかを知るために，ワークスは学生数と蔵書数の変動の指数のグラフを比較してみたが，蔵書のグラフが学生数のグラフを上回るので，前者を後者によって説明することはできない。同様に大学院生数のグラフと比較しても，蔵書のグラフはさらにそれより高い[77]。このためワークスは，蔵書の著しい増加の動向の原動力を，教員の研究ニーズの増加[78]，教員数の増加[79]などに見出そうとした。これらの推論によると，研究ニーズに対する大学図書館の対応はまだようやく目覚めたばかりであったが，教員の研究ニーズはすでに急速に伸びており，これが教員の図書購入を促し，大学図書館の蔵書数の増加を招いていたといえるであろう。大学図書館の主機能は転換しつつあったのである。

ALA調査でも紹介された図書館協力，分担収集制は，ワークスにとっても重要な問題であった。第一次世界大戦後の研究ニーズの激増ぶりは眼を奪うものがあり，上にみたように蔵書の著しい増加をみたが，資料費はまだ不足していた。稀覯書類への関心が高まり，各館が競って求めるため，古書の市場価格が急騰した。こうした現状を考慮すれば，各図書館は収集の一部を他の図書館にゆだね，相互に収集分野の調整をはかる必要がある。研究活動自体，各大学がある程度領域を分担すべきである。かくてワークスは積極的な分担収集論を主張し，いくつか事例もあげる[80]。この部分は現状分析というより，大学図書館の現状批判と分担収集制の勧告である。

図書選択論の中では，部局図書館問題は予算配分方式の陰にかくれて，図

書館管理運営上の問題としての側面はあまり追究されなかったが[81]，ワークスは逆に大学図書館システムの管理問題から発して収集問題に論及した。これによると，大学図書館と部局図書館は，本館—分館という一般的な形で理解されているが，その中にもいくつかのタイプがみられる。

1. 部局図書館に幅広い自治を認める型
2. 中央館に統合された部分となる型
3. 特に原則をもたないもの

教員間には部局図書館のあり方についてさまざまな意見があるが，一般的に言って，人文系の教員は分散型に反対し，自然系の教員は分散型を求める傾向がある。人文系教員は，不経済な重複購入を嫌うだけでなく，扱う文献がしばしば他学科の領域と交錯し，単純に学科単位に切り離せないことも関係して，集中管理を求める。分散型支持者は，資料を手近におくことを強く求めるが，それは彼らが文献資料を実験器具なみに考えているためだ，とワークスは指摘する[82]。実はこの点に，図書の日用道具としての機能，すなわち参考図書的機能があり，その意味で，人文系教員の考える文献と自然系教員の考える文献の間には，視点の違いがあるともいえよう。

調査データを整理してワークスは，意見としては集中管理志向の傾向があるのに，現実のシステムは分散型が多く，思想と現実の間に大きなギャップが存在すると指摘した上で，将来的には大学図書館は集中化（centralization）の方向へ進むべきであると結論した。

>「筆者はためらわず，部局図書館がすべて複本からなるのでない限り，大学全体についてみると，図書館サーヴィスの分散管理（decentralization）とすべきだとは思わない，と申しあげたい。」[83]

彼のいう集中管理とは，学内の図書をすべて大学図書館の財産として集中登録し，部局図書館は大学図書館の分館の位置におかれ，図書選択は，部局教員の協力を受けながら図書館長の権限で行い，整理も本館で集中処理するシステムである[84]。しかし三浦逸雄によると，この時期のアメリカの「大学図書館の発展はとりもなおさず分散化の過程」であったといわれ[85]，ワーク

第 2 部　大学図書館の図書選択論

スの主張は時代の流れに逆行するものだったようである。おそらく，こうした理念的集中管理論のたえざるチェックを受けながら現実の分散化が進行し，その妥協点として，後年のハーヴァード大学の調整された分散制（coordinated decentralization）の構想が生まれたのであろう。

### (3) ランダルのカレッジ図書館図書選択論

1930 年代にはカレッジ図書館のための種々の基本図書リストがつくられたが，その一つであるショウの『カレッジ図書館のための図書リスト』(*A list of books for college libraries*) をチェックリストに用いて，シカゴ大学ランダル教授が，リベラルアーツ・カレッジ図書館の蔵書評価を行い，そのデータ分析をもとにして，シカゴ学派に特徴的な科学的アプローチの図書選択論を構成した。

ランダルはミシガン大学を卒業し，ハートフォード神学セミナリーで Ph. D を取得，まずミシガン大学図書館員，次いで神学セミナリー基金の古文館員となり，1928 年ハンソンらとともにヴァチカンの資料整理に派遣され，翌年帰国してシカゴ大学図書館学研究科準教授となった。まもなく彼はビショップの呼びかけに応じて，カーネギー財団の大学図書館助成計画のための図書館調査に携わり，ショウ・リストを用いて 4 年制リベラルアーツ・カレッジの蔵書調査を行った。この調査を機に彼は大学図書館の研究に取り組み，調査で得られたデータによって，蔵書構成分析，図書予算配分論など，注目すべき研究成果を発表し，彼なりに大学図書館図書選択論を体系立てた。これは 1930 年代における図書選択論の総決算といってよい。

### (4) 蔵書量の比較研究

かつてワークスは，主要大学の蔵書量の増加を，学生数の増加と比較し，蔵書量の歴史的変動の要因を追究したが，ランダルは調査した 200 館の蔵書量を，各館の年間増加冊数，学生数，図書の平均単価，雑誌種類数と比較し，相関関係を求めた。

蔵書量と学生数の関係は，ワークスが行ったような経年的比較ではないので，厳密な相関関係は見出されないが，学生数が多いカレッジは蔵書量も大きいという大まかな傾向は読みとれる。一方，学生数と年間増加冊数の関係も，1人あたり0.5冊～13.5冊と分散が大きいが，1～4冊の間が最も頻度が高く，一定の相関性を示しているといえる[86]。

図書費予算と増加冊数の間には，常識的にみて強い相関性が予想されるが，ランダルの分析はこの予想を覆した。つまり図書費の多い図書館は高価な図書を購入するので，冊数の差はそれほど大きくならないのである。小規模大学の教員には高価図書が買えないと嘆く声もあり，図書費予算は増加図書の数よりも蔵書の質に直接影響を及ぼすという，新たな問題が表面化してきた。このことからランダルは，大学図書館には大学教育を一定レベル以上に保つための最低限度の予算規模があり，その額は学生数の多少に関係なく維持されねばならない，との結論を引き出した。この理論によれば，最低予算額以下の状態で学生1人あたりの図書費の基準を考えるのは無意味である[87]。

蔵書量を中心とする比較分析は，必ずしも期待どおりの結果を与えなかった。このためランダルは，蔵書総量の分析を断念して，質的評価に向かうのである。

「蔵書の有効性はただ，定められた機能との関係における蔵書の実際の内容によってのみ測ることができる。」[88]

## (5) 蔵書評価

1930年代はチェックリストによる蔵書評価法が普及した時代である。大学図書館では，シカゴ大学の全蔵書がこの方法で評価され，ヒルトンのリストも蔵書評価のトゥールに適用された。公共図書館では，カーノフスキーがこの方法を用いて縦横無尽に蔵書の分析評価を行った[89]。このチェックリスト法ブームの先駆をなしたのがランダルである。

彼はショウ・リスト約14,200タイトルを用いて，リベラルアーツ・カレッジ図書館150館の蔵書の所蔵の有無をチェックした。その結果は，最多所蔵

館で8,982タイトル（63％），最少所蔵館で158タイトル（1.1％），平均2,830タイトル（20％）と出た。上下の差は大きく，しかも調査館の3分の2は4,500タイトル（32％）以下所蔵である[90]。

リストの主題分野別に，全調査館の所蔵率をみると，全館の平均所蔵タイトル数の，リストの当該分野の総タイトル数に対する割合に相当の差があり，心理学が28.95％で最も高く，教育，社会学がこれに続く。逆に所蔵率が最も低いのは，ロマンス語，美術，ドイツ語の諸分野である。所蔵率の高い主題は比較的歴史の浅い学問分野で，文献総量が少なく，良書が標準化されているが，所蔵率の低い主題は歴史が古く文献量も多いため，良書とみなされるタイトルの分散が大きく，リストの所蔵率が低いのである。これは主題分野によって，リストの蔵書評価ツールとしての有効性が異なることを意味し，チェックリスト法そのものの前提が崩れる可能性も出てくるが，ランダルは，優秀といわれる伝統的カレッジの所蔵率は高く，弱いとみなされるカレッジの所蔵率は低いことなどから，リストは蔵書評価ツールとして有効であると判断した[91]。

### (6) 図書費配分法

予算配分に関する彼の考察は，別に *Library quarterly* 誌に発表されたが，従来の図書費配分論とまったく違ったアプローチを行い，ショウ・リストの主題別配分比率を利用して，主題別図書費配分を行う方法を提案している。すなわち，刊年別，主題別にショウ・リストのタイトル数を数え，各主題別にタイトル数最多年度をとり，これをその主題の収集目標タイトル数とする。この目標タイトル数にその主題の図書の平均単価をかけると，必要図書費が得られる。これを全主題分合計し，百分率を計算すると，収集目標タイトル数をもとにした図書費配分比率が得られる。

次に150館の主題別平均所蔵タイトル数を計算し，これに各主題の平均単価を乗じ，上記と同様に百分率を算出すると，目標タイトル数でなく現実の所蔵タイトル数をもとにした図書費配分比率が出る。この2つの配分比率を

比較すると，大きな差がなく，相関係数は 0.918 と高い[92]。

もともとショウはリスト編纂にあたって，収録タイトル数の主題別配分比率をほとんど考慮しなかったので，このリストをもとにした図書費配分法の計算はあまり意味をもたない。この分析は，手法の上でも失敗というべきであろう。

ランダルは，制度論として興味深い図書費配分論を提起している。これによると，数十をこえる学科を，人文系，社会系，生物系，物理系の 4 グループにまとめ，各グループに図書館委員会を設置させる。他方，図書費を二分し，半分は図書館長に管理権をゆだね，各教員は図書館長に購入希望を出して承認を求める。残る半分は上記 4 グループのうちのいずれかの図書館委員会に全額与え，グループ全体のための図書購入を行わせる。グループは毎年交代するので，各グループは 4 年に 1 回，相当額の図書費の取り分を受けることになり，計画的購入が可能となり，教員の図書選択への関心を深めるのにも役立つ[93]。

この図書費配分法は，教員の図書選択権を認め，ある意味で彼らの関心の深化をはかりながら，同時に図書館長の予算管理権を広げようとする功妙な折衷法であるが，これがどこかの図書館の実施例なのか，単なる思いつきなのかは明らかでない。

## (7) 図書選択責任論

先のチェックリスト蔵書評価によると，教科外の一般教養分野のタイトルの所蔵率が低く，「自発的，娯楽的読書」に役立つ教養的資料の蔵書が弱体であることが明らかになった。これは，常に教科中心に考える傾向のある教員に図書選択をゆだねた結果でもあり，また大学の基礎教育の上に 1 年課程の図書館学教育を重ねただけの図書館員の，図書選択能力の貧困にも関係するであろう。そこでランダルは，図書選択担当者の問題を慎重に検討した。

図書選択の責任の所在は，制度的にみると 2 つの形態をとっている。第 1 の型は伝統的な完全教員選択方式で，図書館長（員）は，各学科に配分した

第2部　大学図書館の図書選択論

図書費の枠の中では，教員の選択したタイトルを無条件に発注しなければならない。第2の型では，教員と図書館長の間に図書館委員会が介在し，各教員の選択したタイトルを委員会が受けつけ，調整しながら購入タイトルを決定し，図書館長が発注する。制度的には第2の型の方が全学的見地から調整できるので，より合目的的である。しかし現実には，図書館委員会は図書費配分のとき以外は，図書館関係業務に積極的に関与することをしないので，両形態の間には実際上ほとんど差がない。結局，現行制度下では「統一的目的あるいは機能を念頭においた」理にかなった図書選択は，あまり期待できない。図書館蔵書は，いわば「学科の数だけ」の小コレクションの集合体にすぎず，全体的統一は保てないのである[94]。

　この現状を改善するための第1の要件は，「大学の目的に照らして図書を選ぶことができ，統一体としての蔵書の発展を見守っている図書館長（員）を得ること」である。すなわち，全学・全館的立場に立って教員の購入案を調整し，教養・娯楽書の選択を行う役割を図書館長（員）に求めるのである。ところが，図書館長には図書選択の権限がない。そこで，次に「このような［見識のある］図書館長に，学科別図書費による図書購入の提案権を与える」という条件を要望する[95]。ランダルは控え目ながらも，制度としての図書館長の図書選択権の確立を要求したのである。

　教員と図書館長の図書選択権については，1935年にシカゴ大学のデントンがランダルの指導を受けながら，すぐれた実証的研究を行い[96]，その影響を受けてランダルの理論もさらに前進した。すなわち，1936年刊のグッドリッチとの共著『大学図書館運営の原理』の中で，教員と図書館長の図書選択責任に関するデントン理論をそのまま紹介して，図書館長の権限を強く支持した上で，図書館委員会は学科代表という立場を離れ，全学・全館的立場で選択すべきである，個人・学科の立場からする図書選択はカリキュラム関係図書の選択の場合に限定すべきであるとして，全学的立場と個人的立場の分離を要求した[97]。

　また彼は，図書選択に関与する人物を，大学行政官，教員，図書館長の3

第 1 章　大学図書館の図書選択論の成立

者とし,「3 要素」の協力によってはじめて図書選択が正常に機能するという。この場合,大学行政官は財源提供,有能な図書館長の選任,教員の責任感の確保を通じて図書選択に関与し,教員は「カリキュラム資料の選択」,図書館長は図書選択の「活動の指揮」の任務を果たす[98]。教員の図書選択権は一段と後退し,図書館長の権限が前面に押し出されたのである。

### (8) 蔵書構成

　ランダルは図書館蔵書を,単なるバラバラのタイトルの連鎖体ではなく,まとまりのある統一体であり,この蔵書全体の立場で考えうる者こそ真の図書選択者であると考え,図書館長(員)の選択権を強化しようと考えた[99]。

> 「彼[図書館長]は,カレッジ構成員の中でも,図書館とその蔵書を一つの全体として,つまり単一の目的――この目的を実現しようとして個々の図書がそれぞれの役割を果たすのである――をめざしている統一体としてみる唯一の人であろう。」[100]

単一の「目的」の実現に向かう蔵書は,同質的な図書の集塊ではなく,3つの異なった機能を果たす区分からなっている。すなわち,

> 「1. 図書館のレファレンス機能を果たす図書
>   2. 図書館のカリキュラム機能を果たす図書
>   3. 図書館の一般的機能を果たす図書。」[101]

前記 2 機能はわかるとして,「一般的機能」とはレクリエーション,文化,その他の一般的読書を意味し,読者の自然の衝動にしたがって行われる[102]。

　この蔵書構成論を先の単一目的論に結びつけると,次のような理論を導き出すことができるであろう。

> カレッジ図書館は単一の目的を実現しようとするが,この目的はレファレンス,カリキュラム,一般の 3 機能を果たすことによって達成される。各機能を果たすには,それに最も適合したタイプの図書が収集されなければならない。ゆえに図書館蔵書は,3 種類の機能に応じた 3 つのコレクションから構成される。

163

第 2 部　大学図書館の図書選択論

　かつてランダルは,「カレッジ図書館基準」の私案を示したが，この中では図書館蔵書が次の 6 カテゴリーに分類されている。

1. 一般参考図書
2. 各主題参考図書
3. 教科関連図書
4. 近代科学諸分野の権威ある著作
5. 最新の標準図書
6. 雑誌[103)]

　この 6 カテゴリーを機能別にまとめると，上記 3 カテゴリーとなることは容易に理解できるであろう。

　図書館蔵書を機能別の部分コレクションに区分する方法には，注目の必要がある。一般に図書分類や蔵書構成論では，図書をその主題やタイプによって区分する。ところが，ランダルは「カレッジ図書館における機能によって図書を区分」しようとしたのである。このアプローチは，4 年後に著わされたベレルソンらの研究，さらに 3 年後のゴルドホアの図書選択理論に結実した，読書効果による内容分析論のアプローチにつながり，したがって，図書館に課せられた複数の目的にしたがって蔵書を構成しようとする，ゴルドホアの目的理論に発展していく可能性を秘めている。シカゴ学派読書研究グループの一連の目的理論的蔵書構成論の中でも，先駆的な位置づけを与えられるランダルの，いうなれば「機能別蔵書構成論」には，一定の評価が与えられてよい。

# 第2章
# 大学図書館の収集方針

　かつて図書選択の実務は，図書選択の原理や理論によって直接に導かれるものだと考えられていた。しかし，図書選択の理論化が進むと，理論と実務の間の隔たりが拡大し，理論が実務を直接に導くことが困難になった。そこで，中間項として図書選択方針が作成されることになった。図書選択理論は，各図書館の現場のデータを資料としながらも常に普遍を追求するが，図書選択方針は，普遍的な理念や理論から出発しながら，最後は特定の図書館の図書選択の適正さを達成することを目的とする。図書選択方針は，図書選択理論とは異なった課題領域をもつのである。レインが図書選択方針を大学図書館図書選択の中の重要な領域とみなして，これに関する主要文献を紹介したのはこのためである[1]。

　アメリカの大学図書館では相次いで図書選択方針がつくられ，わが国でもアメリカの範にならう動きがあらわれてきた。しかし，1館で数百ページにも達するほどのアメリカの大学図書館の図書選択方針には，それだけの歴史的背景があり，この歴史を無視して現代の成果に直接学ぼうとしても，得られるものは限られるであろう。そこで以下において，40年をこえるアメリカの大学図書館の図書選択方針に関する論議，あるいは図書選択方針そのものの歴史をあとづけてみることにしたい。

　公共図書館の図書選択方針との関係でみたように，フュータスは図書選択方針の歴史を1950年まで遡り，10年間隔の時代区分を与えた。

　　1950～60年　知的自由の問題に対する図書館界の積極的取り組みを反

映している。

1960～70年　人種，性別，民族，その他少数派グループ問題との関係で，図書館が担う社会的責任の問題を反映している。

1970年代　70年代における図書館の財政的窮迫と，これから派生する諸問題を反映している[2]。

しかし，これは公共図書館を中心とする時代区分であって，大学図書館の場合はこれよりやや歴史が長く，1930年代まで遡る。しかも発展の過程や影響を及ぼした外的諸条件も，公共図書館の場合と異なる。本章では大学図書館図書選択方針に関する論文や，主だった方針書をほぼ年代順に排列し，この系列の中に「発展」のあとを探ることにする。

図書選択方針（book selection policy）にはいくつかの類似概念があるが[3]，大学図書館では acquisitions policy という概念が最も多く使われてきた。後者を直訳すれば「受入方針」であるが，日本ではこれに近い概念として「収集方針」が使いならわされているので，ここでは特に使い分ける必要のある場合を除いて「収集方針」を用いることにする。

## 1. パッテン対フレミング論争

1930年代は，アメリカ公共図書館界の図書選択論の全盛期であったが，大学図書館界でもいくつかの重要な成果をあげた。カーネギー財団の大学図書館問題顧問団（Advisory Group on College Libraries）が1928年に行った「大学図書館の質」を評価するためのリスト作成の勧告にしたがって，1931年にはショウが『カレッジ図書館のための図書リスト』をつくり，これを使用してランダルが大学図書館の蔵書調査と評価を行った[4]。また，シカゴ大学図書館長レイニーは独自の方法で，部局図書室を含む大学図書館全体の蔵書評価を行い[5]，その他図書選択権[6]，あるいは図書予算配分法などについての研究論文も書かれた[7]。

こうした図書選択論ブームの末期に登場したのが収集方針論である。スタ

ンフォード大学図書館長パッテンは1939年に，各大学が購入方針（buying policy）を作成することの必要性を訴えた。スタンフォード大学に来る前に，彼は21年間にわたっていくつかの大学図書館で図書購入業務に携わり，また8年間の書籍販売業の経験ももつので，図書の購入の計画性を高め無駄を省く上で，購入方針作成が効果的であることを熟知していたのである。購入方針を必要とする直接の理由を，彼は次のように言う。

「図書館が十分に構成された購入方針をもたないと，その発展方向は，毎日図書館に持ち込まれる要求によって決定されるという流れで進んでいく傾向がある。」[8]

彼自身が「購入方針」と呼ぶように，その3分の1は購入手続き上の具体的指示であるが，蔵書構成のあり方など，原理的な問題にも論及している。特に図書費の用途としてあげた次の4領域は，大学図書館機能論から導かれる蔵書構成論として注目される。

1. 大学の現行教育計画の遂行に必要な資料。学生の教育に直接役立てられる蔵書なので，授業料収入をその財源に充当すべきである。
2. 教員や研究員の研究活動に必要な資料。学生の授業料を充当するわけにはいかないので，各種基金からくる助成金や寄付金でまかなう。
3. 図書館蔵書の充実のために必要な資料。教育・研究活動とはまったく独立に，図書館自体が蔵書を充実しようとするものであるから，財源は図書館への特別寄付金や一般会計に求めるべきである。
4. 教養レクリエーション向きの資料。このために特に徴収される図書館利用料（library fee）を充当する。

図書館蔵書はそれぞれ異なった機能を果たす4種の部分コレクションからなり，各コレクションはその機能に応じた財源によって形成されるという，目的別コレクションの構想である。各部分コレクションの収集選択を律する規定要因（determining factors）は当然異なり，教育コレクションの規定要因は主題（教科）の性質，文献の範囲，教育方法，登録学生数など，研究コレクションの選択は「利用する個人［の要求］に依存し」，教養娯楽コレ

ションの選択は「購入の財源を提供する個人［の要求］に依存する」という[9]。

当時はハーヴァード大学でも，用途を指定された基金が数多くあり，これが図書費の主要部分をなしていたが[10]，スタンフォード大学にも，目的と財源が結合したシステムが基本だったのであろう。決して合理的とはいえないが，当時としては現実性ある方針であったかもしれない。ここでは，目的別コレクションという蔵書構成論の早い例としての意義を評価しておく。

教育・研究コレクションのための図書予算は各学科へ配分されるが，配分法は往々にして固定化する傾向があるので，パッテンは予算配分法を嫌い，全体を一本の予算とし，各学科から出される購入要求を図書館長が調整して購入決定する集中管理方式の方がよいという[11]。彼は元来，図書選択業務は図書館長とその同僚職員の任務だと確信し，教員対司書という対立関係はほとんど意識していなかったようである。

購入ルート関係では出版社，取次店，小売書店，古書店，会員制機関の各々を懇切に解説し，割引率にもふれているが，図書館と書籍業界の共存共栄に意を用いる傾向があり，「公貸権」にも言及している[12]。

この購入方針論に対して，コロンビア大学医学図書館のフレミングは，特に図書費集中管理論をとりあげ，1学科が図書費を独占してしまう危険性のあることを，自分の体験を通して指摘し，学科配当分と館長管理分に二分する案を提唱した。またパッテンの方針が，what や where については詳しいが，how to buy の面で弱いとし，この点も「購入方針の重要なファクター」であることを忘れてはならないと警告した。フレミングのいう how to buy とは，割引購入のための書誌利用，団体刊行物購入法など，きわめてテクニカルな事柄である[13]。

この論争のテーマとなった「購入方針」は，たしかに図書選択の理論よりも実務に近いが，各館の独自性を強調するのでなく，技術性を強調することによって一般化を志向している。購入技術の標準化に向かおうとするメルヴィル・デューイ系の図書選択論である[14]。図書選択方針が一般図書選択論から分離する過渡期の産物であろうか。

## 2. 総合大学の収集方針論

　シカゴ大学図書館学研究科長からノースカロライナ大学図書館学部教授に移ったウィルソンと，コロンビア大学図書館学部助教授トウバーが1945年に刊行した『大学図書館論』（The university library）は，図書館蔵書関係に次の3つの章をあてている[15]。

　　9章　蔵書：受入れの方針と手順
　　10章　蔵書：一般資料
　　11章　蔵書：特別資料

　9章は総論にあたり，図書選択の原理や理論に深入りせず，実際的取り扱いをしている。当時公共図書館界では，図書選択理論がほとんど出尽くすまでに論じられており，ウィルソンもウェラードの図書選択論や[16]，シカゴ大学の「図書館学研修会」の報告書に序文を書くなど[17]，理論の重要性は理解していたので，本書でも「大学図書館……の原理と方法を系統的に考察する」という目的を掲げたが[18]，大学図書館の図書選択論は理論的課題とは考えていない。

　彼らが理論追究を控えた理由は，公共図書館と大学図書館の図書選択制度の比較の中に明らかにされている。すなわち公共図書館の図書選択の責任は完全に図書館長の手に帰していたが，大学図書館では図書館長や図書館員と教員が「実際の選択の責任」を「分担」しているために，図書館長の側から勝手に図書選択理論を掲げても，それだけでは何ら実効をもちえなかったのである[19]。このような状況下で図書館長側にできることは，図書選択の実務的部分の公式化だけであり，そこで「方針と手順」の作成の手ほどきを企てたのである。

　ウィルソン等は acquisition policy, library acquisition program, book-collecting policy などの類縁語をほぼ同義的に使用しているが，これらが成文化されたものを意味するか否かは必ずしも明らかではない。しかし「収集方針の公式化」のために考慮すべきファクターを列挙している点からすると，本書のい

う policy は「方針書」（policy statement）を意味するといってさしつかえない[20]。

　彼らは収集方針を大学の目的から演繹しようとする。大学は知識の保存，教育，研究，註解，出版，大学拡張，および地域への教育奉仕活動などを目的とし，このうち「知識の保存」，「教育」，「研究」の3基本目的が直接に図書館にかかわりをもつ。したがって，収集方針はこれら3目的を実現すべく，現存蔵書，カリキュラム，教育方法，研究計画，図書館機構との関係を考慮しながら公式化されねばならない[21]。彼らのあげる3基本目的は，前述パッテンの4目的から教養レクリエーションを除いたものであるが，この目的観の縮小は，第二次世界大戦後にアメリカ図書館界を支配した強い教育主義の風潮と無縁ではあるまい。

　ウィルソン等は，次の4項を収集方針の基本構成要素と考えた。

1. 収集方針の作成・運用の責任者は誰か。
2. 図書費予算の配分決定，購入の統制の最終権限をもつ者は誰か。
3. どういう資料を収集するか。
4. 選択の仕事に参加する者は誰か[22]。

　各項のあり方は図書館によって異なるので，各館独自の収集方針で規定されねばならないが，その際の参考資料にする意味で，ウィルソン等は最も一般にみられるシステムを簡単に説明している。それによると，1と2は通常，図書館長と図書館委員会（library committee）である。図書館長は専門職教育を受け，同時に教員として教授会等に加わる資格をもつべきである。また，図書館委員会は，大学理事，教員，あるいは図書館職員によって構成されるさまざまなタイプに分かれるが，教員の委員会が最も一般的である。したがって，1と2を図書館長と図書館委員会が担うということは，とりもなおさず専門職と教員の共同責任制を意味する。しかし，ウィルソン等の考えた共同責任制は対等な協力関係ではなく，図書館長が主導権をもち，教員が協力するという専門職主導型の共同体制である[23]。

　日常的な図書選択業務については，彼らは完全なる責任分担制を考えてい

た。すなわち，図書館長（員）は一般参考図書（書誌を含む），教科外図書・雑誌，教養娯楽読物の選択を担当し，教員は教育・研究のための図書資料を選択する。教員担当分は図書費が学科配分されるので，図書館委員会の手をわずらわせることはない。各学科は配分された図書費の適切な運用のために学科委員会をおき，委員会の責任で選択することが多い。図書館と各学科の連絡を密にするため，図書館内に担当者をおき，予算の使用現況や図書納品の通知にあたらせることも必要である[24]。

　ウィルソン等は，教員であれ図書館員であれ，図書選択に関与する者を図書選択者（book selector）と一般的に呼称し，これが備えているべき条件，あるいは彼らの行う業務を一般的に論じている。それによると，図書選択者はまず「主題専門家と同等」でなければならない。また，彼らは大学の基本目的，関係学科の目的，蔵書の現状，相互協力できる図書館の有無，研究活動の実態，学生数や教員数などの知識をもつべきだし，基本図書目録や書誌を用いて蔵書評価を行わねばならない[25]。これらの要件は「方針」でなく「手順」の中で述べられているので，収集方針で逐一記述される性質のものではなかろうが，実務レベルの収集方針を説明しながら，暗に図書館長（員）主導型の選択機構への移行を示唆しているのである。事実彼らには，図書館長（員）と教員の責任分担制に対する批判的な考察がある。それによると，教員と図書館長（員）が選択領域を分担し合うという上述の方式には，一つの仮定が前提となっている。

　　「この仮定とは，教育・研究に使用される資料を選ぶ点では，図書館職
　　員よりも教員の方が有能であるとする仮定である。」
　ところが，ウェイプルズ＆ラスウェル調査によると，教員のいないニューヨーク公共図書館の方が，教員選択に多く依存する大学図書館よりも，研究資料のすぐれたコレクションを所蔵していることが明らかにされた[26]。ウェイプルズ等は蔵書評価にチェックリスト法を用いたので，図書予算も蔵書規模も桁はずれに大きいニューヨーク公共図書館が研究資料を多く所蔵したからといって，ただちに教員選択より図書館員選択の方がすぐれたシステムで

第 2 部　大学図書館の図書選択論

あると言い切るわけにはいかないが，同館が「主題専門家」制をとっていた点を勘案すると，ウィルソン等の評価は教員選択制に対する主題専門司書制からの厳しい挑戦ということはできよう。

「3. どういう資料を収集するか」は，収集方針の本体部分であるが，第 9 章では procedures の節でわずかに扱われている程度で，大部分第 10・11 章にまわされた。手順の問題としては，資料は「古書」と「新刊書」に二分され，図書選択者は，一方で現存蔵書が過去の「基本図書」をどの程度所蔵しているか蔵書評価し，欠を補いながら，新刊書の選択にあたることを求められる。新刊書選択には新刊通報，書評誌等が利用され，ここに専門職の知識と周到な注意力が必要となる。この手順を実際的に表現すると，次の 5 業務に分類される。

1. 関係領域の蔵書や出版傾向の調査
2. 基本図書の選択
3. 幅広い選択
4. 雑誌，学会刊行物，伝記等の選択
5. 集書家の蔵書の一括購入[27]

選択の対象となる資料は，「第 10 章　一般資料」，「第 11 章　特殊資料」において解説されているが，ここで用いられた分類は資料形態分類で，後年の図書選択方針や理論によくみられる主題分野別の収集方針論はない。資料形態分類は下記のごとくである。

　　図書　雑誌　逐次刊行物　政府刊行物　新聞　学位論文　マヌスクリプト　インキュナビュラ　地図　楽譜　短命資料　大学史料コレクション
このうち「図書」は，さらに「参考図書」，「教科コレクション」，「一般図書」，「研究コレクション」，「稀覯書」という，目的別コレクションに細分される[28]。これを上述の大学図書館の目的論に結びつけると，パッテンの場合と同じ目的別コレクション論が成立する。しかもこれらのコレクションの名称は，どうやら後述のハーヴァード大学等で用いられたカバー率の概念の原型をなすもののようである。

第 2 章　大学図書館の収集方針

4 では，教員，図書館長（員）以外の人たちの協力の必要を説き，これをも収集方針の中に明記すべきであるとしている。外部の協力者とは図書館友の会，学外諸団体，学生等である。彼らは，図書費や資料の寄贈，団体の刊行物や所蔵資料の寄贈，あるいは購入のリクエスト等，それぞれに可能な方法で資料収集に参加してくるのである[29]。

ウィルソン＆トウバーの収集方法論は，とりたてて一般の図書選択論と違うところがないようにみえるが，彼らの提示する一般的原理や方式はあくまでも著者たちの私案であるにすぎず，これを参考にしながら各図書館がそれぞれに適した収集方針を「公式化」することを彼らは期待しており，そのための配慮もいくぶんか読みとれる。彼らのいう policy が必ずしも常に成文書ではないとしても，これは各館の特殊性を基礎とした収集方針論と呼ぶべきであろう。また主題専門司書制を予想し，相当規模の研究コレクションを考えている点からすると，これは典型的な総合大学図書館の収集方針論といえよう。

この時期にはその他にも，ハーヴァード大学図書館のメトカーフや，ノースカロライナ大学図書館のポウプらの「収集計画」（acquisition program），「購入方針」（buying policy）に関する論考があるが[30]，ウィルソン等の収集方針論に比べるとやや一般図書選択論の性格が強いように思われる。

## 3. 小規模図書館の収集方針

1949 年，ウェストヴァージニア大学のグリーダー館長は，かつて小規模であった地方州立総合大学が，第二次世界大戦後に学生数において先進大学の規模に接近しながら，図書館蔵書がそれに応じた増加を示していない点をとりあげ，小規模図書館の収集方針に特有の問題を論じた。

図書館には図書選択者の自由に処理できない受入既定分が常にあるが，小規模図書館の場合は図書費総額が限られているために，既定分の占める割合が大きく，図書選択の自由な展開を妨げている。既定分の第 1 は従来の図書

館の名声の維持に必要な図書費であり，図書館に対する期待に応えるために必ず一定の図書費を充当しなければならない。また，ファーミントン・プランの分担収集システムから割り当てられた分野の網羅的収集も負担となる[31]。

　図書館が自由に選択できる範囲の中でも，さまざまなファクターが規制的に作用する。例えば卒業生その他の人たちから寄せられる寄付・寄贈には，寄付者の特殊関心がつきまとい，用途が指定されていることが多い。教員は特殊研究テーマに関する資料を要求するし，教育活動に必要な資料は教員，学生の両側から請求される。これらを合算すると，財政力の弱い図書館には大きな負担となるのである[32]。

　小規模図書館の第3の特色は，学部教育中心という大学の基本方針にある。大規模大学には大学院課程があり，全体として教育活動より研究活動に重心がおかれているが，地方大学には大学院課程が少なく，教育活動主体で，これが収集方針に響いてくる。さらに地方大学へは，その地方の住民の要求，関心，期待がじかに持ち込まれ，図書館蔵書の主題別構成にも影響を及ぼす[33]。

　グリーダーの論述は決して体系的ではないが，ウィルソン等が描いたような標準的収集方針が，小規模図書館においていかに変形されるかを，自らの体験をもとに具体的に説明して，小規模図書館独特の収集方針形成のための重要な示唆を与えている。

## 4. ハーヴァード大学の収集方針

　ハーヴァード大学のメトカーフが1940年に収集計画について所見を報告したことは先に触れたが，1950年には本格的に同学図書館の収集方針の諸問題を論考し，2年後に方針書を完成した。これと相前後して，ワシントン，オレゴン，カリフォルニアの各州立大学も，それぞれに収集方針の文書を作成したので[34]，大学図書館の収集方針は1950年頃から現実の動きを開始したといえよう。この中で指導的な役割を果たし，その後の大学図書館の

収集方針に多大の影響を及ぼしたのは，ハーヴァード大学の収集方針である。

メトカーフは，ニューヨーク公共図書館の図書館学校を卒業，同館に24年間勤務し，1937年ハーヴァード大学図書館長に就任した人であり，1942～43年にはALA会長をもつとめた。彼はハーヴァードでの10余年の体験をもとにして収集方針の具体化に取り組み，そのための準備段階として，まず収集方針にかかわる問題を逐一検討した。論点は図書選択の責任，寄贈，交換，資料の諸類型，図書費配分など，すでに従来論じられたものが多く，主題専門司書制に結論を求めるなど，方向もだいたい同じであるが，独自の問題提起もみられる。

例えば，図書館利用者がほとんど自分の大学の図書館の資料で自足する傾向をもつという現実から，相互貸借システムは「すぐれた蔵書にかわる貧弱な代用物」にすぎないと酷評しながら，マイナーな外国語の図書については，ファーミントン・プランの分担収集を支持している[35]。メトカーフの現実的感覚の鋭敏さを示す面である。

スタンフォードの場合にもみられたことであるが，ハーヴァードにも多種多様の基金があり，それぞれが寄付者から条件を付されている点についてメトカーフは，これによって図書選択業務が単純化されていると評した[36]。これは，大学図書館蔵書は多数の目的別コレクションの合成体であるとする理論の現実的な表現でもあり，パッテン，ウィルソン＆トウバーからつづく一つの流れをみてとることも可能であろう。資料類型は，ウィルソン等の行った分析の他に，学生のための課題図書，教科関連図書（collateral reading）などのタイプを追加している。学科別図書費配分は，予算をこまぎれにして高価図書の購入が困難になる，学科の文献ニーズと予算配分額がうまく一致しないなどの理由で，パッテンと同様に否定的にみている。

これらの予備的考察をもとにして，翌1951年に受入主任ウィリアムスと共同作業で，ハーヴァード全体の蔵書評価を行った[37]。彼らの蔵書評価法はシカゴ大学のチェックリスト法とは違って，主題分野別にカバー率を評定

第 2 部　大学図書館の図書選択論

する方法で,のちにコロンビア大学で適用された精度の高い蔵書評価法の先駆をなし,後述のように収集方針の基本概念としてとり入れられるに及んだ。メトカーフ等は,総合的な蔵書評価を通して,分担収集制や収集方針作成の必要性を強調するのである[38]。

　翌 1952 年に,彼らは全学的な収集方針を作成した。まだ公文書としての形をとらず,メトカーフ,ウィリアムス両名の署名論文の形でまとめられているが,内容は個人的意見にとどまるものではなく,ハーヴァードの現行方針を文章化したものである。理念性や規範性の乏しい収集方針で,歴史の古い大学の特色を表しているといえよう[39]。

　記述によると,収集方針の作成主体は各学部の図書館委員会である。8 学部の図書館委員会は自分の学部図書館の収集方針を担当し,本館ワイドナー図書館に統合されている文理学部の図書館委員会は,ワイドナー,ラモント,それに貴重書館ヒュートン図書館,および同学部の学科・研究室図書館の受入方針を作成した。この間,図書館長は各学部の図書館委員会に同席し,助言調整役をつとめた[40]。

　「賢明なる方針は現状をもとにしてつくられねばならない」と述べているように,この収集方針作成の基本原則は現行収集方式の制度化である。メトカーフ等の総合的な蔵書評価も,蔵書構成の現状の正しい把握を目的とするものであった。したがって,蔵書評価によって明らかにされた蔵書の長短を安易に批判することはせず,充実した分野はその維持を方針とし,劣弱な分野を急激に増加して大きなコレクションを形成することはしないという,徹底した現状維持的収集方針となった。

　収集方針作成に際しては,次の 4 点が考慮されねばならないという。

1. 基金・寄贈資料の寄付者の意志
2. 各学部の教育計画
3. ファーミントン・プラン,あるいは他館との相互協力協定
4. 学部学生,大学院生,教員その他の利用者のニーズ[41]

　このうち,2～4 は方針作成者側で十分なデータに基づいて判断を下さな

第 2 章　大学図書館の収集方針

ければならないが，1には判断の余地なく，寄付者の求めるところにしたがわねばならない[42]。

収集方針は各主題分野別に，蔵書評価の際に用いた次のようなカバー率のランク表示を使用して表す。

1. ファーミントン・プラン集書（Farmington Plan coverage）　ファーミントン・プランで割り当てられた分野。外国図書も網羅的に収集する。
2. 研究集書（research coverage）　研究者の研究ニーズを充足するに足るコレクションを形成する。
3. 参考集書（reference coverage）　各主題の重要書を収集した機能的集書を形成する。
4. 基礎集書（light coverage）　厳正に選択した図書，一般的知識を与える型の図書を収集する。
5. 非収集（no coverage）　収集しない。

1942 年に，外国書の網羅的収集をはかるための全米分担収集計画ファーミントン・プランが起こされたとき，メトカーフはその特別委員会の委員長をつとめた。さらに 1944 年に計画が研究図書館協会（Association of Research Libraries）の事業計画に乗せられ，予備研究の場がハーヴァードにおかれたため，ハーヴァードはファーミントン・プランの主役となった。こうした事情がそのままこの収集方針に反映されている。

しかし，カバー率のランクという方法自体は，ハーヴァードの創案になるものではなく，1951 年 4 月 19 日に作成されたシカゴの専門図書館ジョン・クレラー図書館の収集方針の中にすでに使用されている。「まえがき」によると，同館の収集方針の草稿仕上げの段階で，1951 年 2 月 6 日に作成された軍部医学図書館の収集方針を参考にしたとなっている[43]。テキストが入手できないので詳しい比較はできないが，標題に用いられた scope, coverage の概念はジョン・クレラー図書館の収集方針の基本概念となっているので，カバー率ランクの方法も軍部医学図書館の収集方針に由来するものと考えられる。おそらくハーヴァード大学のカバー率ランク法も同じ構想で

177

あろう[44]。これらのランク諸概念が，ウィルソン＆トウバーの目的別コレクションの概念「参考図書」，「一般図書」，「教科コレクション」，「研究コレクション」等まで遡るであろうことも想像できる[45]。

　主題別の収集方針の内容には種々興味深い点がある。例えば，「ファーミントン・プラン集書」の諸領域の中で「キリスト教一般・教会」はAndover-Harvard Theological Libraryに割り当てられるが，同館は予算が少ないので「この割当てが，ほんの一時的なものであることを望む」と付記されている。また心霊研究，オカルトなど偽似心理学については「ハーヴァードはこれらの主題にたいした興味をもっているわけではない」と冷淡に受けとめ，社会学分野にも同様のあしらいの例がある。ファーミントン・プランの割当てを受け入れた図書館側の判断と，関連学部の図書館委員会の関心やニーズが齟齬をきたしたのである。一方，言語学，文学，国際法などに関する割当て諸領域では，すでに米国一の強力なコレクションが形成されているので，ファーミントンの割当ては「現状の制度化」以上のものではない[46]。

　学内的あるいは対外的な関係での「不要な重複本」に対して厳しい。例えば「工学」を「基礎集書」にランク付けしているが，これは近くにマサチューセッツ工科大学（MIT）の図書館があるためである。こうした方針について，メトカーフ等は「図書館を利用する人々のニーズよりも経済性の方が優先される」という。一方，ラモント図書館は学部学生のために意識的に複本を備えつける[47]。

　ハーヴァード大学図書館の収集方針のもつ意義は，次の諸点に要約できる。

　まず，図書選択の一般理論とは別に，各図書館独自の収集方針が必要であることは早くより認められていたが，ハーヴァードは最初に収集方針を成文化した図書館グループに加わり，全米の大学図書館に対して先導的役割を果たした。

　第2に，歴史の古い図書館では，歴史や伝統を無視した現状改革的収集方針をつくることには常に抵抗があるが，ハーヴァードは現行の収集システムをそのまま文書化するという原則を貫き，収集方針作成の一つの範例をつ

くった。現状の記録は，将来への展望によっていくらか修正されるであろうが，それにも限度がある。この型の収集方針は最も保守的なタイプであろう。

　第3に，収集方針作成に先んじて総合的な蔵書評価を実施したことも特筆に値する。収集方針は図書館の将来計画の一つであるが，それは，現蔵書構成の長所と短所の正確な認識の上に組み立てられた将来計画でなければならない。方針実行には多くの必要条件が伴わねばならないし，学内関係者の同意も必要であるから，収集方針と現状の間の距離が非現実的に大きくならないよう注意しなければならない。そうした意味で，ハーヴァードの事前の蔵書評価は，収集方針作成に求められる基本的原則を確立したものと評価されてよい。

　第4に，ファーミントン・プランや他の図書館との収集調整を重視して，収集方針の中で最優先の位置づけを与えたことも忘れてはならない。ジョン・クレラー図書館は，シカゴ市の3館分担収集制の形成を契機に収集方針を作成したが，ハーヴァードの場合も，ファーミントン・プランの成立が方針作成の一つの動機となり，対外的協力関係を最大限にとり入れた収集方針がつくられたのである。

　第5に，専門図書館で考案されたカバー率（degree of coverage）ランク法を，大学図書館の蔵書評価と収集方針に導入した意義も大きい。この方式は，今日では大学図書館の収集方針の最も基本的な型であり，コロンビア大学の蔵書評価，デントンの収集方針論，あるいはテキサス大学図書館の膨大な収集方針にも採用されている[48]。

## 5．収集方針シンポジウム

　ハーヴァード大学の収集方針の反響は大きかった。1953年2月5日，大学・研究図書館協会の大学図書館部会が，収集方針をテーマとするシンポジウムを開催したのである。報告にはシカゴ大学図書館のファスラー，カンザス大学図書館のヴォスパー，ヴァッサー・カレッジ図書館のソーントンの3人

が立った。3人はそれぞれ大中小の各規模の図書館を代表して収集方針の問題点を論じて、全体として必ずしも体系立ってはいないが、自由なアプローチをしたことにより、これまでにない新たな指摘もみられて興味深い。

ファスラーは、収集方針が必要になった第1の理由は「印刷物の量、種類、利用の増大」にあるとし、各図書館が収集する文献量は、世に出る文献総量の中のごく限られた部分でしかないので、選択の厳密さを期すべく、基準を作成する必要があるという。収集方針とは各館の収集範囲限定のルールであるが、それは次の3段階で行われる。

1. 世界的な視野でみて、図書館に保存する必要のある文献の最大量と性質の決定。
2. わが国の図書館において保存されるべき文献の最大量と性質の決定。
3. 特定機関［大学図書館］に収集されるべき文献の最大量と性質の決定[49]。

つまり特定図書館の収集領域を決定するために、まず世界の文献総量を念頭におき、さらに国、特定館と段階的に限定していこうとするのである。これは文献世界を保存し、あるいは利用に供するために、世界中の図書館が計画的に収集しようとする文献主義的価値観に由来する発想であり、疑いなくファーミントン・プランの落とし子である。

ファスラーはまた、文献量が増大すると、保管スペース、整理の人件費など、管理コストも増大する事実にも注目を促し、ファーミントン・プランに代表される収集利用上の図書館協力システムの重要性を強調している[50]。

研究図書館は、できることなら世界中の文献を収集し、これによって「大学構成員のすべてのニーズを事実上」充足しようと考える本性をもっている。一方、研究者たちは常に新たな研究領域を開拓し、伸び伸びと展開する「自由さ」を得ようとし、この「自由さ」こそが大学のヴァイタリティの力源となる。図書館のもつこうした拡張性、自由さの両面をみると「図書館の伝統は、狭めたり制限したりする規定とは相容れない」ものといわねばならない。したがって、本来限定的性格をもつ収集方針をつくる際は、いっさいの制限を排除しようとする図書館の本性との間の調整が必要であり、自由な

第 2 章　大学図書館の収集方針

展開を希望する教員との間に若干の軋轢は避けられない。これも収集方針の一つの特性であろう[51]。

　図書館は研究者の全ニーズを充足することはできない，という大前提から，ファスラーはいま一つの興味深い理論を導き出した。

　「［収集］方針書は，学者構成員の図書館ニーズの優先序列規定（priority statement）となる。」[52]

　つまり，いっさいの図書館ニーズを同時に充足することが不可能であれば，これらの間に優先序列を定め，上位のものから順に充足するしかない，このニーズ間の優先序列を定めたものが収集方針だというのである。文献世界やニーズの無限性と，図書館の収集能力の有限性の間を調停する手段として，優先序列という構想を導入したのは，蔵書構成の理論にもかなった妥当な判断というべきである。

　ファスラーは収集方針において，蔵書を 3 つの部分に分割した。その一つは基本文献（basic literature）で，いわゆる一般図書にあたり，図書館員が選択する。第 2 は基本研究コレクション（basic research collection）で，教員と図書館員が共同で収集する。この 2 類型は，ハーヴァードのカバー率ランクの「参考集書」，「研究集書」に該当するとみてよい。ところが第 3 部分は，教員が比較的短期に限って集中的に必要とする特殊分野の研究資料で，研究の完了，課題変更，教員の交替によって容易に不要物となってしまう。研究者のニーズの自由志向性を生かそうとする結果，こうした断片的な短命コレクションが多数生ずるのである。これらは常に蔵書全体の均衡を崩す作用をするが，ファスラーはこうした逸脱コレクションも，収集方針の中に正しく位置づけるべきだと考える[53]。研究者のニーズの実態を見極めた，彫りの深い「理論」といえよう。

　ヴォスパーはこのシンポジウムに備えて，大学図書館を対象とした収集方針に関するアンケート調査を行い，そのデータに基づいて報告をまとめた[54]。それによると，南東部をはじめとしてまだ収集方針そのものに懐疑的な大学が多いが，その理由としては，大学の計画は変わるものであること，教員の

意見が雑多すぎること,書かれた基準は図書選択に拘束的に作用すること,などがあげられている。また,利用者のニーズの予見が困難で,ニーズに基づいた収集方針が立てにくい,図書館員の図書選択権が弱いことが障害となる,などの意見もあるという。しかしヴォスパーは,いずれも克服不能の困難ではないとして,収集方針作成の立場を貫いている[55]。収集方針の支持者が少なかった当時の実情が想像できる。

　小図書館を代表するソーントンは,最低限の図書費が確保されなければ,収集方針を口にすること自体が意味がない,という小図書館の悩みを訴え,収集方針の規定内容を,「何の目的で収集するか」,「誰が選択するか」,「いかなる方法で」,「財政的制約」の4点に絞って解説した。選択者については,図書館長中心で教員が協力するというシステムを推奨し,図書館学教育が十分でなく,職員の力量が乏しいため教員の信任が得られないと,その責任を追及している[56]。小規模図書館独自の発想が熟してしておらず,大規模図書館の方針を無理に適用しようとした観がある。

## 6. 収集方針の実態調査

　ヴォスパーの調査では,15回答中4館が収集方針書ありと答えたが[57],調査範囲が限られていたので,カリフォルニア大学図書館学部のメリット教授が1955年に,全国108の大学図書館を対象とするアンケート調査を行った。回答55館のうち,14館(25%)は何らかの成文収集方針をもち,30館は不文の方針の要点を手紙の形で説明してきた。

　成文収集方針14のうち,5例は選択原理よりも発注手順を詳述するもの,3例は受入業務の概要を述べ,6例のみが完全な収集方針に仕上げられていた[58]。2年前のヴォスパー調査のときの4例と比べて増加の傾向がみられるのは,シンポジウムの成果であろう。方針書の形態が雑多であるのは,試行錯誤期の特徴である。

　メリット調査に出た意見のうち,収集方針反対には次のような意見がある。

第 2 章　大学図書館の収集方針

1. 方針書は起草される前に時期遅れとなる。交代の激しい大学では長期的な基準はつくれない。
2. 大学の教育研究計画自体が成文化されなければ，収集方針の成文化は困難。
3. 大学図書館の伝統は収集方針の成文化を拒む傾向がある。
4. 教員に選択の責任があると，図書館の発議で方針をつくることは困難である。
5. 教員の協力が得られない。
6. 現状に満足している。
7. 有効な文書の作成は困難。
8. 業務が複雑で，直観に頼る部分が多い。

これらの意見の多くはヴォスパー調査でもみられた。大学の教育研究計画自体が整備されていない，実際に使いものになる収集方針をつくることは容易でないなど，客観的，主体的諸条件への厳しい追及もみられる[59)]。

提出された収集方針や図書館員の意見等を，メリット調査の整理報告にあたったサンホセ州立カレッジ図書館の受入主任バックは，選択の規定要因関係と選択者関係に二分し，それぞれ内訳をあげて解説した。

選択の「規定要因」としては次の 9 ファクターがあげられる。

1. 蔵書評価から得た情報の適用

　収集方針作成には，事前に蔵書評価を行うべきだと考えられているが，実際に行ったのは 14 館中 1 館（おそらくハーヴァード）で，実施の困難さを思わせる。図書館委員会と図書館員が合同で，学内の図書館ニーズを調査し，総額 80 万ドルに達する購入希望リストを作成した図書館もある。

2. 利用者ニーズ

　ニーズは「直接的ニーズ」と「長期的ニーズ」，および「文化的ニーズ」に大分される。直接的ニーズに該当する教育・研究ニーズとしては，学部教育や修士・博士課程の研究があげられるが，修士課程レベルの資料は「基本研究資料」，博士課程レベルの資料は「包括性」と表現できる。カ

レッジ・レベル,研究レベル,完全レベルの3レベルをおく図書館もある。これらは,カバー率と図書館の目的を結合する目的別コレクション論につながる方針である。長期的ニーズとは資料保存ニーズで,記録文化の保存の機能である。文化的ニーズは教養ニーズともいう。学生の読書習慣を養うために,一定量の「娯楽書」を収集し,また「美的ニーズ」の充足もはかるべきだと考えられている。

3. 蔵書の卓越部分の維持

　蔵書の中の際立って充実している部分を維持しようとする傾向が強い。

4. 地方的責任

　大学図書館は,その地方のための保存図書館の機能を果たすべきだとされている。

5. 限定的収集

　印刷物の総量が増加し,包括的収集が困難になったので,限られた分野のみについて研究コレクションをつくろうとする傾向があらわれた。

6. 図書館間の収集調整

　近隣の図書館の蔵書をあてにして収集調整する例もあり,分担収集協定に進む可能性も出てきた。

7. 図書館長の個人的信念

8. 図書費配分システム

　配分権が教員に帰属するため,最も重要な責任は教員にゆだねられる。

9. 図書館の財源による制約[60]

　全体として実際的な項目が多く,理論性が弱いのは,収集方針本来の特質である。要求ファクターが「ニーズ」という概念に統一されているのは,第二次世界大戦後の図書選択論に共通する傾向である。分担収集や蔵書評価の重要性が認められてきたが,まだ制度化するには及んでいない。バックは図書選択権の帰属に関する意見を,後退型,教員主導型,図書館員主導型の3型に分類した。後退型とは図書選択は教員の領分で,図書館員は購入推薦する程度にとどめようとする考え方。教員主導型は,図書選択の主体は学科関

係図書を選択する教員にあるが，館長以下の図書館員も特定学科に限られない分野，参考図書，書評に出た一般図書等の選択を行う型，図書館員主導型は最も「前衛的」な型で，図書館の課長，係長が日常的に選択し，教員が推薦して協力するシステムをいう。数からいえば大部分が教員主導型で，他の2類型がそれぞれ5～6館みられる程度である。ウィルソンやメトカーフなどの指導層と違って，大学図書館界の大勢はまだきわめて消極的である[61]。

## 7. リベラルアーツ・カレッジ図書館の収集方針

　大規模な大学図書館では，大学院の研究課題と研究者のための研究コレクションが中心となるが，学部教育中心のカレッジの収集方針では，教育コレクションに重心がある。1958年に収集方針を作成したロスアンゼルスのオクシデンタル・カレッジ図書館は，「すぐれたリベラルアーツ教育を提供」することを目的とする小規模カレッジの図書館である。小さな大学院課程もおかれたが，大学全体は圧倒的に教育活動中心で，収集方針も総合大学の場合とかなり違う。

　蔵書は3つの部分からなる。まず学部・大学院の教育計画に必要とされる図書・雑誌，ついで古典・現代著作や雑誌を含む「参考集書」，最後に特別「研究資料」である。この中で，参考集書は一般にいう参考図書ではなく，ハーヴァードの「参考集書」に相当するカバー率のランクであろう。研究資料は大学院課程の研究計画に含まれるもの，ロスアンゼルス地域の協力収集協定からの割当分野，および南カリフォルニア，カリフォルニア，西部，南西部関係の地方資料のみに限られ，それ以外は収集しない。非力な図書館が収集協定に積極的なのが異様にみえるかもしれないが，この図書館の力量では教員等の研究ニーズを自給自足することは不可能で，どうしても他の図書館を利用しなければならないので，それだけ他館に対する協力的態度が必要となるのである。小規模図書館の分担収集参加の興味深い事例である。地方資料収集の方針も地域協力の一端であるが，ウェストヴァージニア大学のグリー

ダーが指摘した,地方大学と地域社会とのつながりを示すものでもある。

図書選択の責任は図書館員主導型で,各教員は教科教育活動に必要な図書の購入を図書館長に推薦する。こうした先進性が,早期の収集方針作成を可能にしたのである。興味深いことに,全学共通の「総合図書館受入方針」のあとに,各学科の教員がそれぞれに作成した学科別の収集方針が添付されることになっている。ボイヤーの資料集にこの部分は収録されていないが,全学的収集方針とは別に各学科別の収集方針を作成したという事実は重要である。今日といえども類例をみることは困難である。

財政力の弱体さは雑誌購読にも響き,重複購読を最少限度に抑えようとし,またバックナンバーの整理・管理のコスト削減をはかっている。重複購読希望は,年度はじめに図書館委員会の審議にかけて可否が決定される[62]。

## 8.「大学図書館基準」

1959年,大学・研究図書館協会は念願の「大学図書館基準」(Standards for college libraries)を完成した。この基準の第5節が「図書館蔵書」であるが,奇妙なことに基準のどこにも収集方針の作成を促す指示がみられない。基準は本来多くの図書館の標準化,均一化をはかるものであり,個別化をすすめる収集方針はなじまないのかとも考えられるが,それだけでは説明できない。また,収集方針の中で重要な役割を果たしたカバー率ランクの考え方もまったくとり入れられていない。学部課程を中心とし,一部修士課程も存在する中小規模大学図書館は,大規模大学図書館のごとく収集方針で個別化するよりも,標準化する方を求める傾向があったのであろうか。

蔵書に関する基準の多くは,一般の収集方針に述べられていることであるが,注意をひく点がいくつかみられる。まず,基準は完全に図書館長(員)主導型を指示しているが,その図書館員の「選択権」について次のようなパラグラフがある。

「図書館員が,論争されている問題のすべての側面を表出する図書その

他の資料を選択する権利は，大学によって保護されねばならない。またいかなる出所，あるいはいかなる理由から生ずるものであれ，検閲をなそうとするいっさいの試みには抵抗しなければならない。」[63]

公共図書館界ではすでに1950年代初めより，知的自由の理念を守る運動が進められ，図書選択方針の中にうたい込まれてきたが，地域の圧力を直接に受けることの少ない大学図書館では，この問題への取り組みが遅れ，1950年代末期になってようやく一般的基準の中へ知的自由の理念が明記されたのである。

基準は定期的な蔵書評価を求めているが，その方法はシカゴ大学の場合と同様チェックリスト法とされている。蔵書評価法にはハーヴァード式のカバー率ランク法（『蔵書構成ガイドライン』では蔵書密度・収集強度レベル（levels of collection density and collecting intensity）と呼ばれている）[64]と，チェックリスト法という代表的な2つの方法があるが，カバー率ランク法は個別化し，収集方針にとり入れられていくのに対して，チェックリスト法は，基本図書リストを用いて所蔵率を測り，蔵書の標準化をすすめる傾向がある。ここにも基準が収集方針作成を指示しなかった理由が見出されよう。

基準はまた，カレッジ図書館の蔵書が50,000冊を下っては本来の機能を果たせない，学生数600人までは蔵書50,000冊，200人増すごとに10,000冊増加されねばならないなど，蔵書の量的基準を明示しようとしているが，これは収集方針ではまったく行われなかったことである。

「大学図書館基準」を微視的にみると，収集方針に似た面も多くみられるが，全体の思想はほとんど逆の方向をさしている。図書館蔵書には，標準化志向と個別化志向という相矛盾する性質が内在しているのである。

## 9. 教育大学の収集方針

ワシントン州中央ワシントン教育大学図書館長ゴーチェルズは，全米の教育大学を対象として収集方針の実態調査を行い，多数館から回答を得た。こ

のうち正式の収集方針書を送ってきたのは20館, 65館はもたず, 57館は収集方針以外にも何ら指針となる文書をもっていなかった。

　送られた収集方針書をゴーチェルズは4つのカテゴリーに分類した。第1カテゴリーは「疑わしい文書」で, 図書選択というより発注業務の仕組みを規定しただけのもので, 少なくとも3例はこの型に該当する。第2カテゴリーは「短文書」で, 例えばネブラスカ州で「われわれは教員の注文を第1に考え, できるだけ多く入手する。次いで図書館員が参考図書や最も必要とされる補助資料の購入を決定して入手する。レクリエーションや一般読書のための図書は最後に考慮する」と手短かに規定しているような, 2～3行の短文規定で, 7館がこの型に属する。

　第3カテゴリーは「1ページ文書」で, 収集方針と大学の目的の関係, 一般図書のタイプ, 教員養成に必要な教科関係図書等について規定し, 収集しない分野を明記するものもある。第4カテゴリーが「詳細規定文書」で, 2～8ページに及ぶものが5館ある。内容は収集計画の根底にあるフィロソフィー, 図書・雑誌以外の非図書資料, 図書選択に関与する人まで及ぶ。ニュージャージー州の大学は,「大学図書館基準」にも言及しており, 同基準が収集方針に影響を与えている。

　教育大学のこうした実態は順調に進行しているようであるが, ゴーチェルズはこれ以上のものを期待していたらしく, 4分の3以上が収集方針書をもたない現状を遺憾として, その理由を分析した。それによると, 収集方針書の有無はまだ図書館運営に決定的な意味をもつとはいえず, 収集方針書なしで立派に図書館運営を行っている例も少なくない。また, 教育大学の多くは2年制の師範学校（normal school）から4年制に昇格した大学であり,「大学の目的が極度に流動的」であるため, 大学の目的に依存する収集方針が定着しがたい状態にあるともいう[65]。収集方針が親機関の目的によって左右されると考えられれば, 目的が流動状態の大学では収集方針の作成が困難となるという現象は, 収集方針の本質の一面を物語っているようでおもしろい。

## 10. 開架図書の収集方針

　図書館全体の収集方針の作成が軌道にのると，今度は館内の各部署別の収集方針が欲しくなる。とりわけ学部学生の利用を目的とする開架図書は，冊数が制限されるだけに厳密な収集方針，あるいは開架基準が必要である。1961年，ジョージア工科大学の専門研究員アンダースは，どの大学でも開架図書の収集方針が確立されていない実情をみて，モデル収集方針を示して刺激を与えようとした[66]。

　彼女は，自然科学，社会科学，人文科学の3部門からなる典型的な「部門制開架閲覧室」(divisional reading room) を例にとり，収集方針にかかわる諸機能を個々に検討した。開架閲覧室の利用者は学部学生に限られるが，彼らのニーズは大学院生のニーズに比べると同質的で変化に乏しく，良書中心の標準的コレクションが望ましい。教科カリキュラム関係図書を主とするか，一般主題図書コレクションを主とするかによって，蔵書構成は大きく違ってくるが，アンダースは後者を重視する立場をとり，古書よりも新刊書を優先する。

　一般的指針の中では，利用者が学部学生であり，専門的図書は書庫内に納めるべきこと，新刊書中心とすること，魅力的な装幀の版を優先することなどが指示されているが，蔵書検閲 (censor the collection) を戒めているのが注意をひく。「大学図書館基準」の影響を受けたのであろう。古典は，利用者が学部学生であることを考えて，注解つきのものを優先すべきだとし，有名な著作家のものは個人全集でなく代表的著作を個別に収集すべきだとしているのも，開架図書の特色をよく表している。

## 11. 大学院図書館の収集方針

　学部学生用のコレクションのための収集方針が検討されれば，当然大学院生用コレクションの収集方針も必要となろう。オクラホマ州のフィリップス

第2部　大学図書館の図書選択論

大学（Phillips University）の大学院神学研究科（Graduate Seminary）は，1962年に独自の収集方針を作成した。同研究科は比較的歴史が浅いらしく，収集方針を制定して蔵書の充実をはかろうとしたもののようである。方針は，選択の責任，規定要因，奉仕対象，資料類型，主題分野，特殊問題，改訂手続きの諸項目からなり，よく整理されている。

　究極的責任は図書館長に帰し，教員が助言を与えるシステムとなっているが，機動的に運用するために，図書館が教員に積極的に推薦を求める。研究図書館でありながら，購入の最終決定権を図書館長が掌握するシステムは，予算管理上の調整のためとはいえ，図書館の主導権確立の成果といえよう。

　選択の責任の項では「図書館権利宣言」の原則が採択されている。

　　「図書館長が，論争されている問題のすべての側面を表出し，またキリスト教教義に関するさまざまな立場を表出する図書その他の資料を選択する権利は，神学研究科によって保護される。またいかなる出所，あるいはいかなる理由から生ずるものであれ，検閲しようとするすべての試みには抵抗する。いかなる場合であれ，著者の人種，国籍，政治的宗派的な関係を理由に，図書が排除されることがあってはならない。」

　文言を照合すればわかるように，前半は「大学図書館基準」の知的自由の原則の部分をほとんどそのまま採用し，「キリスト教教義に関するさまざまな立場を表出する」を付加した規定である。宗教関係書の収集には種々の宗派的制約が課せられ，自由な研究活動の展開を妨げる傾向があるので，知的自由の原則をうたわなければならなかったのであろうが，大学院図書館の収集方針に，本来は学部分類表を主体とする「大学図書館基準」の趣旨をとり入れた事実は，同「基準」の射程の広さを物語るとともに，この神学研究科図書館の思想的先進性を示しているといえよう。

　図書選択の規定要因は，カリキュラム・ニーズ，教員の研究，学生数，学生の要求，キリスト教関係専門コレクション形成，他の図書館の利用，予算，図書の諸特性（著者，主題，書誌採録度，判型など）等があげられているが，書誌索引への採録を図書の評価基準にとりあげ，逐次刊行物の選択基

準でも索引誌への採録を1ファクターとしている。資料評価へのビブリオメトリックスの応用は1920年代から行われ，1960年代にはすでにほとんど常識となってきたが，引用頻度でなく書誌索引採録頻度を図書・雑誌の計量的評価基準とみなして，収集方針に明記した例は他にみられない。自然科学系でなく人文科学系の図書館が，いわば時代に先駆けて「科学的」選択基準を定めたのも，この図書館の先進性を証明している。

利用者は大学院生と教員に限られる。学部学生や一般市民にも蔵書は開放されるが，彼らのニーズは収集にあたって考慮されない。この単純化された利用者観は，大学院図書館の一典型であろう。

主題分野では，各主題別にカバー率ランクによって蔵書評価を行い，その上で収集方針を定める。ランクは「補助的研究コレクション」，「研究コレクション」，「包括コレクション」，「網羅コレクション」の4段階であり，用語法からするとジョン・クレラーのランク概念に似ており，4ランクとも何らかの形で「研究」に結びつけている[67]。「補助的研究コレクション」は神学部の研究分野に直接属さない分野で，神学研究の背後資料となるもの，「研究コレクション」は学生利用を目的とする英文研究論文・雑誌類，「包括コレクション」は各分野の歴史的研究までを対象とし，ヨーロッパの主要言語の文献を内容とし，「網羅コレクション」は「オクラホマ使徒」に関する歴史・文学資料を世界中の言語で収集する。

収集方針の作成に先立って蔵書評価を行う方式は，ハーヴァードによって確立されたが，神学研究科図書館では，カバー率ランク法以外にも書誌やチェックリストを使用したチェックリスト蔵書評価法の応用も規定している。収集方針の中で定期的な蔵書評価を定めた点も他に類例がない[68]。

この収集方針は「大学図書館基準」を応用しただけでなく，先行する他大学の収集方針の中の重要な点を最大限にとり入れ，図書選択理論の応用可能部分を採用し，自館に合わせて調整している。起草担当者がよほど大学図書館収集方針に明るい人だったのであろう。

第2部　大学図書館の図書選択論

## 12. 学生図書館の収集方針

　ハーヴァード大学のラモント図書館の蔵書論や，開架図書の収集方針論につづいて，1963年には学生図書館（undergraduate library）固有の収集方針があらわれた。ノースカロライナ大学の学生図書館がそれである。学生図書館はコロンビア（1907），ハーヴァード（1949），ミシガン（1958）等が早い創設例で，1960～70年代に数多くの総合大学に設立されたが[69]，教育ニーズを中心とする点で一般カレッジ図書館に似ていながら，教員，大学院生の研究ニーズを考慮せず，独自のサーヴィス領域をもつ学生図書館の収集方針の必要性がようやく認められはじめたのである。

　学生は4年間在学し，一般教養課程の1・2年と専門課程の3・4年とではニーズが異なる。3・4年生は専門関係図書を本館に求めるので，学生図書館は教養課程の1・2年生と，3・4年生の一般教養ニーズのみを対象とする。要するに学生対象の一般教養図書館である。

　方針書は，図書館利用者，図書館の目的，選択基準，収集制限資料，カバー率と，基本的項目をひと通りとりあげている。図書館の目的は，学部教育カリキュラム支援，カリキュラム外一般教養，読書愛好心の涵養にあり，各目的別に蔵書のタイプとカバー率が示される。選択基準は7項にわたり，一定水準以上の価値ある図書，古典，新刊書を，主として英語本で収集し，全体として機能的コレクションをめざす方針である。

　学生図書館のような同質的図書館では，カバー率ランクは必要ないかと思われるが，完全集書，高度研究集書，広範集書，概観的集書，カリキュラム集書，娯楽読物など，従来のカバー率概念とは少し違った表現のランクを設定し，図書館の方針を述べる。すなわち前記3ランクは，実質的にハーヴァードの「研究集書」以上の3ランクに該当するが，学生図書館ではこれらの方針を適用する主題分野はない。概観的集書とは概論書レベルのコレクションの意味らしく，レベルとしてはカリキュラム集書にほぼ等しいが，後者がカリキュラム関係主題に限定されるのに対して，前者はそれ以外の主題

分野に適用される。娯楽読物ランクという考え方はすでに「大学図書館基準」の中にあらわれており，新しいものではない[70]。学生図書館におく娯楽読物は冊数としては多くないが，スポーツ，趣味，フィクションその他興味本位に読める型の図書で，一定レベル以上のものである。

　概観的集書の中では，主題分野別に一定の量的基準が示されている。すなわち歴史と文学だけで全蔵書の半分，社会科学がこれに次ぐ。第4位は伝記で8,000冊程度，自然科学は6,000冊程度とする。上位3主題の比率が高いのは，これらの分野を専攻する学生が全体の62%に達するためである。学生の主専攻科目は分散が著しく，専門書は本館や学科図書館でも利用できるので，学生図書館としてはごく基本的な図書を収集するにとどめる[71]。カバー率ランクは，蔵書の大部分が同じランクに属するので，主題別の蔵書比率的手法も併用する必要がある。

## 13. コミュニティ・カレッジ図書館の収集方針

　1960年代末期になると，いわゆるコミュニティ・カレッジ図書館の収集方針がみられるようになった。コミュニティ・カレッジは第二次世界大戦後に全米に普及した2年制地域大学で，ハイスクール教育終了後の青年や地域住民に，上級の教育を与えることを目的とし，リベラルアーツ系短期大学や理工系専門学校を前身とするものも多い。1963年の高等教育施設法によって，図書館施設も充実されてきた[72]。ボイヤーの収集方針集にはモンロウ・カウンティ（1967），ナッソー（1968），クラトソプ（1971）の収集方針が採録されている[73]。

　各カレッジとも教育カリキュラム関係図書の収集を中心とし，その他の諸ニーズは副次的に扱っている。コミュニティ・カレッジは財政力が限られているため，最低限必要なカリキュラム関係資料をまず確保しようとするのである。ナッソーでは，学生や教員が教科関係図書を他の図書館に求めるような事態を防止しようと，自給自足の原則を明記している。先のオクシデンタ

ル・カレッジの収集方針にも同様の規定があり，小規模大学図書館の特色といえよう。

　教科関係図書の他は，一般教養図書の幅広い収集が求められる。モンロウ・カウンティでは学生によりよき国民となる機会を与えるという，カレッジ自体の目的を冒頭に掲げ，生涯通じてのよき読書の習慣を養う任務を図書館に課し，クラトソプでは古典の註解版を収集するという。一方，新刊書の提供にも力を入れ，ここにコミュニティ・カレッジの「教養」観の一面があらわれている。

　教員の教科以外の研究ニーズに対する図書館の態度は概して排除的で，クラトソプでは学生にも読まれる保証がある場合に限って研究用図書を収集する，としている。教科関係以外の外国書も原則として収集されない。共通点としては，3館とも強い調子で知的自由の原則を明記し，あらゆる立場の図書を収集しようとしている。モンロウ・カウンティでは，宗教，娯楽読物，セックス等，規制の対象になりやすい分野をあげて，一々について知的自由の原則を確認している。コミュニティ・カレッジが地域社会に緊密に結びついて，公共図書館に似た特質をもち，社会の圧力を受けやすいという事情も反映しているであろう。1960年代の学生運動やマイノリティの公民権運動も，こうした方向へ拍車をかけたであろう。

　娯楽読物を許容するという点でも，ナッソーとモンロウ・カウンティは共通しているが，ナッソーではこの種の図書は公共図書館に多数所蔵されているから，カレッジ図書館は限定収集すればよいともいう。こういう公共図書館との親和性は，他の型の大学図書館ではほとんどみられない。

　前出アンダースの提案した開架図書のモデル収集方針と，クラトソプの収集方針には類似性がある。クラトソプの作成担当者がアンダースのモデル収集方針を修正採用したのであろう。コミュニティ・カレッジのコレクションと，総合大学図書館の開架コレクションには共通性がある。

## 14. あとがき

　大学図書館の収集方針は，まず総合大学図書館によって基本が示され，これがカレッジ図書館，部局図書館，コミュニティ・カレッジ図書館へと波及した。1970年にはすでに各タイプ別の収集方針の範例ができていたといってよい。この間，1963年にはデントンの比較図書選択論が著わされ，この中で，米独の比較をもとにした理想的図書選択方針が検討された。彼は収集方針の標準化を考えたのではなく，収集方針の必要条件に関する考え方の基本を示そうとしたのであり，むしろ一般図書選択論に近いが，収集方針の科学的根拠を示した意義は大きい。カバー率にあたる収集レベル法の構想も，その後の収集方針に影響を及ぼした[74]。

　1977年に刊行されたフュータス編の収集方針集には，総合大学図書館5，カレッジ図書館8，コミュニティ・カレッジ図書館1の収集方針が収録されているが，方針書の内容はほぼ1960年代の範にしたがっているといってよい。ただアイオワ州立大学図書館の収集方針は，全24ページに及ぶ長文の方針で，特に主題分野を示す件名をアルファベット順に排列して，それぞれのカバー率のランクをつけた一覧表を添えた点は，収集方針の新たな原型をなすものと評価される[75]。

　1984年のフュータスの第2版には，総合大学図書館5，カレッジ図書館3，コミュニティ・カレッジ図書館2の収集方針が掲載されている。このうちウィスコンシン・スタウト大学は52ページ，デトロイト大学は71ページと，ともに大型化してきた。またウィスコンシン・スタウト大学の収集方針は，初版1973年，2版1977年を経て1981年の第3版目に入っている[76]。ところが，1981年にはテキサス・オースティン大学図書館の大型B5判282ページという膨大な収集方針があらわれた[77]。これは1976年刊の方針書の改訂版であるが，資料収集を細部にわたってコントロールするためには，規定の詳細化が必要であり，このような浩瀚な収集方針書が生まれたのである。

　アイオワ大学の主題別カバー率一覧表方式は，ウィスコンシン・スタウト

第 2 部　大学図書館の図書選択論

大学に受け継がれたが，テキサス・オースティンの場合は，全282ページ中206ページが主題別収集方針で，主題を表示する67の件名をアルファベット順に排列し，各々をさらに下位区分してそれぞれのカバー率ランクを指定している。デトロイト大学の場合は，蔵書評価に関する規定と，そのための統計・調査票のフォームを50ページにわたって掲載しているのが特徴的である。カバー率ランク法といい蔵書評価法といい，もとはといえばハーヴァードの収集方針において原則が確立されたものであるが，30年の間に驚異的な規模に拡大してきたのである。

　1970年以後，収集方針は急速に膨大化し，規定も細部にわたり，従来の原則論的方針から，業務マニュアル的規定に変わっていく傾向があらわれた。また，先進的な大学図書館では，すでに収集方針の改定期に入っている。1960年代までに図書館員の選択権が着々と強化されてきたことが，1970年代以降の発展の下地となっているであろう。しかしこのような飛躍的発展も，内容に立ち入って分析してみると，結局はハーヴァードの収集方針に示された原理の単なる量的な発展にすぎず，現代の収集方針の基本はすでに1970年までの収集方針史の中にひと通り出揃っているといってよい。こうした形成期のプロセスに対する理解の有無は，現代アメリカ大学図書館の収集方針を評価するとき，かなり重要な意味をもつ。

# 第3章
## 大学図書館のシステム内分担収集
—— DFG 勧告とマールブルク大学の協定制

　「ドイツ学術振興会」(Deutsche Forschungsgemeinschaft, 以下 DFG) の図書館委員会の『大学図書館と研究室図書館の間の協力のための勧告』は, 全体32ページからなる比較的小さな勧告[1]であるが, 西ドイツの戦後大学図書館史に一時期を画するほど重要な意味をもっている。ドイツではすでに戦前から大学図書館と研究室図書館の協力体制が論じられ, ことに戦後には勧告がいくつか出されているが, DFG 勧告は単なる勧告として外から示されたものではなく, 各大学で積み重ねられた努力と経験を結集してできあがった, 大学図書館システムの今後の指針だからである。したがって勧告は, 協力活動の目標であると同時に, 従来の経験の総決算でもある。

　とりわけマールブルク大学における協力活動は, ドイツ大学図書館界で主導的役割を果たした。筆者はマールブルク滞在中に幾度か,「DFG 勧告が現在のわれわれの活動を呼びおこしたのではなく, マールブルクの経験が DFG 勧告を生みだしたのだ」というコメントを耳にしたが, これは事の順逆の説明であると同時に, マールブルクがこの活動において多くの実績をあげ, DFG 勧告の母体となったことに対する関係者の自負心のあらわれでもある。

　日本でも, 大学図書館の中央—部局の協力問題が論じられはじめてすでに久しいが[2], 現在までのところまだ決定的な指針が出るには至っていないように思われる。そこで本章では, 西ドイツにおける大学図書館—研究室図書館の協力制を, 特に DFG 勧告とマールブルク大学の蔵書分担収集制についてつぶさに調べ, 勧告とこれを生んだ実践活動の関係を考察して, 日本の大

第2部 大学図書館の図書選択論

学図書館システムにおける協力活動,なかんずく蔵書分担収集制を推進する上での示唆を求めることにしたい。

## 1. DFG 勧告

　第二次世界大戦後6年を経た1951年,ドイツ学術助成協会（Notgemeinschaft der Deutschen Wissenschaft）によって,大戦で受けたドイツの学術図書館の被害実態調査報告とその再建のための勧告[3]が出された。これが大学図書館に関する戦後最初の勧告である。同協会は同年改称されて DFG となり,1953年にベルリンのラインケに委託して,大学図書館と研究室図書館の協力関係に関する勧告[4]を発表し,これが両者の間の協力問題に正面から取り組む最初の勧告となった。

　1955年に DFG は,協力に関する覚え書きを発表し[5],1964年にはドイツ学術会議（Wissenschaftsrat）の膨大な勧告[6]が出て,大学・学術図書館改善の総合的指針が示されたが,この中にもむろん協力活動,蔵書分担収集がとりあげられている。これらの諸勧告のいわば総仕上げとして,1970年の DFG 勧告があらわれたのである。

　勧告の第1次草案は1969年6月にできあがり,各大学に送られて意見が徴された。これらの意見に基づいてさらに検討が加えられ,1970年に成案が発表されたのである。時の DFG 図書館委員会の委員長は,マールブルク大学図書館長ヘーニッシュ教授であった。勧告の基本目標は,DFG 会長シュペーア教授による緒言の中で「図書館費をできるだけ経済的,合理的に使うこと」であり,そのために「大学図書館（Hochschulbibliothek,以下 HB）と研究室図書館（Institutsbibliothek,以下 IB）[7]が統一体の両部分としてつながりあい,この協力的な全組織体の枠の中で協力する体制」を確立することにある,と述べられている [S.5][8]。ドイツの大学の「研究室」（Institut）は,日本の大学でいえば「学科」に相当するものと考えるとわかりやすい。

　図書館委員会は勧告の立場を次のように限定した。近年新設された大学図

## 第3章　大学図書館のシステム内分担収集

書館は，一つの統一体として組織され，大学図書館―研究室図書館という分離関係を知らないが，伝統的な大学の図書館ではさまざまな図書館の協力関係を改善し，地域的状況に応じたある種の漸進的変化を一歩一歩進めていかなければならない。本勧告は，歴史の古い大学の中の協力を促進するために作成される。その際「まず第1にこれらのいくつかの大学ですでに萌芽的に展開しているモデル，諸形態と結合し，あわせて新設館の経験をも考慮する」[S.7]。「総じて2つの点が意図される。つまり，現状を考慮した上で，効果的な協力のための実行可能な，短期に実現しうる提案をつくること，および長期的発展の目標とすべき未来のためのモデルを提案することである」[S.8-9]。

　1964年の学術会議勧告が出た翌年，『図書館・書誌学雑誌』（*Zeitschrift für Bibliothekswesen und Bibliographie*）誌の新設大学図書館特集号の総括論文として出された論文「現存大学図書館は新設館から何を引き出すことができるか」[9]の中で，ヘーニッシュ教授はボーフム，フランクフルト，ゲッティンゲン，レゲンスブルクなどの例によって新設館の特質を分析し，そこに古い大学図書館の自己改革の可能性を探したが，古い大学図書館が新設館からそっくりとり入れることのできるものはあまりない，「受け継ぎえないのは急進的な構造改革である」との結論を出し[10]，大学図書館の近い将来に，「伝統と蔵書によってここ数世代における学術生活の中で承認され評価されている，閉ざされた高価図書をもつ図書館」と「若い，伝統の支えなしの，しかしまた伝統による重荷を課せられていない図書館」という2つの型ができてくるだろう，と述べている[11]。ある意味ではきわめて保守的な見解ともいえるが，古い体制の支配する伝統的大学図書館を変革していく際，いきなり最新の制度をこれにぶつけても意味がない，古い大学図書館自身の可能性を認め，この中に変革の条件を見出し，それ自身の法則にしたがって徐々に自己変革を進めなければならない，という徹底した現実主義があることを見逃してはならない。古い大学図書館のもつ法則にしたがって現実的に改革を進めるというこの態度は，そのままDFG勧告の基調となり，それによってはじめて勧告の実効力が得られたのである。

第2部　大学図書館の図書選択論

　DFG勧告は10章と展望，要約からなっているが，蔵書構成に直接関係するのは1，2，3，7の各章である。

　まず，蔵書は開架図書と閉架図書の2つの部分からなり，利用者に最も便利なように構成されねばならない。HB—IB間で「不要な重複の回避」[S.10]その他のための調整（Koordinierung）が行われなければならない，調整を行うには，関係図書館の数が少ないほどよい，したがってIBはより大きな管理単位に統合される必要がある，などの基本が示されている。

　調整の方法は各研究室によって異なるので，第2章ではいわゆる研究室が4つの型に分類され，各々について調整方法が指示された。

1. 特殊研究室　きわめて特殊な分野の研究室の蔵書はHBの蔵書と本質的に異質で，両者間には原則として重複は生じえない。
2. マス学科研究室　学生数の多い研究室の蔵書は個別に考えねばならない。

　　a）言語学・歴史　蔵書は職業教育文献（Ausbildungsliteratur）と研究文献（Forschungsliteratur）からなる。前者には多くの複本が必要で，IBのみならずHBにも備えられる。後者は「基礎研究文献」と「特殊研究文献」に分けられ，前者はIBとHBに重複しておかれるが，後者はIBの領域に属する。

　　b）法学　職業教育のための「学習文献」と基礎研究文献はIB, HB両者が収集し，専門雑誌，単行本はIB, HBのいずれかに1部あればよい。外国法資料はIBの領域である。

　　c）自然科学・工学　職業教育文献は，タイトル数が比較的少ないので，IB, HB両者が多数の複本をもつ。IBがHBから空間的に遠く離れている場合は，IBに近いところへ「空間的に分けられたHBの分館」としてまとめておき，遠くないときはHBが全面的に引き受ける。研究文献は1部あれば十分で，IBの充実度に応じてHBからIBへ移管され，また古い文献・雑誌はHBへ移して保存する。

　　d）医学　病院のIBは病院の要請に応じて構成されるが，図書館固有の

管理運営はHBにゆだねる。理論医学ではIBに分散収集するか,「医学図書館」の集中管理にゆだねるかであるが,前者の場合は学域 (Fachbereich)[12]の図書館に統合することも考えられる。後者では講義・演習参考書 (Handapparat) のほかは医学図書館に集中される。

e) 複合分野　多くの研究室に関係する分野の研究室(宇宙研究,東アジア学,中世学のごとき)では,関連研究室の共同運営となる。常設研究室の場合,一般の利用が少なければいっさいIBにゆだねられ,一時的研究室ではプログラム完了後に解体されるので,複本は極力避け,HBとの強力な協力関係が保たれねばならない。研究室の類型によるIBの収集分野が確定すると,HBの収集方針が決まってくる。HBは大学全域の「図書館調整機関」(bibliothekarische Koordinierungsstelle) であり,IBの収集領域外のすべての領域を担当する。これによって大学の図書館システム全体が一つの巨大な総合図書館を形成することができる。これをHBのIBに対する「補充機能」と呼んでもよい。しかし,IBを補充するだけがHBの役割ではない。むしろHBの本来の収集分野は,2つ以上の研究分野にまたがるすべての文献を含む。一般的書誌,参考図書,資料集,大学出版物,図書・図書館関係文献などがこれに含まれる。学位論文も大学出版物としてHB領域に属する。

IBが開架図書館＝館内閲覧館 (Präsenzbibliothek) であるに対し,HBは館外貸出図書館 (Ausleihbibliothek) であり,このため館外貸出利用の必要な職業教育文献はすべてHBに集められねばならない。教科書コレクション (Lehrbuchsammlung) についてみると,HBの教科書コレクションは学生にとって不可欠の重要な役割を果たしている。各学期の参考書は,館内閲覧用としてHB閲覧室におかれるべきである。

各IBとHBの収集方針が決定すると,次に各IBとHBの間に,そのIBの特質に応じた収集協定 (Abstimmung der Erwerbung) が結ばれなければならない。この協定は「文書による指針」であることが望ましい。ただ特殊研究室の場合は,両者間に領域の重複がないので,高価図書購入に関する個別協

第2部　大学図書館の図書選択論

定だけで足りる。

　収集協定を適切に運用するために，IB，HBの間に合同購入会議（gemeinsame Kaufsitzung）を開くことが望ましい。ことにマス学科研究室の場合は重複率が高いので，IB，HB両者またはそのいずれに購入されるべきであるか，開架，書庫，教科書コレクションのいずれに入れるか，などがとりきめられなければならない。

　IBと交渉するHBの担当者は，専門レフェレント（Fachreferent）である。彼に対してIBから購入希望，提案が出される。雑誌は極力重複を排してタイトル数を多くする。新規購読契約，または購読停止は，そのつど相互協定によって決定すべきである。IB — HBの蔵書を交換する際は特に協定が不可欠である。蔵書交換の一つとして，IBの開架で必要なくなった文献，あるいは収容しきれない蔵書がHBの書庫へ移される。この「書庫収納」のとき，HBは重複本を整理する権限をもたねばならない。

　DFG勧告の蔵書分担収集制は，きわめて包括的かつ具体的である。委員会自身も，これを従来の学術会議勧告，西独学長会議の見解などと比較して，従来のものが大綱提案であったのに対し，この勧告は具体的提案となることをめざすと述べている [S.8]。

　勧告の1969年草案を読んだエッセン市立図書館のクロッツビューヒャーは，次のように批判した[13]。

　ある分野の研究文献，基本的文献は，今日ではすでにほとんどIBによって収集されている。研究室が学域に統合されれば，その傾向は一層強まるに違いない。HBの役割の重要部分がここで失われることになる。勧告はこの点で，HBの地位を回復する可能性を示しているようには思われない。

　勧告には一連の矛盾がある。大学出版物，ことに学位論文は勧告のいう研究文献であり，本来ならIBに帰属するはずなのに，HBの担当領域とされている。同様に特殊雑誌をHBが収集する根拠も不明である。現在ではすでにこれらは通常IBが収集している。HB固有の一般参考図書その他を除くと，それ以外ではHBはまさに「補助的機能」を果たすにすぎない。これをもっ

第3章　大学図書館のシステム内分担収集

て「学術的図書館員の最も麗しき課題」とみなすことはできない。むしろここでは，グルンヴァルトとともに，従来のような専門レフェレントがそもそもHBに必要なものかどうか，を問い直すべきであろう。この勧告に対する図書館員からの反響はあまり期待できないが，この勧告が大学図書館の役割変化を重視し，これとの関係で諸提案をひき出したことは多とすべきである。

　クロッツビューヒャー自身の問題意識は，IBの実力が強化していくにつれて，HBの果たす役割が萎縮しつつあり，HBがその存在理由を問われるところまできている，という現状にあった。彼は結論として，DFG勧告にもとりあげられている，HBへの学習文献の集中を重視し，HBは将来，学習文献を中心とする「中央学習図書館」となるべきである，近年は大学の職業教育が強化される傾向にあるが，HBの主要任務はこの大学の教育機能に対応することである，研究機能は研究室の任務であり，研究文献もまたIBに集中されねばならない，と述べた[14]。クロッツビューヒャーはHBの研究機能を放棄したのである。

　DFG勧告はむろんHBの研究図書館としての可能性・必要性をなお信じ，HBはIBとまったく対等に，研究活動のための図書館サーヴィスを分かち合い，HBのレフェレントには研究室の教官と対等に研究活動を論じ合う可能性を認めている。両者間には根本的な点で見解の相違がある。

　勧告がヘーニッシュ講演と同様，徹底した現実主義に立っていることは先にふれた。これはまた多様性の承認という立場につらなっている。ひと口に「研究室」と呼ばれるものは，勧告では4つの類型に分けられ，それぞれに応じた方針が示されている。さらに各類型内でもさまざまな可能性が認められ，そのための道が示され，各大学，各研究室がその実績に応じて，このうちのあるものをそのままに，あるいは修正して採用できるよう配慮されている。HBとIBの空間的距離によって，資料の蔵置場所を分けて論じているところさえある。実にその配慮のこまやかさは尋常ではない。

　同じ1970年に，ブレーメンの国立・大学図書館長クルートは，著書『図書館学要綱』の中で，同じく大学図書館システムの多様性を認め，6つのモ

203

デルシステムを設定し，明快かつ構造的に論じたが[15]，この理論的立場に比べてみても，DFG勧告が現実主義の立場を守っていることが明らかになるであろう。

　勧告はまた，収集分担に関連する蔵書の類型を設定し，それぞれについて別々の方針を示した。すなわち，

1. 学習文献，職業教育文献
2. 研究文献
3. 教科書
4. 雑誌
5. 参考図書

　この分類は決して機械的ではなく，各専門分野の特質に応じて変化する。クロッツビューヒャーはHBが特殊雑誌を収集することを批判したが，なるほど勧告は「こういう雑誌プールに最も適した場はHBである」としながらも，「個別研究領域についてのみ関係のあるテーマの，高度に特殊な雑誌は研究室だけにおく方がよい」と述べ，雑誌というカテゴリーをさらに細分している[S.14]。したがって，これはなお決定的類型区分とはいいがたいが，蔵書分担制との関係でとりあげられるべき最少限度の蔵書類型であることには異論あるまい。

　IBの多様性の承認はIB―HB間の個別収集協定という方法につらなる。大学図書館システムに単一の分担収集原理を適用するのでなく，各IBとHBの個別とりきめで分担の内容が決定されるのである。この方法によれば，一方でIBの特殊事情に基づく蔵書の独自性を容認しながら，他方で協定の積み重ねによって，徐々に大学全体としての統一システムを形成する道を約束することができる。

　DFG勧告には，このような現実主義と多様性の承認という特色がある。新設大学の革新的方法を参考にしながら，伝統的大学の独自の自己変革の法則を追求すべきだとしたヘーニッシュ構想も全面的に採用されている。問題を純理念的な角度からみれば矛盾する点があろうが，IB，HBそれぞれが古

い伝統と，強い自負をもつ古い大学の図書館システムに何らかの自己変革をおこし，全体を統一的システムへと再編成するためには，個々のIBの自治を全面的に認めつつ，これとHBが協定をとり結ぶ方法をとらざるを得ない。古い体制に革新的構想をいきなりぶつけても，同調する動きは容易に出てこないことは，これまでの歴史にすでに明らかである。勧告は，クロッツビューヒャー批判にもかかわらず，西ドイツの大学図書館界に大きな影響を及ぼし，古い体制が変革に着手するときの指針となった。

## 2. マールブルク大学の蔵書分担協定制

DFG勧告を生む母体となったマールブルク大学には，10年間にIBとUB（マールブルクでは，大学図書館をUniversitätsbibliothek = UBと呼ぶ）の間でとり結ばれた蔵書の分担収集協定の記録が，研究室別にまとめて保存されている[16]。これを資料として，同大学の協定制の経過と内容を分析し，勧告の形に抽象化されたものの現実態を追究し，両者の関係を考察してみよう。

### (1) 経過

協定を成立年代順にみると次のようになっている。

|  | 協定総数（IB数） | 第1回協定数 |
|---|---|---|
| 1959 | 1 | 1 |
| 1961 | 2 | 2 |
| 1962 | 25 | 23 |
| 1963 | 1 | — |
| 1964 | 2 | 1 |
| 1965 | 7 | 1 |
| 1966 | 33 | 18 |
| 1967 | 36 | 31 |
| 1968 | 7 | 1 |

第 2 部　大学図書館の図書選択論

|  1969 | 2 | — |
|  1970 | 4 | 1 |
|  1971 | 1 | — |

このうち，中央欄は各年度の協定総数，右欄はそのうちの第 1 回協定数である。また 1959 年の協定 1 件（音楽学研究室）は現存していないが，1962 年の協定に「3 年前の協定」と言及されている。

マールブルクの最初の協定が，学術会議勧告より 5 年も早くあらわれているのは，1955 年の DFG 勧告を受けた結果である。この勧告は大学図書館界に大きな反響を呼びおこし，各方面から HB ― IB 協力問題に関する意見，提案が発表されたが，マールブルクではいち早く実際にこの問題に取り組んだのである。1961 年の 2 協定も同様に試験的に実施されたものである。参考までに両協定の全文をあげておく。

　A　記録 1961 年 6 月のスラヴゼミナールのブロイヤー教授との協定により，大学図書館は特に次の諸部門を担当する。

　ブルガリア，チェコスロヴァキアおよびスラヴ言語学・文学。

　スラヴ言語学・文学の全領域の基本図書，大叢書，全集，書誌文献。

　全スラヴ文化圏の政治，演劇，音楽の図書。

フィリップ（署名）

　B　旧約聖書学ゼミナールのカイザー教授との協定。1961 年秋，図書館は特に旧約聖書学およびイスラエル民族現代史の周辺領域を担当することを求められる。図書館はまずパレスチナ圏および隣接地域諸民族の考古学および言語学，文学の文献を購入すべきである。

フィリップ（署名）

これらが原型となり，翌 1962 年の大量協定が実施された。全 28 協定（25 IB）のうち新規協定は 23 IB，うち 2 件は自然科学系 IB，残る 21 件は文化系 IB である。4 年後 1966 年の 33 協定（18 新協定）はすべて文科系，翌 1967 年の 36 協定中の 31 新協定はすべて自然科学系である。念のためこの 3 年分の新協定 IB（協定参加研究室）を学部別にみると次のとおりである。

第3章　大学図書館のシステム内分担収集

1962：神学部 9，哲学部 10，法学部 1，医学部 1，理学部 2
1966：神学部 3，哲学部 7，法学部 8
1967：医学部 21，理学部 10

大ざっぱにいうと，1962年には神学部の大部分，哲学部半数が，1966年には哲学部の残る半数と法学部，1967年には医学部，理学部がそれぞれ協定制に踏み切ったといえる。こうして，マールブルクは独自の計画にしたがって協定制を実行していったが，この間に1966, 1967両年のヤマができているのは，1964年の学術会議勧告の影響とみるべきであろう。

1966年にはこのほかに，UB自身の「収集方針のための部内指針」[17]が作成され，1970年には神学部が学部図書館システムとしてUBと協定する草案がつくられた。また直接資料にふれることはできないが，1968年にはUBの新収集方針（Neue Erwerbungspolitik）[18]が作成されている。この間，1967年11月18日には現在のUB新館が落成して，従来の仮住居であった「国立文書館」からラーン河畔クルムボーゲンへ移転したことも考慮に入れておくべきであろう。

## （2）協定担当者

協定作成のための協議には，UB・IBの代表者が出席するが，それは研究室により，あるいは協議内容によりまちまちである。分類すると次のような型がみられる。

1. UBのレフェレント　　　－IBの教授・教官
2. UBのレフェレント　　　－IBの助手
3. UBのレフェレント　　　－IBの司書
4. UBの館長　　　　　　　－IBの主任教授
5. UBの館長・レフェレント　－IBの教授・教官・助手
6. UBの館長・レフェレント　－IBの助手
7. UBのレフェレント相互の協議

このうち最も多いケースは1と2である。UB側はレフェレント（Referent）

207

第 2 部　大学図書館の図書選択論

1 名だが，IB 側は 1 名のときもあり多数のこともある。芸術史ゼミナール 1966 年協定は，IB からはウゼルナー教授など 4 名が出ており，化学 1962 年協定ではディムロート教授など 3 名出席となっている。新規協定成立の際は多く教授が出席し，これに教官，助手が加わることもある。

　スラヴ学，東欧史，ロシア史の 1970 年協定では，各研究室の助手が UB レフェレントと協議した。その他一般に IB の図書選択は助手の任務とされている傾向があり，レフェレントとの協議にも助手があたる場合が多いので，標準形態は 2 だといってよかろう。図書館関係を担当する助手を図書館助手と呼ぶ人もいる[19]。

　4 はこの記録でみる限り 1 件だけある。1962 年 7 月，ヘーニッシュ館長は教育学ゼミ主任教授フレーゼあてに，私信の形で協定の申し出をした。この中で館長は「部分的には Dr. フォークトによる，東側諸国および中部ドイツ教育学文献に関する協定のためになさるべき一層の協議が必要とされます。Dr. フォークトは，目下代理として教育学の分野を担当しているわれわれのスラヴ学専攻 Dr. フィリップ氏と連絡がとれるでしょうか」と述べ，今後の恒常的協議方式を提案している。これから 4 日後，館長，フィリップとフォークトの間に協議が行われ，東欧諸国の教育学文献の収集分担が協定された。これが 6 の型である。

　1966 年 6 月と 11 月にはさらに UB と教育学の協議が行われたが，前者へは UB のフィリップと IB の司書 2 名，後者へは UB 新任レフェレントのライヒャルトと IB の前記 2 名が出席した。ここでは原則的なことの他に，注文票の扱い方，IB の書店注文の有無の電話問合せなど，事務手続きに関する打合せが行われている。これが 3 の型である。教育学研究室の場合はこうして，教授によって着手され，助手へ委任され，最後に司書に委託されるという典型的な展開をみせた。

　5 は単独 IB には例がないが，1962 年の「後進国」問題関係の研究室の代表者と UB の合同協定がある。IB からはダマン教授（アフリカ学），マンゴルト（社会学），クリーム（政治学），フォン・ムルスト（組合学），UB から

は館長, レフェレント3名が出席して, 同テーマに関する分担協定を行った。

7はUBの内部調整のための協定であり, 1970年に東欧圏関係部門の収集調整をはかるべく, ペッヒェル（経済, 政治, 社会), ショルツ（歴史, 民俗), ゲーデケ（スラヴ学）の3レフェレントが協議した。

以上の7類型のうち, UB側に館長が加わるのは特に重要な協定に限られ, 大部分はレフェレントの手で行われている。IB側は教育学に典型的にみられるような, 第1回協定は教授, 2回以降は助手, 事務連絡は司書という展開型がある反面, 常に教授が出席する例も少なくない（旧約聖書, 心理学, ロマン学など)。これは教授の図書選択への関心の強さ, 教授のIBに対する影響力の大きさによるとともに, IBが独自の方針をもつ機関として, 個々の教授の指揮から独立しているかどうかにもかかわっている。教授の交替によって新任教授が改めて協定した例もある（ロマン学)。

### (3) 協定内容

協定は常にUB側から提唱されているが, これに対するIBの受入れ方が多様なため, 協定内容もさまざまである。記録が, UBに対するIBからの方針説明, 要望をまとめた形になっているので, 一方的にIBの立場が優位なようにみえる。UBはIBの要望をだいたいそのまま受け入れているように思われるので, ここでは記録をそのまま決定とみなして, 協定内容を考えてみる。

記録は必ずしもすっきり整理されているとはいえないが, この中に分担を決定する4つの基準がある。

(a) 主題による分担　主題による分担が最も整然と行われているのは宗教史, 教育学（東欧), 心理学, 国家学, 社会学, 政治学などである。宗教史の場合をみると,

| | |
|---|---|
| 宗教哲学 | UB |
| 宗教心理学 | UB |
| 宗教類型学 | IB |
| 古代オリエント・アフリカ宗教 | UB |

第2部　大学図書館の図書選択論

　　　古代インド・ゲルマン宗教　　　　　UB
　　　インド・イラン宗教　　　　　　　　IB

とあり，まさに分類表の主綱表を並べてこれに担当館名を付したかの観を呈している。

国家学も，書き方こそ違え，だいたい同じ様式になっている。

　　　IB：経済理論，経済政策，財政学，企業経営学，統計
　　　UB：経済史，経済地理，経済社会学，臨接科学

これに対し政治学は，IB の分担領域を「ドイツの政党・団体に関する一般・特殊文献」，「労働運動に関する一般・特殊文献」のように列記しただけで，UB の分野は特に示されていない。

心理学は逆に，IB の重点分野を 1〜2 あげた上で，心理療法，精神病学，擬似心理学などの諸分野を列挙し，その収集を UB に要請した。部分的に両者が重複しているところもあるので，IB 蔵書の不十分な部分を UB に支援させたのであろう。その他の大部分の IB は，2〜3 の主題をあげて，UB にその収集を求めている。芸術史は外国の芸術地誌，芸術営業を，教会芸術は宗教画を「即刻」UB が担当するよう要望した。

IB にとっては周辺領域または隣接科学となる分野を UB に依頼した例がある。旧約聖書，体系神学は前者，国家学は後者である。また心理学は周辺領域と包括部門を UB に託した。

IB が図書館の収集分野でなく，教授の重点担当分野を示した例もある。ロマン学は，

　　　ブック教授……イタリア学，特にルネッサンス，人文主義
　　　ハイトマン教授……フランス語，特に古フランス語，スペイン語

とあげ，プフィスター教授が就任すると，同教授の専門がロマン言語学，特に言語地理学であり，収集分野はイタリア言語学である，と追加している。民族学ではナハティンガル教授がラテンアメリカ，北米民族学に関心をもち，彼がこれを収集するから UB はそれ以外を収集されたいとしている。いずれも教授の専門がそのまま IB 分野とされた例であるが，教授の

第 3 章　大学図書館のシステム内分担収集

交替により IB の収集分野が改訂されねばならなくなる可能性もある。これは教授の IB 私物化というよりも，IB の自立性の欠如，図書館としての収集方針の欠如の結果とみるべきであろう。

(b) 図書館資料にはいくつかの型がある。その例をわれわれは DFG 勧告にみたが，マールブルクの協定事例にあらわれた類型ははるかに具体的である。これらのカテゴリーを，ここではまず資料の比較的外面的な特性によって類別される外的類型と，内容によって決まる内的類型に分け，それぞれを整理してみる。

＜外的類型＞として協定記録にあらわれるものは，叢書，全集，資料集，雑誌，記念出版物，書店外刊行物，業務報告，二次文献，書誌資料，記念物，統計，学会出版物である。

　叢書　スラヴ学は UB 担当を要請。

　全集　ロマン学，音楽などが UB にゆだねられた。

　雑誌　教育学は，協定後に新規購読契約をする雑誌はすべて UB 領域とし，ロマン学，音楽はその都度 UB か IB かを協定し，重複は避けるとした。心理学は外国雑誌を UB へゆだね，体系神学は現在購読中のバックナンバー購入を UB に依頼した。

　記念出版　ロマン学，音楽は UB に要望し，後者は特にその完全な収集を求めた。

　書店外刊行物　教育学が UB に依頼した。大学出版物もこの中に含まれるが，これは UB の資料交換係の手で収集され UB に蔵置されている。

　二次文献・書誌資料　ロマン学，後進国集書とも UB 領域としている。

　記念物　音楽は UB へ，ロマン学は逆に IB へふりあてている。

　業務報告・議事録　国家学は，公共・民間団体の業務報告を IB 領域とし，別に国際組織の報告は IB，経済団体の報告は UB と分けた。音楽は議事録を IB 担当とした。

　統計　国家学は国際組織による統計，ヘッセン州統計を UB とした。

学会出版物　スラヴ学は，他の専門分野との関係でIBよりUBの方が効果的に運用できる，との理由でUBへ託した。

＜内的類型＞には，教科書，基本文献がある。

教科書：大学図書館システム内で教科書コレクションのもつ意義は非常に高まった。しかしその収集方法は不統一である。

1. UB担当　化学は教科書と実習書をUBにゆだねた。
2. 研究室の推薦リストによりUBが収集，国家学や社会学がこの方法をとり，部分的にはすでに実施中である。
3. IB担当　国家学はドイツ語の教科書はIBが収集するとした。
4. IB担当，UB援助　国家学は内・外国の教科書および多数の複本を要する文献についてUBの支援を求め，社会学は社会学方法論の分野で援助を求めた。
5. 教科書収集不要　音楽は学生数が少ないので不要とし，ロマン学はこれにまったく関心なしと述べている。

基本文献：専門的研究文献に対して，基本図書，概説書，入門書などが基本文献と呼ばれる。スラヴ学はすでに1961年に，全集，大叢書とともに基本文献をUBにゆだね，教育学の東欧関係協定中には，UBが青年運動，入学前教育などの基本図書を担当するとあり，4年後には教育学研究室の図書費がかなり潤沢になったので「UBはその購入に際して基本文献に限定してもよい」とされた。体育学も図書費が十分にあるから，UBは概論書や重要な単行本に限定されたいと述べている。基本文献はこのように常にUB領域に含まれているが，その理由はUBにとってはいくぶん消極的である。IBの実力が強化した場合，UBに残されるのは基本文献のみとなり，これが既述の，UBの研究図書館としての役割を否定するクロッツビューヒャーの主張の出る根拠の一つになっているのである。

(c) 言語による分担　最も明瞭な基準は言語であるが，分担方式は一様では

ない。

スラヴ学は1961年には，ブルガリア，チェコスロヴァキア語言語学・文学をUBへ依頼したが，1967年にはチェコ語がIBへ，ポーランド語がUBへと変更された。心理学は外国語雑誌をUBにゆだねたが，1968年には地域的境界設定として，ドイツ語，英語はIBへ，フランス語，東欧諸国語は主としてUBと改めた。国家学は教科書を言語で分け，ドイツ語はIB，外国語はUB援助とした。化学はソヴィエト，東欧文献はUB，IBはチェコ文献を担当することにしている。

翻訳も協力記録中にあらわれる。化学はソヴィエト文献のうち，ソヴィエト科学アカデミーの自然科学出版物は，アメリカ科学アカデミーの英訳本で収集することが望ましいとされ，教育学はUBがロシア語教育学雑誌論文の翻訳版を予約購入するよう求めた。ロマン学は，IBは翻訳をいっさい買わず，必要あればUBに依頼するとした。概して翻訳はUB領域とみなされる傾向がある。

(d) 個別タイトルの協定 以上の3カテゴリーのどれにも類型化できないものは個別タイトルとして扱われる。これには，個別タイトルについてはUBとIBが協議する，と一般的に規定される場合と，協定文中にすでに特定タイトルが明記される場合とがある。前者では個別タイトルはその後の協議，電話連絡でとりきめられ，リストが作成されるだけであるが，後者では協定が改訂されない限りその制約を受けるので，ほとんどが逐刊物である。まず大部分の協定が，タイトル名連絡を含む諸連絡を電話で行うことを規定している。教育学ではUBの購入予定リストの各タイトルについて，IBがすでに購入予約を出しているかどうかを電話で問い合わせるとし，東欧史は高価本を電話協議によって決定するとした。音楽では新規購読雑誌について個別に協議することになっている。

UBに購読してほしいタイトルはUBに購入希望を出すとの規定は，教会芸術，旧約聖書，社会学にみられ，教育学は3ページの購入希望リストをUBへ提出した。特定タイトルの指定は，芸術史が大資料集 *Storici della*

第2部　大学図書館の図書選択論

*letteratura artistica italiana* の購入を UB に要請したほかはすべて雑誌である。心理学は多数の雑誌タイトルを UB に求め，化学は数タイトルを IB，1タイトルを従来どおり UB に依頼と述べている。民族学は1誌のバックナンバーを UB に求めた。

実際の協定にあらわれる蔵書のタイプは，DFG 勧告のそれよりはるかに複雑，具体的である。これは DFG 勧告が実際の複雑な類型を思いきって整理単純化し，一般的方針を提示しようとしたためである。勧告中の5類型はいずれも，協定記録中の「資料類型」に属し，主題や言語による類型はほとんど扱われていないが，これは言語，主題による類型によって一般的な分担方針を示すのが困難なためである。

勧告にいう研究文献の類型は，協定記録中にはなく，基本研究文献，特殊研究文献の区別も言及されていない。おそらく IB がもともと研究図書館なので，特に基本文献，教科書と呼ばれたもののほかは，すべて研究文献とみなしているのであろう。

各研究室ごとの見解，方針は多様で，ときには同一類型の分担をまったく逆に規定していることもある。そのときまでの IB の収集方針，蔵書構成が分担方針決定の一方の基準となるから，歴史が古ければ古いほど概念の多様化は避けられない。この不統一さ，あるいは多様性を肯定しつつ，大学図書館システムに統一性をもたらそうとする際，DFG 勧告の現実主義的柔軟性はどうしても必要である。

### (4) UB の収集方針

1966年の UB の「収集方針のための部分指針」は，以上の IB との協定をもととして作成された。これは下記の21件名をアルファベット順に並べ，それぞれに簡単な記述を付したものである。

　　Adressbücher（住所録）　　　　　　Astronomie（天文学）
　　Ausstellungskataloge（展示目録）　　Berufsberatung（職業相談）
　　Bibliographie（書誌）　　　　　　　Fachwörterbücher（専門事典）

第3章　大学図書館のシステム内分担収集

Fremdsprachen（外国語）
Geschichte（歴史）
Militärwissenschaften（軍事学）
Naturwissenschaften（自然科学）
Reiseführer（旅行ガイドブック）
Sprechplatten（朗読レコード）
Tropenmedizin（熱帯医学）
Wörterbücher（辞典）
Geophysik（地球物理）
Meteorologie（気象）
Musikerziehung（音楽教育）
Ozeanographie（海洋学）
Schallplatten（レコード）
Stadtgeschichte（年史）
Weltkriege（世界大戦）

辞典，歴史のような広範な分野と，天文学，気象学のような特殊な分野が混合し，また重要な主題分野の欠けた，奇妙な件名リストであるが，これはまとまった件名群としてではなく，個々の件名としてとりあげられたものであり，各々が十分な根拠をもってとりあげられている。

収集方法については，各件名別に次のような記述がある。

1. 最大限に収集　「展示目録」など参考図書はできるだけ収集する。
2. 講座がないのでUBが収集　「天文学」など3件は，大学に講座がないので，主要な概説書を購入する。「歴史」は，アジア，アフリカなど講座のない地域をUBが収集する。
3. 従来のUB収集を継続　「地球物理」など3件名は，従来UBが収集してきたので今後も継続する。
4. 内容豊かな図書を収集　「旅行ガイドブック」は一般利用者用に購入する。
5. UB内設備のために収集　UBには語学演習室があるので，そのために「語学レコード」を収集する。
6. ある分野だけ収集　「住所録」はヘッセン州関係，「軍事学」は歴史関係を収集する。
7. IBにないタイトルを購入　「市史」のうち，歴史学のIBにないタイトルだけUBが購入する。
8. 収集しないもの　「職業相談」はマールブルクの労働局が集め，「音楽レ

215

コード」は音楽 IB が収集するので，UB は収集しない。
9. 外国語　資料集は極力原語で収集，研究論文は，英・仏語は原語，その他は独訳。「記述書」はできるだけ独・英・仏語で収集する。

以上の部内指針は，のちにつくられる収集方針のための覚え書きにすぎないが，このような覚え書きにしたがって経験を蓄積し，豊かな経験をもとにして確定的な収集方針を作成しようという身構えの中に，われわれは開拓者としての慎重さをみてとらなければなるまい。2 年後にはこれが「新収集方針」にまとめられ，4 年後には DFG 勧告中の UB 収集方針となって結実したのである。

### (5) 重複購入（Doppelanschaffung）

「必要でない重複購入の回避」は DFG 勧告の基本原則である。しかしこれはあらゆる重複を避け，すべてのタイトルを 1 冊だけに限定することを意味するものではない。必要なものは積極的に重複購入しなければならない。重複購入のこの 2 つの側面もまた協定記録に書きとどめられている。不要な重複回避の原則は，多くの協定で最初に明記されている。宗教史はそのための基本的方法として，IB の購入決定タイトルの写しを UB へ提出する，UB は用紙を印刷して IB へ供給すると規定している。これが後述の ZAK（中央著者名目録）へと発展する。

これに対し，UB は基本図書のみに限定すべきだとした教育学，体育学の場合，基本図書の重複は承認されていると考えられる。音楽学はハンドブック，他の分野に関係する文献などの重複を認めた。教科書，実習書はいずれの IB でも，相当数の重複購入が計画的に行われる。

後述の神学部図書館協定案は，不要重複を避けるという前提の上で，重複を必要とする図書のカテゴリーをあげている。すなわち，入門教科書（各 IB），教科書・ハンドブック（1〜2 IB），利用の多い単行本（IB, UB 各 1），単行本（UB と神学部あわせて 1），特殊単行本（大学内に 1）となっている。教育学は，図書選択のための候補リストに，「教育学科・UB・教科書複

本」「教育学科・UB 各 1 冊」「教育学科または UB に 1 冊」「購入不要」のいずれかを記号で記入する。

　不要な重複は極力排し，必要な重複は思い切って多く備えるという基本方針は，マールブルク大学では完全に実施され，教科書コレクションには大量の重複がある反面，少し特殊なものになると大学内にただ 1 部しかない。日本ではかなり重複が多いので，1 館で貸出中，または紛失していても，他館のを借りるという「便利」さがあるが，ここでは非計画的，無思慮な重複は徹底的に排し，すべてを明確な根拠に基づいて計画的に購入しようという DFG 勧告の趣旨が完全に実行されている。

### (6) 蔵書の保管転換

　旧約聖書やスラヴ学は，老朽蔵書を UB へ譲渡する予定であると述べ，政治学は蔵書を交換してもよいとしている。後述の 1971 年図書館委員会草案では，必要があれば UB 蔵書のうち，自然科学，医学関係のものを学域図書館（Fachbereichsbibliothek，以下 FB）へ，また FB 創設の際，必要でない IB 蔵書は UB へそれぞれ移すと定め，人間医学 FB も同趣旨を規定している。蔵書保管転換は，勧告の中でも指示されており，大学図書館システム確立のための重要な課題となっている。

### (7) 図書選択会議（Kaufsitzung）

　従来は UB，IB がそれぞれに図書選択・購入会議を行っていたが，協定制下では UB ─ IB 間の情報交換，意志疎通のための連絡会議が必要である。

　DFG 勧告は UB・IB 共同会議にごく簡単に言及しているだけだが，マールブルクの事例はやや複雑である。出席者によって整理すると次のようになる。

1. UB レフェレント─ IB 教授　ロシア学は全研究室の合同会議が望ましいが，当面はプフィスター教授と UB レフェレントの間で協議する。東欧史は，教授出席は共通関心のある重複する購入に限り，間隔も比較的長めにする。

2. UBレフェレント―助手　心理学は，文献情報について定期的に協議する。出席はUBレフェレントと研究室の図書館担当助手（単数）。
3. UBレフェレント―IB助手＋司書　政治学は，関連研究室の助手（複数）とUBレフェレントとで合同会議を行う。（助手は頻繁に交代するので）会議の連続性を保つためにIB司書も出席する。
4. UBレフェレント―IB司書　教育学はUBレフェレントとIB司書の間で直接協議，電話連絡を行う。

ペッヒェルは，選択会議はUBレフェレントとIBの図書館助手の任務だというので[20]，第2型が基本型であろう。

政治学の合同会議システムに注目したい。合同会議とは，いくつかの研究室が合同で選択会議を開き，UBレフェレントが加わる方式である。関連研究室が集まって「学域」（Fachbereich）を構成する新大学制度下では，図書選択会議は必然的にこの合同会議の方向へ進む。後述の大学図書館委員会による，学域図書館制確立のための草案では，合同会議はIB―UB間の個別会議と明確に区別されている。

選択会議に言及しているのは，20学域中10であるが，そのうち学域内の各研究室の代表とUBレフェレント4名が出席する合同会議が望ましいとしたのが2件ある。1研究室とUBの会議が他のIBへ拡張されるべきだとするもの1件，合同会議と思われるものは3件，IBの会議へUBのレフェレントが出席するものは2件あり，そのうち1件は特に「各個研究室」とことわっている。DFG勧告では，UB―IBの協議が合同会議と呼ばれたが，マールブルクではこれは単なる選択会議であり，合同会議とは区別されている。つまりマールブルクでは，IBの選択会議へUBのレフェレントが出席するのは自明のことなのである。

ペッヒェルは「ある研究室の図書館助手（UBの専門レフェレント）の，UB選択会議（IB選択会議）への参加」という相互参加システムを提案しているが[21]，協定中にはその例はみられない。合同選択会議システムが確立されれば，UB―FBという参加形態もまた定着するはずである。

第3章　大学図書館のシステム内分担収集

## (8) ZBK

DFG 勧告には言及されていないが，分担収集制実施，重複回避のためにマールブルクが行っている中央注文カード（zentrale Bestellkartei，以下 ZBK）は，重要な役割を果たす。これは研究室や UB によって書店に確定注文されているが，まだ納品されていない文献や研究室や UB によって見計らいで購入された図書が，いつなんどきでも見つけられるように，各 IB，UB の図書注文カードを UB に集め，これによって不要な重複注文を避けようとする方式である[22]。

ZBK は受入部の一隅におかれ，中央著者名目録（zentraler Alphabetkatalog，以下 ZAK）同様，アルファベット順に排列されている。UB レフェレントは，あるタイトルを UB に購入しようとするとき，まず ZAK を調べて，この本が大学内のどこかの IB にすでに購入されていないかどうかをたしかめ，さらに ZBK を調べて，それが注文中でないかを確認した上で，はじめて彼自身の決定を下すのである。

協定記録では，1966 年の宗教史，教育学，1967 年の旧約聖書，1970 年のスラヴ学などがこれを歓迎し，今後確定注文票の写しを ZBK へ送ることを約した。1968 年現在では 9 IB がこれに参加しているが[23]，その後さらに増加し，10 館をかなり上回ったという。後述の神学部図書館システム案では，学部として ZBK をおくことになっており，旧約聖書は，注文カードの写し 2 枚を学部 ZBK へ送り，うち 1 枚がさらに UB の ZBK へ送られると規定している。

## (9) その後の展開

1970 年 1 月，フィリップによって作成された神学部図書館システムと UB の協定案は，DFG 勧告のいう「より大きな管理単位」の形成を志向している[24]。この中では，まず前述の利用度との関係による蔵書模型が示され，神学部全体として複本数を決定する方針が出された。また，協定制の土台として学部の ZAK と ZBK をおくこと，ZBK は在来の確定注文カードだけで

219

なく，見計らい注文カード，UBの注文カードも収める，UBはそのために注文カード用紙を神学部の各IBに配給すること，などを提案している。しかし，学部内IBによる合同選択会議が必要かどうかはわからないので，1970年夏学期に試験的にやってみたい，と慎重な構えもみせている。この協定案がどこまで実施されたかはわからない。

　同年ブロッケが論じた学域図書館制は，協定制を大学改革のレールに乗せようとするものである[25]。彼はこの中で，UBとFBは一つの統一体の部分として協力し，従来のUB―IBの複線制のほかに，特に自然科学系ではUB―FB―IBの三線制が確立されねばならない，またIBがFBへ統合される場合は，精神科学，自然科学，医学それぞれが別々の解決を見出さねばならないと主張している。この構想もすでにDFG勧告にあらわれているが[S.11-12]，ブロッケ勧告のFBシステム論はDFG勧告を受けて出されたものだけに，DFG勧告をさらに具体化している。ブロッケは，大学図書館委員会が早急にFBシステム形成のための一般方針を作成することを要請し，翌年実現された。

　すなわち1971年4月，大学図書館委員会は，UB，IBの討議資料として，FBシステム「草案」を作成した[26]。それによると，従来のIB蔵書はFBに統一されるべきである（例：化学FB）。自然科学，医学では，UB蔵書中の関連部分の最新のものがFBへ移され，IB蔵書中FBで不要なものはUBへ移されるべきである。蔵書が1か所へ統合されても，従来のIBごとに別々の書架へ配架される場合は，単一のZAKによって統一掌握され（例：生物学FB），蔵書が統合されず従来のIBのままにとどまる場合でも，FBに準じてZAKをおくべきである（例：新教神学）。UBに近い哲学部のFBはUBのZAKがあるので，あえて学部，学域のZAKをつくる必要はない。FBは図書選択委員会をもち，この会議にはUBの担当レフェレントが出席する。以上の一般方針につづいて，各FB別に基準蔵書冊数，ZAKの必要の有無，図書選択会議の有無などが略記されている。ブロッケ勧告はこうして大学図書館委員会の方針へ全面的に吸収され，FBシステムの構想がほぼ定着した。

　同年8月にはフィリップがさらに進んだ見解を示した[27]。彼によれば，UB

の館長は同時に全学の図書館長，すなわち大学内全図書館の統轄者である。FB は UB によって中央管理される，常設図書館委員会は全学の図書館の蔵書構成その他を決定する権限をもつ。実に敢然たる中央集権体制である。

　DFG 勧告，マールブルク協定制ではあれほど慎重に研究室自治が擁護されたが，学域制到来とともに一気に中央図書館制へ突進したのである。むろんこれは単なる個人的見解以上のものではないが，彼の神学部システム案，ブロッケ案，図書館委員会案という一連の発展過程をみた現在，この中央集権制論は出るべくして出た構想というべきであろう。

　実はこの時期に，ギーセン大学では中央集権体制をとっているが，マールブルク大学は典型的な分権体制だという見方が支配的であった。しかし本稿で使用した IB 協定記録は，そのうち FB 協定記録に書きかえられねばならないといわれていた。中央集権体制はともかくとして，FB システムはすでに現実の課題となっていたのである。

　その一つに数学 FB の協定記録がある。1971 年 6 月，FB 側はニーマイヤー教授ほか 2 名，UB 側はレフェレント 1 名ほか 1 名が出席して，新設 FB の運営をめぐって協議が行われた。この中には UB ― FB 間の蔵書交換，FB の図書館委員会設置などのほかに，図書選択はあらかじめ FB 内各分野の担当者が決定し，UB レフェレントとの巡回式協議によって最終的に分担収集の内容が決定される，とある。数学は単一の研究室からなる学域なので，多数の研究室を擁する他の学域とは異なるが，ともあれ FB システム実現への第 1 歩である。マールブルク協定制は第 2 段階に入ったのである。

## 3. おわりに

　DFG 勧告とマールブルクの協定制が，西ドイツ当時の大学図書館全体の問題だったとはいえない。ヘーニッシュ教授が結論し，勧告が確認したように，この形の分担収集協定制は，何よりもまず古い伝統的な大学の図書館のために提案され実施された。しかしそれにしても，この分担収集は戦後の西

第2部　大学図書館の図書選択論

ドイツの大学図書館の最大の課題であり，伝統的な大学は何らかの形ですべてこの方向に歩を進めた。DFG勧告は自分の図書館で実践しているところだとの報告もあり，当初の意図をのりこえて，新設大学の図書館にも示唆を与えた。その意味でDFG勧告とマールブルクの協定制は，西ドイツの大学図書館全体の課題だったといわなければならない。

　日本で分担収集制が論じられる場合，通常ファーミントン・プランなどを例示しつつ広域図書館群の分担収集制，相互貸借制の可能性を問う傾向があるようにみえる。西ドイツもまず，大学・学術図書館の特別収集分野制（Sondersammelgebiete）と，全国的な相互貸借制が実現され，一歩遅れて1図書館システム内の分担収集制が登場した。これらのことから，分担収集制はまず広域図書館群によって実現され，これを基盤として単一図書館システム内の分担収集制が出現する，という定式が立てられるかもしれない。

　しかし日本の現状をかんがみると，上の定式化はあまり急ぐべきでないように思う。広域図書館群の分担収集制は，広域相互貸借制と並行しなければならないが，これに伴う困難は決して少なくない。西ドイツの成果を参考にすれば，広域分担制に先立って単一システム内分担制を実現する方法も見出されるのではなかろうか。

# 第3部

# 図書選択の環境

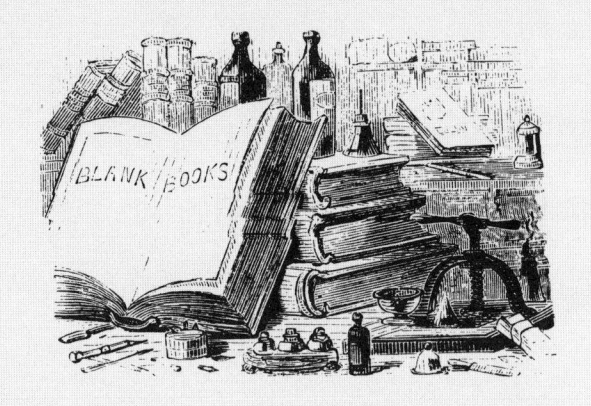

# 第1章
# 図書選択の組織

「図書選択はいかなるセットパターンにしたがうものでもない」といわれることがあるが[1]，特に選択組織においては定式化されず，各館独自の方式にしたがっている面がかなり多い。まず図書選択論の担い手として，選択業務に携わる選択主体が多様であり，各館共通の主体を見出すことができず，あるいは形式的に主体といわれているものが必ずしも実質的主体でない場合もある。選択の公正を期し，業務上の不合理を除くためには，この役割を個別に検討し，ある程度一般化された定式を求める必要がある。ここでは公共・大学図書館の場合について，現行の制度や，諸家によって提案されている方式などを検討しながら，図書選択機能から割り出して当然必要と考えられる役割の構造を求め，一般に選択主体とされている機関を類型化し，それぞれの特質を調べることにする。

## 1. 図書選択過程にみられる役割構造

### (1) 責任 (responsibility)

図書館はコミュニティに対して，適切な図書選択を行う責任を負う。しかし，その責任者が誰であるかは必ずしも明らかにされていない。伝統的には，公共図書館にあっては図書館委員会，大学図書館の場合は大学理事会が，施設管理権の一つとして蔵書管理，図書選択の責任を負い，これを図書選択委員会，図書館委員会へ委任してきた。しかし実際には，この責任と権限の大

第 1 章　図書選択の組織

部分は図書館長へ複委任され，委員会レベルの責任と館長レベルの責任の間にかなりの距離が生じている。ドルアリーは，前者を「究極的責任」，後者を「直接的責任」と呼び[2]，フィスクも「法的権限」，「実際業務」といって，後者は館長の長年月にわたる業績として貯えられた業務だとみなしている[3]。

　本来教員の責任とされていた大学図書館でも，現在では教員・職員が分担しているといわれ[4]，デントンは教員が法律上の (de jure)，職員が事実上の (de facto) 責任を負い，後者は前者から「寛容と暗黙の容認によって」委任されたものという[5]。この委任を可能にするものは，むろん館長・職員の職業的知識経験に対する信頼である。館長は業務を図書選択委員会にゆだねるが，彼もまた委員会に所属し，委員会の責任は館長に帰される。主題別部門制の発達とともに各部門別に選択が行われる例があらわれたが，この場合，館長の責任は各部門主任に分割委任される[6]。ウルフェケッターは受入部門へ委任される例を高く評価している。

　こうして，現在では一元的な責任主体をとらえることは困難で，組織へ配分された責任を集計したときはじめて，コミュニティに対する図書選択の責任の総体ができあがるとみなすべきである。

　図書選択に直接携わる者，すなわち図書選択主体は「図書選択者」(book selector) と通称される。竹林熊彦は，図書選択者の資格・能力・特性を詳細に説明している[7]。公共図書館についてホィーラー＆ゴルドホアは，図書選択ポリシーの規定にしたがって実際の図書選択業務にたずさわる者の統合概念として，「選択者」という名を与えている[8]。ウィルソン＆トウバーは大学図書館について「図書選択者という用語は教員か図書館職員のメンバーである主題専門家 (subject specialist) と同じものを意味すべく使用されている」とことわっている[9]。公共・大学図書館の別によって，その資格・役割のあらわれ方にはかなりの違いがありながらも，共通しているのは，図書選択の究極的責任とは区別される事実上の責任者であり，単に書物文献に明るいばかりでなく，サーヴィスに関する知識をもち，図書館の機能等にも通じている，図書館の場に生きる選択者を意味していることである。選択者は図書選

択機構の分化に伴って主題専門家化する傾向がある[10]。

　大学図書館の場合，まだ選択者の中心は教員であるが，デントンのいうように伝統的遺物にすぎず，いずれ図書館員の手に移行すべく定められているといえよう。図書選択者はこうして図書館職員のある部分へ次第に凝集しつつあるが，これは図書選択論の担い手が具体化する過程でもある。選択者が主題専門化すれば，当然図書選択論も主題分化しなければならない。選択者のあり方は選択業務のあり方を規定すると同時に，図書選択論をも方向づけるのである。

## (2) 書評 (book reviewing)

　図書館の図書選択は通常，出版案内，書評誌紙に掲載される書評・推薦などを資料として行われるが，見計らいで持ち込まれた本は図書館員によって通読され，さらには書評される必要がある。ティスデルはヘインズの伝統的書評論を継承して，仮に一般書評があっても，図書館で選択する資料とするためには新たに図書館書評が作成されなければならないとして，出版書評に対する個人書評について詳しく説明している[11]。彼の調査によると，大図書館は購入する図書の大部分を書評してファイル保存している[12]。

　ホィーラー＆ゴルドホアは，書評のために新刊書をすべて通読するには，相当の人員と時間を要し，選択・購入業務の遅滞を招き，しかもできた職員書評は一般書評に比べて特に利点があるとは思われない，などの理由で，図書館書評の必要を認めず[13]，チットウッドも同様の見解である[14]。われわれはここではティスデルにしたがって，図書館書評は原則として有効であり，選択者と概念上区別される書評家も館内におかれる必要があるとの立場に立つことにする。

　ティスデルの報告の中でもとりあげられているデトロイト公共図書館では，2つの図書選択委員会の審議資料として職員の手で書評がつくられるが，この職員書評家 (staff reviewer) はスペシャリストではなく，職員全体がこれに充てられるのである。同館では書評は「彼（職員）の職業の第一義的

機能」とまでいわれ，全員に義務づけられている[15]。メンフィス公共図書館では委員会が職員に割り当て，担当者が集合して「書評会」が開かれている[16]。大学図書館では，教員は図書館書評に関与せず，主題専門家が担当している[17]。ドイツでは，レフェレント（Referent）と呼ばれる主題専門司書の業務とされている[18]。公共図書館では全職員，大学図書館では主題専門家がそれぞれ書評を担当しているという相違が特徴的である。

### （3）要求解釈（demand interpreting）

書評が図書から発する基準を提供すれば，読書要求は利用者から発する選択基準である。ドルアリーは読者・コミュニティの要求を選択に反映させるために，選択者が利用者との接触，貸出・レファレンス統計の調査，読者の推薦の整理，地域調査などを行うべきだという[19]。また別に，利用者と接触することの多い運営委員会を選択へ参加させ，彼らの解釈した要求をみながら選択リストをチェックさせるシステムを提案している[20]。ホィーラー＆ゴルドホアは，日頃利用者と接触する職員が，興味圏内の図書をまとめて選択にあたるべきだとする。つまり，選択者自らが要求解釈者である場合と，要求解釈の条件に恵まれている個人または機関が図書選択へ参加する場合の2つの方式が示されているのである。

### （4）調整（coordination）

選択者の項でみたように，主題別部門制の発達とともに，図書選択も部門・部局別に行う「分散制」をとるところが多くなっているが，このシステムでは主題専門家が部門の課題に最も適合した選択を行うことはできても，部門相互間に重複本，重複領域が生じたり，逆にどの部分にも放置される部分を残したりする。ホィーラー＆ゴルドホアは，この専門分担制には限界があると考えて，「多数の分館や部門をシステム内にもつ場合，あらゆる機関の購入の相互調整が必要である」として，この調整機能を発注部に託している[21]。ウルフェケッターも同様に，受入部が図書選択に参加するのは，何

にもましてこの調整機能の領域においてであると述べ,「大学図書館の場合,個々の書物のではなく,量としてみた書物の選定や,収集のための分野領域の選定にかかわる」業務が必要なのであり,全館を総合的に展望することのできる受入部が調整機関としてこの業務を担当すべきであるという[22]。

インディアナポリス公共図書館では,成人,児童サーヴィス調整者を特設し,各部門の購入希望を検討して不要な重複を除き,見落としを補充している。調整者は調整の結果を統合し,これを選択の最終決定として受入部へまわすのである[23]。調整機能が委任されるのは特設機関か受入部で,その業務によって部門内の決定が訂正され補足されるから,これが図書選択の仕上げ機能とみなされている。個々の図書の評価よりも部門間の量的配分を課題とするという点では,調整機能は蔵書構成機能にもなる。

### (5) 参加 (participation)

以上の役割だけでまだ図書選択が適正に行われないときは,これを補う役割が必要となる。それを図書選択への参加の役割と呼ぶことにする。大学図書館の場合でライルは,図書選択過程への「参加」を説明して「広くいえば特別の仕事や能力にかかわりなく,大学のメンバーは1人たりとも図書選択の過程から排除さるべきではない」と述べ[24],大学管理当局,教員,図書館長および職員,教員図書館委員会,学生の5者を参加団体としている。そのうち,学生は「究極的消費者」とされている[25]。ウィルソン&トウバーは参加とまではいわないまでも,図書選択には上の5集団と「大学図書館友の会」が関与するとしている[26]。

ウルフェケッターは,大学図書館の図書選択の主役を教員に限定せず,図書館職員も加わるべきだと,「職員参加」を力説した[27]。トウバーも別のところでは,受入部門が受入事務の領域を一歩踏み出して選択(特に調整)に参加する傾向のあることを指摘している。

## 2. 選択機関の諸類型

### (1) 図書選択委員会 (book selection committee)

　公式に設けられている図書選択機関の中で，最も一般化しているのは図書選択委員会である。これは図書館委員会によって設置される小委員会と，館長が職員をもって構成する職員委員会の2類型に分けられるが，両者は責任の項でみたように，前者の役割が実質的に後者へ移ってきたという関係にある。本来は図書館委員会が地域の教養人から数名選んで委員会を構成し，業務の大部分をゆだねていた。委員は学識経験者であり，同時に地域の利益代表でもあり，住民管理の形で図書選択を担当し，選択方針を決定し，選択業務を行った。委員会は常に館長同席とされていた[28]。今日も中小図書館はこのシステムをとるものが多い[29]。大学図書館では，既述のとおり図書館委員会担当となっている。委員会は全教員の代表者であり，館長と教員集団のつなぎとなって，学内のニーズを調査し，文献評価にあたる義務を負う[30]。デントンは19世紀前半の諸大学の図書館委員会の権限を調べて，「図書選択はここでは……教員の機能である」と結論した[31]。

　責任が館長へ委任されると，上述の委員会は「管理的性質のものというよりもむしろ一般には助言的性格のもの」へ，すなわち諮問委員会へと変質した[32]。館長は責任を遂行するために，職員を成員とする選択委員会を新設して自らの諮問機関とした。ドルアリーは，図書館の規模の拡大とともに職員委員会の設置率が上昇すると述べ[33]，チットウッドは小図書館においても「インフォーマルな委員会的状況」の中で選択を行っていることを指摘している[34]。大学図書館にも「単なる図書選択への図書館職員の参加の増加というにとどまらず，……図書館による全般的責任の引き受けの増加」という「新しい動向」があらわれてきたとデントンはいう[35]。

　職員委員会の構成は一様ではない。ウルフェケッターは公共図書館について，各部門，分館の代表，受入部主任（=調整議長）から構成される輪番制委員会，あるいは各部門主任からなる委員会などをとりあげて，前者の方が

職員の幅広い参加を可能とし，民主的であると評価している[36]。ホィーラー＆ゴルドホアは成人図書・児童図書・パンフレット等，資料の種別の委員会制度をとりあげ，機構が分化する傾向を示唆している[37]。主題別部門制の下では選択が各部門内で行われるので，委員会は調整機能を担当し，そのためにチットウドのとりあげる館長・参考係・目録係，館長・貸出部・分館等の3人委員会のように，小規模委員会となる傾向がある[38]。デトロイト公共図書館のように，貸出図書を小委員会・総合委員会の2段階の機関にはかる例もある[39]。大学図書館では，ライルやウルフェケッターの説明するように，委員会に総合図書費，委員会割当費を与え，調整を委員会の自主判断にゆだねる制度ができつつある[40]。委員会の権限はこうして増大する傾向にあり，さらに機構分化を進めているが，調整機能への機能縮小傾向も示すなど，役割・構成ともに変動しているといわねばならない。

### (2) 図書選択集会（book meeting）

図書選択委員会では，業務に関与するのは委員だけに限定されるので，原則として全職員に図書選択への参加の機会が開放されている図書選択集会が設置されることがある。むろんこれは建前上のことであり，常に全職員が関与するわけではなく，組織となれば限定されることもある。ドルアリーは部局・分館主任全員から構成される集会を図書選択集会と呼んでいるが，ここでは主任を媒介として全職員が参加するという含みがある。

関与には2つの方法がある。まずアシスタントが関連資料を準備し，これに基づいて集会が選択する場合があり，また館長と利用者サーヴィス関係諸部門の主任からなる運営委員会へリストが渡され，職員報告や読者要求と照合してチェックしたのち，集会で最終決定を下す方法がある。後者は，職員はむろん，運営委員会を介して読者の要求も反映できるシステムである[41]。

ウルフェケッターは，1. 職員が図書に関する知識を深める討論会，2. 最終決定集会，3. 図書委員会形式の3類型をこの範疇に含めているが，1の学習機関としての集会が最も本来の集会に近いようである[42]。大学図書館

では，上記3類型を統合し，さらに調整機能も加えた形のデンバー大学の例が典型的である[43]。図書選択集会は，各種の図書選択機関の中で最も包括的，民主的職員組織だといえよう。

### (3) 図書選択部（book selection department）

委員会・集会ともに，本来別の職務を担当する職員が，各々の立場によって選択に携わる制度であるが，図書選択部は図書選択を本来の業務とする職員によって構成される。ドルアリーは大図書館が「図書選択課」を発注部内または館長室内におくシステムをとりあげる。同課は館内の図書選択センターとなり，見計らい本の整理評価，補助資料収集，選択の準備などを日常業務とする[44]。ウルフェケッターは「収集部」が機能領域を拡張してこの業務を行い，選択後の調整機能も果たす場合を紹介し，これを「図書選択部」という[45]。デトロイト公共図書館の図書選択部はこの典型である。同部は館長に報告し，資料を集め，図書選択委員会の助けを得て購入決定図書リストを作成し，購入する[46]。図書選択部とは結局，委員会や主題専門家の選択のために諸資料をそろえ，その決定を全館的に調整し，購入するという補助機関的役割を果たすものである。

## 3. おわりに

主としてアメリカの場合で，図書選択機構の一般的図式を描いてみた。単純にみえる図書選択業務も，詳細にみればかなり複雑な要素からなっていることがわかる。ただ，ここでは機能を要素分解することによって組織の原則を求めようとしたのであり，これらの要素がすべて独自の組織として設置されなければならないわけではない。むしろ組織の複雑化は能率の低下を招くので，実際には各要素を統合して簡潔な組織をつくるべきであろう。

# 第2章
# 書評理論の展開

　図書選択理論には，巨視的蔵書構成と，微視的図書評価の両領域があるために，往々にして両観点が交錯し，これが論理一貫した理論の形成を妨げてきた。両領域は不可分の関係にありはするが，本来はその視点を異にするので，少なくとも理論的には分離して扱われるべきである。

　蔵書構成の面を中心に考える研究では，数多くの類似図書を眼前において，限られた図書費を有効に使用するために，AでなくBを選びとる選択の理論的根拠を明らかにすることはできないことがわかった。その点，本来1冊の新刊書に対する価値判断の行為である書評の理論を追求すれば，蔵書構成的判断をはなれた図書選択の理論の手がかりも得られる可能性がある。こうした期待もあって，困難の多い書評論に取り組むことにした。

　アメリカにおける書評論を手当たり次第に調べてみると，興味深い流れを見出すことができる。すなわち，書評論には，文芸批評家による書評論，出版界に属する書評専門家の書評論，書評利用者である図書館員の書評論という，3筋の流れが浮かび上がってくるのである。各系譜とも，それぞれ書評について異なった役割観や願望を抱いているため，書評批判やその根底の理論も異なった様相を呈している。しかも相互間に意見交流があり，その交錯展開の中でより本質的な理論に合流する気配もうかがえる。そしてこれらの理論は，図書館における図書選択の理論に限りなく接近しているように思われる。

　本章では，上記3系譜に注意を払いながら，アメリカにおける書評論の史

的展開の過程をたどり，徐々に熟成していく理論の諸段階と進展の方向を検討したい。

## 1. 書評メディアの発達

1749年に創刊された『月刊批評』(Monthly review)誌，1756年創刊の『批判的評論』(Critical review)誌以来，イギリスの書評は文芸批評の一分野としての基礎固めを進めてきたが，1802年にホイッグ系の『エディンバラ評論』(Edinburgh review)，1809年にトーリー系の『季刊評論』(Quarterly review)が出ると，批評家たちは両誌を拠点として論戦をかわし，酷評をもって知られるイギリス書評の伝統が形づくられた[1]。

> 「著名な書評家たちは，反対の政治信条をもつ作家たちを一斉攻撃し，罵倒し，あるいは自分にとって快からぬ書物を攻撃する激しさを互いに競い合った。」[2]

アメリカの書評はイギリスよりやや遅れ，本格的な歴史は，1815年にボストンで発刊された季刊批評誌『北米評論』(North American review)誌からはじまったとするのが定説となっている。リークによる1800〜1850年の間のアメリカ書評誌の研究でみると，多少とも書評を掲載していた雑誌は60種類を下らないが，大部分は短期間で廃刊されてしまい，恒常的な書評メディアの役割を果たさなかったようである[3]。

『北米評論』は，新大陸の『エディンバラ評論』となることを意図して創刊されたが，批評の対象となるべき文芸作品そのものがアメリカにはまだ存在しなかったため，現存文芸の批評よりも，これから伸びるであろうアメリカ文芸の育成に主力を注いだ。

創刊時の『北米評論』は，特に書評に多くのページを与え，全体が書評専門誌であるかの観を呈している。個々の書評も長文で，例えばマルサスの『穀物法論』には20.5ページ，1810年の工場報告書には13ページをあてるなど，単なる書評の域をこえた評論である。リークの計算によると，創刊当

第3部　図書選択の環境

時は，年間10～14タイトル，1830年前後は22～32タイトル，1865年頃は52～60タイトルと，書評タイトル数が増加したが[4]，その後は減少した。

1840年には「思想の最も自由な表現」の場を標榜する『ダイアル』(The dial)が発刊され，社会，文化の諸問題の論評を行ったが，これにも相当の書評が掲載された。初期の号でみれば，"Record of the months"あるいは"Notices of recent publications"というコラムが書評欄に該当する。ページ数や書評タイトル数は号によってまちまちで，5～25ページ，4～10タイトル，書評文も数行から数ページまでと多様である。手際よく特徴をまとめた短評もあるが，長文の書評の相当部分はテキストの引用であり，数ページにわたって引用したものもある。書評や紹介のルールは不統一であった。

1849年には『ニューヨーク・トリビューン』(New York tribune)に文芸主任がおかれ，ジャーナリストの手で書評が書かれはじめた。日刊紙に書評が掲載されることにより，書評の読者の層は著しく拡大された。1854年には『ノートン文芸誌』(Norton's literary gazette and publishers circular, new series)が発刊され，商業ベースの書評が開始された。紹介される新刊書は，成人図書30タイトル，児童図書10タイトル程度で，1タイトルのスペースは3段組み10～30行程度の，書評というよりむしろ解題(annotation)というべき短評である。コラムのタイトルが"Notes on books"となっているように，これは「出版社からのおしらせ」である。

1857年に創刊された『アトランティック月報』(Atlantic monthly)は，書評を掲載する月刊総合雑誌の早い例である。その"Literary notices"欄は，7タイトル前後の新刊書に，2段組みで1ページから2ページ程度の書評を与え，外国書も数タイトルあげて10～20行の短評を付している。内容を丁寧に紹介し，穏当な評価を与え，誤植等の指摘も忘れていない。J. C. ピーボディによるダンテの『地獄篇』の翻訳の書評では，既刊のカーライル訳と訳文の対比を行うなど，同類書の比較評価によって，評価を手助けしている。

1865年創刊の『ネーション』(The nation)は週刊総合雑誌であるが，編集方針がリベラル，進歩的であるため，書評の批評性も高い。"Notes"欄の

"Literary" の項では，いわゆる乗合書評（omnibus review）の形で，最近の刊行物を連続的にとりあげ，内容や著者の紹介を行い，時には手厳しい批判も加えた。書評欄では，重点的に4〜5タイトルについて，各1ページ前後で入念に書評している。採用の段階で選択されているため，評価は概して好意的といってよいが，欠点の指摘も率直である。

1869年から出はじめた自然科学雑誌『ネイチャー』（Nature）は，類少ない自然科学書の書評誌として高く評価されてきた。"Our book shelf" 欄では，英文図書だけでなく，仏，独，伊などヨーロッパ各国の新刊書を幅広くとりあげ，各2段組み10〜30行程度の短評をしている。書評文は客観的な解説を主とし，評価的判断は少なく，ただ論述の専門性のレベルによって，一定の読者層を予想しているのが特徴的である。

バウカー社の『出版週報』（Publishers' weekly）は1872年に創刊され，全米の新刊書を通報した。書誌事項のみを記すものが多いが，重点的に簡単な内容紹介，あるいは序文・本文の一部分の引用が添付され，この解題つきタイトルの数は年々増加した。新刊書を最もよくカバーしているため，その後図書館の最も基本的なトゥールと目されるに至った。

『ダイアル』はわずか4年間発行されただけで終わり，1860年に再刊されたが，これも中断し，1880年以降の第3期『ダイアル』になってようやく安定した基礎を確保した。その他の書誌紙も，若干の性格変化を重ねながらも20世紀につながった。1890年代にはその他に，『読書人』（The book man, 1885-），『クリティック』（Critic, 1844-），『インディペンデント』（Independent, 1848-）などの雑誌，『ニューヨーク・タイムズ』（New York times）などの新聞の書評が，読書人や図書館の新刊メディアとなった。1896年には『ニューヨーク・タイムズ』の『土曜書評』（Saturday book review supplement）が発刊され，週刊という短いインターバルで大量の新刊書を書評するに及んで，アメリカの書評メディアはほぼ体制が整ったのである。

第3部　図書選択の環境

## 2. 選択トゥール論

　書評の数が多くなると，図書館の図書選択のトゥールとして十分効力を発揮することになる。19世紀末期になると，図書選択論の中で書評に関する言及がみられるようになった。

### (1) 書評への着眼

　1876年の全米図書館大会の2年後，ニューヨーク州立図書館の司書ハウズは，『ライブラリー・ジャーナル』(*Library journal*) で図書選択を論じる中で，ロンドンの『アシニアム』(*Athenaeum*) の書評欄 "Novels of the week" やニューヨークの『出版週報』に掲載された書評に関する統計を参照したが，ここではまだ図書選択における書評の一般的役割への認識は示されていない[5]。トゥールとして使用するに足るほどの数の書評が書かれていなかったためである。1887年になって，ようやく選択トゥールとしての書評の意義や類型が，図書館員の議論にのぼってきた。アスター図書館のネルソンが，図書選択者は各種の書評に眼を通して，新刊書に関する詳しい情報を得る必要があると書いたのである。彼は，書評には好意的書評と比較書評の2つの型があるといい，好意的書評は常に無条件に信用できるとは限らないこと，図書に関する確実な評価を知るには，何らかの比較の要素が必要であることを暗に示した[6]。

　翌年ネルソンは，ニューオーリンズに新設されたハワード記念図書館の館長に転任した。ところが新館の蔵書収集にあたって彼の使用した基本トゥールは，アスター図書館で自ら作成した同館蔵書目録，出版社の出版目録，400タイトルを収載する競売目録等であり，書評をトゥールにした形跡はない。自らの知識の乏しい自然科学分野については，専門家の助言を受けた。こうした経過をみると，書評はネルソンにとって，まだ理論上の選択トゥール以上のものではなかったであろう[7]。

　1889年,『ライブラリー・ジャーナル』は，主要図書館を対象として図書

選択業務の実態をアンケート調査したが，『出版週報』の書評を参考にすると答えたブルックリンの YMCA 図書館を除く 9 館は，書店・出版社の新刊案内，新聞広告等を選択トゥールにあげているのみで，現場での書評利用はまだきわめて低調である[8]。1880 年代には，現場でも書評が利用されることはごく例外的だったようである。

### (2) 図書館学教育における書評利用

図書館学教育においては，メルヴィル・デューイの図書館学校がコロンビア大学に設立され，その中で図書選択の授業が徐々に形を整えつつあり，ここでようやく書評が基本トゥールに位置づけられることになった。デューイにしたがって州立図書館の図書館学校に移籍し，副校長としてデューイを助けたカトラー（後フェアチャイルド姓）は，担当した図書選択の授業で，『出版週報』などに掲載される書評や新刊案内を利用して授業を行った。1889 年度の授業についての報告にはこう書かれている。

「学校の学生はいずれも，毎日 1 時間ばかり書架の間をうろついて，図書の内容を調べ，雑誌に眼を通し，『出版週報』のページを繰って新刊書の知識を得，図書館の最近の受入図書を手にする等で時間を費やすことになっている。」[9]

1895 年の図書選択原理論の中でも彼女は，図書選択を Who, What, How の 3 点から論じ，How の項で，『出版週報』，『ネーション』，『クリティック』，『ダイアル』，『文芸界』（*Literary world*）の「最も有益な批評誌」を入念にチェックする方法を解説した。とりわけ『出版週報』を重視し，この中の書評を切り抜きしてスリップに貼付し，それをもとに解題（annotation）を書かせた。これらのスリップはファイルし，その中からタイムリーなものを選び出し，他は予備として保管するという[10]。

ハートフォード図書館協会で児童図書館サーヴィスを行っていたヒューインズは，1890 年の現状報告書の中で次のように述べている。

「1 年中とおして，水曜日は "book day" として知られている。これは 1

週のうちで最も充実した日の一つである。学校のみんなが『出版週報』を全部読み，その中のリストから選んで注文するとしたらどの本がベストであるかを決定することになっている。」[11]

書評は少なくとも図書館学校の授業の中では，図書選択の基本トゥールの位置に定着されたのである。少しくだって，1897年の学生であったロードは，『出版週報』にチェックして提出すると，不可を意味する赤いチェックがいっぱい付けられて戻ってきたものだと回顧している[12]。

この書評中心の図書選択教育は，ニューヨーク州立図書館学校のカトラーの後継者たちによって受け継がれ，同学派の伝統の一つとなった。アンドルーズは，1897年のフィラデルフィア図書館大会で図書選択の実際問題を論じた中で，基本図書の選択にはアメリカ図書館協会（ALA）の『ALA図書館蔵書目録』（*Catalog of ALA Library*, 1893）などの標準図書リストが利用できるが，新刊書の選択は書評によるべきだと主張した。選択資料を図書委員会に提示する，書評スリップには批評家，専門家の意見も記入する等，若干の追加もみられるが，手順の大綱はカトラー方式のとおりである。アンドルーズ自身，この方式は同校の図書選択の講義の基本であると述べているように，ここではカトラー方式が忠実に守られているのである[13]。

## （3）現場での応用

図書館学教育におけるこうした努力は，徐々に現場の図書選択業務に効果をあらわしてきた。1895年のレイク・プラシド図書館大会では，図書選択がテーマの一つにとりあげられ，各館の現状報告が行われたが，6年前のアンケート調査の結果と違って，かなり多くの図書館で書評が利用されている実態が明らかにされている。

まずニューヨーク公共図書館の前身，ニューヨーク無料貸出図書館の司書コウは，1895年の図書館大会で，『出版週報』，『文芸界』，『現在文学』（*Current literature*），『出版回報』（*Publishers' circular*）などの新聞書評を，図書選択業務に活用しているという現状報告を行った。読んだ書評は切り抜いて発注伝

票の表面に貼付し，アルファベット順にファイルする。当然複数の書評が貼付されるタイトルもある。好意的に書評されたタイトルは「望ましい図書」としてファイルし，その中で購入が決定したものは「発注図書」として別にファイルされ，納品されると実際の価格や複本数などを記入して「購入ずみ」にファイルされる。図書整理や利用のときに発生する問題は，すべてこの最終ファイルに照合され，また解題図書リストを作成するときもこのファイルが利用される。

　書評がこれほどまでに活用されると，書評自体のもつ難点も表面化せざるを得ない。まず『クリティック』，『ネーション』などの書評は，図書発行日からかなり遅れて出るので，即時購入を求められる図書館ではあまり使いものにならない。また，図書評価の主要部分を書評家の判断にゆだねることになるので，コウは，図書選択において選択者名と選択基準が明らかにされねばならないと同様，書評にも署名が必要であると考え，ALA から各書評誌紙編集者へ，署名書評とすることを要請されたい，との希望を述べた[14]。

　プロヴィデンス公共図書館では，『スペクテイター』(*Spectator*)，『ネーション』などの書評誌が各職員に割り当てられ，個々の書評がチェックされる。各職員は月1回の定例職員会議で，担当分の書評によって用意した購入案を発表する。その他，利用者の購入希望，専門家に選択を依頼したもの，『出版週報』に掲載された新刊通報などは，上記の書評ルートを経ることなく独立に決定されるので，書評による選択の範囲はかなり狭くなるが，書評の基本ツールとしての位置は確立された[15]。

　セントルイス公共図書館は，読者の要求を購入の原則とし，「読者が読むべき」図書を購入する原則はとらないが，要求の量が限られているため，実際は大部分クランデン館長の手で選択される。彼は『出版週報』を切り抜いてツールとするが，これは出版情報以上のものでなく，さらに『ネーション』，『文芸界』，『文芸ノート』(*Literary notes*)などの書評を切り抜いてカードに貼付し，図書委員会の選定資料とする。クランデンは，経験上『ネーション』の書評が最も正確公正だという[16]。その他，ハートフォード公共図書

館,ニューヨーク州立図書館なども,何らかの形で書評に助けを求めている。ハートフォードは,ヒューインズのいるハートフォード図書館協会が1893年に改称して成った図書館であり,ヒューインズ方式が維持されたのであろう。

## 3. 書評家の書評理論

### (1) 書評批判

　図書選択論教育におけるカトラー方式がほぼ確立されると,ALAは1892年のレークウッドにおける図書館大会に,『出版週報』の発行元バウカー社の嘱託書評家アイルズを講師に招いて書評について講演させ,書評活用の面で渋滞を続ける現場の啓蒙をはかった。ところがアイルズは,書評の現状に痛烈な批判を加え,図書館が書評を図書選択に適用しようと考えるなら,むしろ図書館員自身による,図書館のための書評誌をつくるべきだと勧告した。

　彼によれば,非常に価値のある図書が書評にとりあげられないことが多く,書かれた書評に対してはさまざまな関係から中傷が加えられ,著者が書評家を指定して好意的書評を書かせることも少なくない。書評誌発行元から書評者に干渉が加えられることもある。書評の本質は「批評」であるにもかかわらず,肝心の批評を欠いて単なる紹介に終わった書評が多いことも問題である。これでは真の書評は望めないし,書評によって図書を正しく評価することも困難である。図書館は現存の書評に多くを期待してはならない。むしろALAは図書館のための専用書評誌を発行することを考えるべきである[17]。

　彼は新書評誌の構想を6項目にわたって説明し,その利点を5項目列挙し,講演の大半を新構想の説明にあてているので,むしろ大会企画者の方から,新構想の提案を求められたのかとも考えられるが,ともかくアイルズの講演は,書評の現実に対する厳しい告発となったのである。

　書評家は元来,他者を批評する立場にあり,自ら批評されることは稀であった。しかし,図書館における図書選択のトゥールに利用され,図書選択を直接に制御し,公共の読書に影響を及ぼすとなると,コマーシャリズムに

乗った安易な書評が厳しく裁かれなければならなくなった。

1901年,書評家モートンは,「書評家を書評する」と題する書評批判を『クリティック』に掲載した。彼女もまた,出版社の作成する新刊通報とほとんど違わない新刊紹介（book notice）は,書評の名に値しないといいながら,同時に,イギリスの伝統的文芸批評に典型的にみられる仮借ない個人攻撃も望ましい書評とはいえないとする。そして理想的なモデル書評が提供すべき情報9項目を列挙し,その有無によって現存の書評の長短を批判しようとした。

1. 主題とその側面
2. 記述の真実性
3. 主題に対する著者の取り組み方
4. 著者の目的
5. 道徳的傾向
6. 説得力
7. 語法,文体,構成,芸術性
8. 独創性
9. 本書がその分野の全文献に対してもつ価値についての評者の判断[18]。

これら9項目は,いずれも書評にとって不可欠の情報であり,特に4,9は,その後の書評理論の展開過程において,きわめて重要な意味をもつことになる。

9項目を念頭におきつつ書評の現状を考えると,欠点によって分類される数種の書評の型があげられる。第1の型は陳腐型で,ありふれた言葉をつらねた書評である。第2に,著者の言っているところを深く理解しようとせず,ただ「指を突っ込んだ」だけで評を下す,知ったかぶりの気どり屋は,わかりもしない難解,高レベルの図書を書評したがる傾向がある。

第3に皮肉屋の書評は,図書の長所にもマイナス点をつけ,嫌味たっぷりに批評する。第4の型は,「ただ酷評するのが好きで酷評する」書評で,図書にとって有害である。この型には,弱い立場の著者は無慈悲に酷評する

第3部　図書選択の環境

が，名高い著者の著作は駄作であっても褒めあげるという変種がある[19]。

　これらの欠点は，すべて「無知」と「誠実さの欠如」という，書評家自身のもつ2つの根本的欠陥から出てくる。前者によって書評家は，十分な根拠もないのに図書の全面肯定あるいは全面否定を行い，また公平を失した判断を下す。後者からは中身のない冗舌な書評が生まれる[20]。

　モートンは，イギリスの文芸批評にみるような個人攻撃を嫌い，この図書に全力を傾注した著者への思いやりの必要を強調する。もとより批判も重視し，あらさがしは著者自身に誤りを気づかせるので，「書評の最も有益な部分」であるが，「誠実」な態度で著者の非を指摘すれば，「知」が人を傷つけることはないというのである[21]。この主張は，彼女が単純な紹介を書評とみなさず，批評こそ書評の本質部分とするアイルズの見解の側に立つことを示すものである。

　イリノイ図書館協会は，1905年の州大会にシカゴの書評家ライスを招いて，書評のあり方について講演させた。ライスは，熟練した書評家であれば，普通の本は序文と目次をみるだけでその図書の内容をほぼつかむことができる，小説の場合はいくらか本文に入らないと文体がわからないなど，書評の要領を話した上で，最も手に入りやすい新聞書評は，出版社に対してほとんど影響力をもたない，酷評は一般受けするものだが，それは概して書評家が全部通して読めなかったときに書かれるものだという，2つの興味深いパラドックスを公開した[22]。

　ライスは1910年にも，マッキナック・アイランドにおける全米図書館大会に招かれ，書評の現状に対する批判に対して一連の弁明あるいは反論を試みた。すなわち，図書館員は図書選択に役立つ書評をすぐれた書評と考える傾向があるが，書評家は通常，図書館員を念頭において書評を書くことはしない，もし図書館員相手に書いたら，その書評は一般読者には全然読まれないだろう。

　本格的な書評とするためには，専門書評家をおかねばならない。現在実際にそれをおいているのは40誌紙程度で，それ以外は専門書評家をもってい

ない。書評が向上するためには,レベルの高い書評読者が必要であるが,読書人は書評を読まない傾向がある。また,新聞を読む人は書物を読まず,読書人はあまり新聞を読みたがらないという奇妙な関係の中にも,書評の向上を阻む要因がある[23]。

いずれの講演のタイトルも"practical"の語ではじまっているように,ライスの講演は書評実務家の立場からする説明と弁明であり,理論的な掘り下げは乏しいが,書評の対象を一般読者に限定し,図書館員を対象から外したこと,書評の読者に二層のレベルを予想したことなどが興味深い。

翌1911年の全米図書館大会には,『ダイアル』編集者ブラウンが講師に呼ばれた。ここでブラウンは,従来のように書評の問題点をあげつらうことをせず,書評を分類し,また望ましい書評の条件を列挙した。

まず,書評(review)は新刊紹介(notice)と区別されねばならない。両者の境界は意外に不明瞭で,一般には「書評」の中の比較的短文のものを「紹介」と呼んでいるようだが,両者の間には明瞭な質的相違がある。すなわち,書評は図書の内容に深く立ち入り,内容を解説し,さらに長所・短所を明らかにするが,紹介は図書の内容の要約にすぎない。したがって,図書選択のトゥールとして新刊紹介を利用するときは,紹介文の内容ではなく掲載誌紙や紹介執筆者によって判断しなければならない。ブラウンは,書評を書評たらしめる条件は価値判断であるとし,単なる新刊紹介と区別するのである[24]。

## (2) 文芸批評的書評論

アメリカの文芸批評の歴史は,19世紀前半のエマソン,ポウに遡り,ハウエルズのリアリズム批評理論を経て世紀末につながる。この流れの書評論を文芸批評的書評論と呼ぶことができる。のちの書評論における言及の頻度や評価からして,われわれは文芸批評的書評論の源流を,コロンビア大学英文学教授トレントに見出すことができる。

彼によれば,ヨーロッパとアメリカの文芸批評界は大きく二分されている。まず伝統を重んずる保守的な批評家たちは,批評の権威を確立,維持するた

めに，文芸批評を学問の位置にまで引きあげようとした。これら「アカデミック批評家」(academic critic) たちは，批評の原理を次の3点に集約する。
 1. 集積された過去の知識と，訓練された現在の知識の両者に正当な比重がかけられるべきである。
 2. 芸術的創作のさまざまなジャンルには，それぞれ大なり小なり測定することのできる「価値の度合い」がある。
 3. 倫理から完全に分離できる芸術などは存在しない。

第1の原理は，評価の基準の一半を，過去から現在に至るまでに蓄積されてきた専門的知識に求めようとする，歴史的，学問的批評原理であり，第2原理は，詩は散文よりも，「叙事詩」は「抒情詩」よりも大なる価値をもつとする原理であり，第3原理は文芸批評に倫理的価値観を導入する原理である[25]。

これに対して，文芸批評の眼の水位を読者と同じ高さに保ち，文学作品の読者大衆の眼を尊重しようとする一派は，詩と散文の間に価値の上下を設定することの無意味さを指摘し，大衆の心に訴えるおもしろさを評価の基準にしようとする。アカデミック批評は，すべての批評家・読者に，文芸史の知識と伝統的な価値観のすべてをもつことを要求するが，「植物学について十分な知識をもたなくとも，花を愛し楽しむことはできる」。この立場をトレントは「印象批評家」(impressionistic critic) と呼ぶ[26]。

両批評理論を比較して長短を論ずることは難しいが，印象批評は一点においてアカデミック批評より卓越している。すなわち，アカデミック批評の評価基準は過去の価値基準の枠を抜けることができず，したがってまったく前例のない新しいタイプの作品が出現したときに批評できなくなるが，印象批評は過去の基準に拘束されず，現在の読者の受ける印象によって評価するので，新たなタイプの特性に応じた評価を下すことができる[27]。

しかし印象批評は，往々にして批評家の節度をこえ，奔放な主観的批評に走る傾向をもっている。

  「彼は通常，自分の好きな作家をとりあげ，党派的になり，その結果，自分の英雄をもち上げるために，他の偉大な人物を従属的位置にひきさ

げるばかりか，放擲してしまうよう努めねばならないのだと妄想するのである。」

かくて印象批評家たちは「芸術や文学の重層的領域の中で暴れまわり」，アカデミック批評も及ばないほどの「害」を及ぼすのである。その最悪の例としてトレントは，哲学好きの一学生からの「ベーコンにシェイクスピアの戯曲が書けただろうか」との質問に対して，「彼はあんな愚劣な駄作に費やす時間などもっていなかっただろう」と答えたという話を引き合いに出している[28]。

トレント自身はこのいずれかの理論に荷担したわけではなく，両理論の特性分析を行い，新たな風潮としておこった印象批評にもそれなりの評価が与えられるべきだといったにすぎない。後述のシューマンは，トレントの立場を「立憲共和国」だと呼んでいる[29]。おそらく，伝統的な理論を生かしながら新しい作品を新鮮な眼で評価する，合理的書評理論の立場という意味であろう。

### (3) 文芸批評と書評の分離

トレントの中立的書評分類とは違って，文芸批評家であり劇作家・演劇批評家でもあるマシューズは，1902年の「文芸批評と書評」においてはっきりと印象批評論の立場に立ち，アカデミック批評の「貴族主義」を批判した。すなわち，貴族主義的文芸批評理論は「文体，形式，修辞，構成，芸術一般」を問題にする傾向があり，文学の「アカデミックな基準を信頼し」「伝統の管理人になる」。「彼らは過去のみに眼を向け，稀に現在を理解し，未来は信用しない」。だから，彼らは「うやうやしく先人の足跡どおりに歩いた」文学者の作品を高く評価し，過去には類例のない天才的な作品は，彼らの評価の網の目から洩れてしまう[30]。

マシューズによれば，古典的文学の価値を発見して後代に伝えたのは，アカデミック批評家のいうようなエリート文芸批評家ではなく，文芸批評の理論も何も知らない「普通の人たち」である。人々は自分の興味に訴える作品を読み伝えた。今日まで人々の興味の火を消すことなく読み伝えられてきた

ものこそ，古典と呼ばれている作品である[31]。つまり，古典のもつ価値とは一般読者の興味に訴える力にほかならない。こうしてマシューズは，典型的な印象批評論の立場から作品の評価の枠組みを構成した。

だがマシューズ論文の意義は，文芸批評と書評の領域を分離する論理的根拠を示した点にある。それによると，文芸批評は「文学の一部門」であるが，書評は「ジャーナリズムの一分野」である。文芸批評は，文学の理論に沿って「最良のものを得よう」とするが，書評はジャーナリズムであるがために「最新のものを得よう」と考える。

また，文芸批評は「永遠の過去」を扱うが，書評は「流れゆく現在」をとりあげる。だから，文芸批評は現代の作品を「過去の偉大なる巨匠」と比較して評価するが，書評はただ現代の他の作品と比較するにすぎない。書評における評価は常に直接的であり，過去の大作家に対比して欠点をあげつらうことはしない[32]。

書評家は往々にして，書評によって作家に影響を及ぼそうと考えるが，それは文芸批評の領域であって，書評家の出る幕ではない。

> 「19世紀の文学史を見渡しても，イギリスには，好意的，非好意的のいずれの意味でも，アメリカの有能な作家に影響を与えることができた書評家は1人もいない。」[33]

書評家は作家に対して責任を負うのではない。彼らは読者に対して，どの作品が読んで楽しいか，役に立つか，そのメリット，デメリットを説明する義務を負うのである。そして，もしも書評家が文学史に寄与する可能性があるとすれば，それは読者大衆によきものを推奨し，劣ったものに対して警告を発し，かくて誘導される読者の世論の圧力によって，作家を刺激する道が考えられるだけである[34]。

マシューズは，文芸批評の評価理論と，書評の評価理論を完全に分断した。しかし実際には，文芸批評理論をまったく無視して，書評独自の理論を構築することは，それほど容易なことではない。このためその後の書評理論には，文芸批評理論の影がいつまでも残るのである。

### (4) 批評性退廃のメカニズム

　書評家トンプソンは，マシューズの文芸批評・書評分離論には何らの関心も示さなかった。彼にとっては文芸批評も書評も批評機能であり，当面最大の課題はその批評性の強化であった。フランスの文芸批評が，一定の原理や価値観に基づいた批評であれ，懐疑的姿勢からする批評であれ，「知的率直さ」をもっているのに対して，アメリカの批評はこの率直さに欠け，退屈なほめ言葉で充満しており，これがトンプソンの焦燥感をかきたてた。そこで彼は1908年の小論において，批評の率直さを損なうメカニズムを追究した。彼によれば，批評に関与するのは次の5つのグループの人たちである。

1. 図書の出版社
2. 著者
3. 書評誌発行所
4. 批評家
5. 読者

このうち，書評の受け手である読者を除く他の4グループは，いずれも書評の批評性を鈍くしてしまうだけだ。

　まず図書の出版社にとって，書評は「第1に宣伝」であり，自社の刊行物がよく売れるような書評を期待し，新刊書を書評誌発行所へ届ける際に，新刊書の長所を強調する新刊案内や，著者の写真，業績，略歴などを添付する。書評家はこの新刊案内を利用して，褒め言葉をつらねた書評文を作成するのである。

　著者は，いうまでもなく自分の著作の売れゆきをよくするために，好意的書評を歓迎し，批判的書評を敬遠する。

　書評誌発行所は，その財政が図書の出版社から得られる金によってまかなわれているために，新刊書の人気を損なう書評文を掲載しない。のみならず，好意的書評を数多く掲載することによって，収入増をはかろうとする。

　こうした目的で編集される書評誌に記事を提供する書評家は，当然彼らの要望に応える書評文を作成しなければならない。だから書評作成の機構は，

一致して好意的書評を追求し，批評の「率直さ」は完全に無視されてしまう。このシステムをトンプソンは「暗黙の契約」と呼ぶ[35]。

このような「不正直な批評」にだまされて不利益を受けるのは書評と図書の読者であるが，いずれ彼らはその報復をする。つまり書評誌発行所が常に嘆くように，彼らは書評に関心を示さず，完全に背を向けてしまうのである。

「大衆は，書評はほとんど役に立たないことに気づき，読むとしても，無関心，不信，あるいは憤怒をもって読む。」[36]

商業的利益に誘導されたこの書評の悪循環を断つために，トンプソンはいくつかの課題を提起する。

まず，出版社自身がすでに認めているように，印刷される書評よりも人々の間に伝播するゴシップの方が，はるかに宣伝効果が大きい。ゴシップには粉飾がなく，長所も短所もあからさまに伝えられる。「図書についてのあらゆる私的会話は誠実の刻印を帯びている。」したがって，出版社や書評誌はこうした「率直な言葉，私的会話のような，拘束を受けない議論」を書評の中に「再生」すべきである[37]。

第2に出版社は，浅薄な新刊案内や著者の写真等を送りつけて，書評家を誘導し，あるいは拘束することをとりやめるべきである。

また，自社の刊行物に関する「より高級な批評文」を書かせるために，出版社はすぐれた書評誌を選ぶべきである。これによって書評誌の態度も改められ，書評の改善に寄与するであろう[38]。

作家は批評家に対して厳しく，彼らは「文士くずれ」であり，若手の無能者であり，しかも彼らの意見は一致しない，と非難する。批評家の批判は，単に特定の作品の批評というより，作家の分身の批評，「彼自身の批評」であると考え，強い反発を抱いているのである。しかし，書評は作家のために書かれるのではなく，読者のために書かれるものである。劣悪な作家を制御することは読者に利益をもたらすであろう。したがって出版社も，書評に公然と書かれた批判を活用しながら，「無用な作家を抑圧」するだけでなく，「だめな作家を訓練」することを考えるべきである。

第 2 章　書評理論の展開

　書評誌発行所は，書評原稿のコスト低減のために「無能な三文文士」に書評文を書かせようとし，これが作家たちの無能書評家に対する非難の原因となっている。無能，無気力な書評家の書評文は「生気ある表現に欠け」，結局読者から見放されてしまう[39]。率直な批評は単に読者をひきつけるだけでなく，読者を教育する力をもっている。

> 「いかに図書製作者に追従するかでなく，いかに読者の興味をひくかを研究する執筆者によって書かれた，読者向けの正直な批評は教育する。常に出版社の健全な投資である読者の教育は，自分の利益のからむ宣伝の貧弱な繰り返しをしている，奴隷のような書評家たちには絶対にできない。彼らは読者にとっても，出版社にとっても著者にとっても無価値である。」[40]

　一方，トンプソンはマシューズと同様，「批評」の作家に対する教育力を否定する。

> 「批評は著者の教育に役立つという議論があるが，これは正しくない。文法や事実なら，批評家は実際に正すこともできよう。しかし，著者のスタイルをかえたり，彼の能力を現状とは違うふうにしたりするなどは，絶対に期待できない。彼は人を非難することはできるだろうが，彼を変革することは望めない。」[41]

彼にできることは，読者に影響を及ぼし，未来の作家，未来の読者となる若い人たちを育てることだけである。

　作家の批評家に対する反感をなだめるために，トンプソンは図書の価値の相対性を強調する。すなわち図書にはさまざまな側面から評価が下され，そのいずれもが真実を指摘している。動物の食餌に一定の標準がないように，「標準的な知的食物というものは存在しない」。真理は単数ではなく，常に複数である。

> 「すべての生命ある著作物に関して，一人の新しい読者が生まれると，一つの新しい真理が生まれる。その点にこそ，図書の不滅の魅力があり，果てしない議論への誘惑がある。」[42]

第3部　図書選択の環境

価値は読者によって多様であるだけではない。彼の背後の時代や民族性の違いによって，シェイクスピアのもつ価値も変化する。

　もともと読者は，さまざまな特性をもつグループをなしている。そして実は，批評家自身が各グループに所属し，図書の評価との関係でそれぞれのグループを代表するスポークスマンである。各批評家の評価をみることによって，出版社や作家は，批評家の背後の読者グループの判断を知ることができる[43]。したがって作家は，自分の著作が読者の世界でいかに評価されるかを知るために，批評家の批評に耳を傾けるべきである。

　出版社や作家は，著作が物議をかもし出すことを好まないが，「何ら議論をひきおこさないような図書は，貧弱で生命のないものである」。その意味で，問題点を鋭く指摘して議論をひきおこす批評家は，むしろ歓迎に値する。論争は読者の関心をかきたて，著作はより多くの読者を獲得する。これこそが批評界の最も望ましい状態である。

　「こうした状態を生み出すために，4者すべてが働きかけるべきなのである。」[44]

　トンプソンの書評のメカニズム分析は，いささか書評家に有利に展開されているが，従来断片的に告発されてきた，出版と書評を支配するコマーシャリズムの病理を鋭くえぐり，以後の書評論，あるいは書評批判に強力な方向づけを与えた。

　図書の価値は相対的であり，各時代，各民族の読者が決定するとする彼の価値論は，読者の興味を書評の要としたマシューズの書評理論の延長線上にあり，おそらく印象批評の系譜に数えあげられるべきであろう。トンプソンの批評理論は，後年のリチャーズの文芸批評理論や，エスカルピの文学社会学を想起させるほどに，社会・心理的アプローチが強い[45]。この興味深い価値論は，遺憾ながら，その後の書評論に受け継がれることがなかった。それとともに，読者がさまざまなグループに分類され，批評家もそのいずれかに属し，そのグループの代表者となって図書を批評しているという，書評家社会学の理論もほとんど忘れ去られた。

## （5）目的達成度の理論

『シカゴ・レコード』（*Chicago record herald*）の文芸編集者シューマンは1910年，豊富な書評体験と文芸批評に関する知識を生かして，一般読者のための良書選択の手引き書を書いた。これはいわゆる書評論のカテゴリーには入らないが，良書選択の原理は文芸批評と書評の交点にあり，書評論史の一環をなすものと考えられる。

シューマンはトレントの批評理論に彼自身の理論を加えて，批評家を「科学的批評家」（scientific critic），「アカデミック批評家」，「印象批評家」の3派に分類する。このうちアカデミック批評家は「専門権威者の見識」を軸とし，「少数教養人の中の多数派の投票」に信頼をおき，それゆえ権威主義的，独裁的な傾向があり，伝統的な批評の基準を固執する[46]。

印象批評家は，ルメートルと同様「われわれを楽しませてくれる図書を愛し」「文学の分類や流派について頭を悩ませることはやめよう」と主張する。彼らは自己の印象を大切にする「主観派」で，各人の主観や好みを基準とし，一般的評価基準を設定することを拒否する。

シューマンが新たにあげた科学的批評は，まさにこの主観的批評を嫌って，「化学者が金属を分析試験するように」作品を構成する「質」そのものを秤量し測定するための「客観的科学的方法」を用いる。しかし，これらの質が読者の心情にどのような影響を及ぼすかは，彼らの分析領域には入ってこない。したがって，

> 「心優しいアミエルが言うように，この冷たい知的方法はわれわれに
> ＜科学によって皮をむかれ，切りきぎまれた詩＞を与える。」[47]

トレントがアカデミック批評の代表者としてあげたブリュンティエールは，シューマンの分類では科学的批評に属している。このことから明らかなように，シューマンはトレントのいうアカデミック批評の中に，古典主義的批評理論と科学的批評理論という異質の理論が包摂されていることに気づき，両派を分離したのである。

3派の理論の特徴をわかりやすくするために，シューマンは原点に立ち

## 第3部　図書選択の環境

帰って，批評の重点を4項目列挙した。

1. その著作があなたの興味をひき，何らかの喜びを与えてくれるか。
2. その喜びの質はどうか，2度3度と読む気がするか。
3. 好みのよい教養ある人たちがエンジョイできるものであるか。
4. 他の作品が長年読み継がれるのを支えた，あの知的，情緒的，芸術的質を備えているか。

すでに明らかなように，第1・第2は読者の喜びを基準とする印象批評の原理，第3・第4はエリートの評価と古典的価値を尊重するアカデミック批評の原理に該当する。つまり批評の諸理論は，原理的にまったく対立する理論ではなく，批評の要点のいずれを重視するかの違いから派生する多様な理論にほかならないのである[48]。

この関係をみたシューマンは，諸理論の間の対決から正しい批評理論を得る試みは断念し，作品評価の実際にあたって適用できる4つの作品テスト法を提唱する。

1. 大多数の人に持続性ある喜びを与えるか。
2. 真実，美，生きた善を備えている著作であるか。
3. 読者の心に洗練された感情を残すか。
4. 時間の検証に耐えてきた過去の同類の著作と比べて，質的に十分比肩しうるか。

この4つの検証は，だいたい前述の批評の4要素に対応しているようであるが，若干の修正が加えられている。

まず第1テストは本来印象批評の原理であるが，その主観主義を克服するために，個々の読者の喜びでなく，大多数の読者の喜び，あるいは「平均的な興味」を基準とし，しかも「興味の質」を「喜びの持続性」によって測ろうとするものである[49]。同じことは第3テストにも妥当する。著作の質でなく喜びや興味の質によって評価しようとする点に，このテストの価値観の特質がある。

第2テストは逆に，著作自体の質を追求し，著作の中に表現されている真，

善，美という普遍的価値の度合いによって評価する検証法であり，いうまでもなく科学的批評の原理の上に成り立っている。ただ，知に訴える「真」だけでなく，「善」，「美」のごとく読者の心情に訴える「心の中における意義」をもとり入れることによって，科学的批評の主知主義の限界をのりこえ，印象批評の主情主義を活用しようとしており，この点にシューマンの独創的評価理論が示されている。

　第4のテストは「時間の検証に耐えてきた」古典との比較であり，この「古典主義」はアカデミック批評の原理を忠実に受容している。ここでいう古典とは，学者のみが知っているような「昔からある，正統派の，古典的な図書評価基準」によって，「一般に承認されている名作」(accepted masterpieces)である。したがって，このテストは常に過去に眼を向け，「新しい様式の価値を看過する」アカデミック批評の欠点をそのまま温存しているが，第1・2・3のテストと併用することによって，難点を補うことができると考えるのである[50]。

　以上の良書選択のための4種のテストは，評価の原理から導き出される価値の概念規定の次元での検証法であり，個々の著作の分析の技術を示すものではない。著作の内容分析を主眼とする第2テストすら，著作の実物に即して何を真とし，善とし，美とするかの基準を与えてはいない。そこでシューマンは，著作，特に文学作品自体を分析して，4種のテストに対する判断を得る手がかりを示そうとする。いわば同書全体がこの作品批評の手引きであるが，第3章以下のジャンル別評価は本書の領域をこえるので，ここでは第2章「分析の第1段階」において示された，作品分析の一般論をみておくことにする。

　文学とは，現実の生活の中から素材を抜きとり，作家の構想にしたがって組み立てたものであるが，素材を選びとる段階ですでに作家の判断が加えられているので，この素材は現実そのものではなくなってしまう。構成された作品は，現実から独立した一個の「小世界」であり，この世界像には作家の世界観が投入されている。創作にとりかかる作家の思想（idea）ないし構想

(concept) が、作品に表現される彼の世界観である。であるとすれば、批評家はまず「作家の思想は何であったか」、「彼は［この創作によって］何をしようと企てたのか」を追究しなければならない。思想や意図が究められたなら、批評家はさらに「作家は彼の思想に芸術的形式を与えることにどの程度成功したか」を問わなければならない。この「著者の意図」と「意図の達成度」という原理は、先の4テストでは検定できなかった、まったく新しい批評原理である[51]。

作品は内容（content）と形式（form）をもって構成される。往々にしてこの両要素は混同されるが、衣服において布地のよさと仕立てのよさが区別されるように、素材と形式あるいは広義のスタイルは次元を異にする要素であり、両要素が適切に統合されたところに名作が生まれる。しかし、この他に作家の「精神」あるいは「人生に対する態度」が存在し、作品はこれら3要素の統一体として生を享ける。そこで彼は内容、形式、精神の各要素の別に、個々の作品を評価する詳細なチェックリストを提示した[52]。

シューマン自身は、前半の批評の原理と後半の3要素の関係を特に説明していないが、おそらく「精神」は作家の意図に、「内容」と「形式」は目的の達成度にかかわる要素であろう。こうして、作品批評のチェックリストに基づいた「作家の意図」と「その実現度」という、シューマンの目的達成度理論の骨格が完成されたのである。この批評理論は、その後の書評理論の発展のための重要な伏線となった。

書評的図書選択論の第一人者ヘインズは、著書『書物に生きる』（*Living with books*）の中で、図書選択論の基本参考文献としてシューマンをあげ、「長年の編集者書評の体験に基づいた」「文学の批評的研究の補助資料」であると評している。彼女がシューマンのそれに似た価値検定表を示したことをみても、シューマンの影響が大きかったことがわかる。ただし、彼の分析的評価論の部分はほとんど採用していない[53]。

## （6）ラヴェットの批評分類

　シカゴ大学英語学教授ラヴェットは，1921年の批評理論において，芸術作品の批評に関与する3大ファクター，すなわち芸術家・創作家，素材・構想，読者に加えて，批評家自身をあげる4ファクター説を提起した。第1・第2ファクターは，シューマンの分析理論の3要素にほぼ該当する。この4ファクター説は，作品分析に読者と批評家という環境要因を加えたものといえよう。従来の批評理論は，この中のいずれか1ファクターを強調することによって独自の理論を構成してきた。

　劇作家中心の批評家は，「芸術家が企図したところのものを理解し，その理解したところのものに対比して芸術家の成しとげたものを評価する」ことを批評の不可欠条件と考える。彼は「芸術家の人格を通じて名作を解釈」しようとする。その場合，批評家は作品の真実性の鑑定家であり，彼の課題は「解釈」であり，実証性を志向する。ラヴェットは，このタイプの批評家を歴史的解釈的批評家と呼ぶ[54]。

　ラヴェットの批評理論にもシューマンの影響のあとが読みとれるが，「創作家の企図したところのものを理解し……芸術家の成しとげたところのものを評価する」とする理論は，完全にシューマンの「著者の目的」と「目的の達成度」の理論である。

　第2の批評家は，作品を創作家から分離し，作品に即して評価しようとする。この場合，作品が現実をいかに忠実に写実しているか（自然主義），あるいは普遍永恒の真理を正しくとらえ表現しているか（理想主義），などの価値観，文学観の相違が生ずるが，ともに広義の美へのあくなき追求の姿勢があり，批評家はそれを美の原理に照らして評価する。美の原理を最初に完全に成就した作品は古典であり，したがって批評家は古典における「成就の標準」を批評の基準に用いる。ラヴェットはこの型の批評を「古典的批評」と呼び，審美的審判的批評家に分類する[55]。

　かつてマシューズは，新刊書を古典と比較する批評を文芸批評，現代の同類作品と比較する批評を書評と呼び，トレント，シューマンは，古典と比較

する批評を文芸批評の理論の一つであるアカデミック批評と名づけた。ラヴェットはトレントらの立場を継承して批評を分類したのであり、文芸批評と書評の区別よりも、批評もしくは書評の原理の相違に、視点が完全に移動している。

ラヴェットの場合、「達成度」の目標は、個々の著者の意図ではなく、先験的、普遍的な美の理念である。この古典主義を「アカデミック批評」でなく「審判的批評」と呼んだのは、後述のポウやペリーの批評理論にしたがったものと考えられるが、これによって古典的名作を尺度として現代の作品の価値を測る批評理論の型がくっきりとみえてきた。

第3の批評家は、作品から何らかの倫理的教訓を引き出して、読者を相手に教訓を垂れ、社会正義を唱え、あるいは作品を厳しく検閲しようとする。このような作者や読者の実践規範を基準として作品を批評する立場を、ラヴェットは「倫理的批評家」と呼ぶ[56]。彼らの最大関心事は、読者に対する作品の影響力である。この場合、マシューズやトンプソンの重視した、文芸作品の価値の最終決定者である一般読者の役割は考慮されず、読者は作品の影響を受けるパッシヴな存在でしかない。

最後に、批評家自身の印象や感情によって作品を評価する印象批評の理論がある。この立場の批評にあっては、批評家はしばしば創作家になってしまい、他の作品を素材として自分自身の芸術を論ずる傾向がある。

### (7) 文芸批評から書評へ

文芸批評家ペリーは、1914、1915の両年にわたってアメリカ文芸批評と書評を論じた。彼は文芸批評と書評の間に厳しい一線を画する必要を認めず、批評理論を自然に書評理論にとり入れる。ペリーにあっては、書評は文芸批評の一分野なのである。

彼は、アメリカの文芸批評の歴史をふりかえり、『南部文芸メッセンジャー』(*Southern literary messenger*)の書評を担当していたポウの書評理論を発見した。ポウは「セミコロンやダッシュ」の使い方にまで口やかましく、「ぎこ

第 2 章　書評理論の展開

ちない文章」を嫌い，「英文法の誤りや会話の不変化詞のひどい濫用を暴露することこそ，批評の本来の仕事と考えていた」まったくの「職人批評家」であった。彼は批評にも「確定原理」が存在することを信じ，この原理を逸脱する作品を厳しく断罪した[57]。ポウの批評理論は，本質においてアカデミック批評の古典主義に通ずる伝統的な書評理論である。

　ペリーは特にポウの書評理論に固執したわけではなく，彼の「審判的批評」以外，「解釈批評」，「鑑賞批評」，「印象批評」，「科学的批評」，「歴史的批評」など，種々多様な書評理論を肯定し，各理論の相違点を明らかにし，多様な批評理論に共通する一点，すなわち「秤量行為」（act of weighing）という行為を支配する原理を追究しようとした[58]。

　ところが，批評を秤量行為と定義すると，現代の批評理論からただちに異議が唱えられる。秤量するためには重さの標準が必要であるが，「文学には標準的重さのようなものは存在しない」というのである。古典主義はホーマー，ヴァージルのような古典の標準的意義を認めるが，もはやどこでも通用する標準は存在しなくなった。万一標準的重さを定めたとしても，これを測定する標準的尺度が存在しない。また，いったいどこの誰が最も正確に測定できるというのであろうか。

　これらの批判家たちは，「現代世界の唯一の批評は＜創造的批評＞すなわち，名作の面前における，批評家自身の魂の冒険」でしかないと主張する。著書『ニュー・クリティシズム』（New criticism, 1910）によって伝統的批評に反旗を翻したスピンガーンは，古い規則，文体理論，道徳的判断，文学の進化等々のいっさいを棄て去ることを要求している[59]。

　これら「新しい批評」理論からの攻撃に対して，ペリーは，彼らがいかに古い規範を攻撃しても簡単に消し去れるものではない，批評理論がいかに紛糾しようと，図書は何世紀もの昔から出版されて今日に至っているので，もし彼らの問いに答えようとするならば，その答えはほかならぬ図書生産の歴史の中に求められるべきであるとし，図書が生産され，求められ，読まれてきたという厳然たる事実の中に文芸批評の理論の足場を提供しようとした。

すなわち、読者は金を払って図書を購入するとき、自分がどれほどの価値の図書を買おうとしているかを知ろうとする。それに対する回答は、読者の主観的評価だけではなく、何らかの客観的、標準的尺度による評価でなければならない。だから批評家は、人によって方法や基準に若干の誤差が避けられないにせよ、結局は「秤量」しなければならない[60]。

「新しい批評」グループが否定する、伝統的な「秤量」批評の中でいずれの理論によるべきかについては、詰めた議論はない。ポウのいわゆる「確定原理」は文芸批評の「基音」であり、その他の批評の「諸規則」は、基音から発する倍音であろう、と述べているところをみると、個人的にはポウの「審判的批評」に近かったやにも考えられるが、現代ジャーナリズムの文芸批評は「大変な折衷主義だ」と評し、そこに時代の趨勢を認めているので、批評の諸理論の間の選択にはそれほど重きをおいていなかったとみなすべきである[61]。事実、翌年の書評論では、アカデミック批評と印象批評を対立させたトレントを参照しながら、次のように結論している。

「文芸批評の理想的機関誌は、あらゆる種類の［批評］訓練法、信念、フェニモア・クーパーのいわゆる＜才能＞を利用すべきである。審判的批評、解釈批評、純印象批評の代表者を擁護すべきである。」[62]

ただ、こうして伝統的批評理論をそれぞれ生かそうとすれば、伝統的「秤量」批評の根底を崩そうとする「新しい批評」と対決せざるを得ない。したがって、彼はスピンガーンの批判を鋭く意識し、逐一論駁を試みた[63]。ペリーの批評理論は、結果においてきわめて保守的な理論となってしまったのである。

トンプソンは、文芸批評の読者を出版社、著作、書評出版社、批評家、読者大衆の5グループだとしたが、ペリーもこの分類を支持し、各グループにおける現状の問題点を追究した。まず、出版社が宣伝のために作成する新刊案内は「批評家の精神をもって考えたり書いたり」することをしない宣伝文にすぎない、また批評家も生存の基盤を出版社に握られているので、彼らの利益を損なう批評は書けず、批評は出版社のコマーシャリズムと批評理論の高度な批評基準の間に挟まれて、妥協を強いられている。

かつて文学は，まず王侯・貴族のパトロンから，次いで書店のパトロンから独立して，独立の世界を形成してきた。

「文学の利益が確保されたのは，ただ読者だけが文学の真のパトロンとなったときである。」[64]

しかし現代の批評の読者は，まだ批評を支える力強いパトロンに成長していない。

「新聞を読むアメリカの読者は，いまのところ，文芸批評の提起する諸問題の全部ではないにしても多くについて無関心である。」[65]

批評をめぐってこういう状況があるとき，文芸批評や書評の最大の課題は批評家の独立である。著名な批評家の署名書評を掲載することによって，書評の権威を高めようとする意見もあるが，署名が批評の率直さを損なう場合もあり，必ずしも決定的な方策とはいえない。要は書評家を高給で迎え入れ，「意見表明の自由と率直さを損なう悪影響から自己を独立させる」条件を整えることである。ペリーの論点は，トンプソンと同様，批評理論の確立ではなく，批評理論の自由な発展を保障する前提条件となる書評家の社会的，思想的独立に集中されたのである[66]。

文学はすでにコマーシャリズムから独立しており，したがって文学の一部分をなす文芸批評にも一定の独立性が保障されていたが，ジャーナリズムに根ざす書評はまだそのコマーシャリズムの支配下に呻吟していた。このため，文芸批評と書評の間に一線を画さないペリーの目には，文芸批評もコマーシャリズムの拘束を受けているかにみえたのであろう。ここに彼の文芸批評理論の不徹底の一因があるが，この混迷を脱するには書評理論を文芸批評理論から独立させなければならない。

### (8) 出版社の書評観

書評家たちはいうまでもなく，ペリーのように書評に接近した文芸批評家たちも，批評，とりわけ書評が，出版社のコマーシャリズムという厳しい足かせをはめられている現実にいらだち，書評家のコマーシャリズムからの独

立を切望していた。これに対して出版社は，営利主義を抑制した合理的な書評論をもって対抗しようとした。出版社の書評観に関する1922年の『クリスチャン・レジスター』(Christian register)紙のアンケート調査は，書評のあり方が内側から問われはじめた時期の出版社側の書評観の大勢を知る資料を提供してくれる[67]。

　回答にあらわれた第1の特徴は，多くの出版社が，書評は読者に新刊書を紹介し，彼らの購買を促進する宣伝機能をもつと考えている点にある。書評家たちが呪った書評のコマーシャリズムは，出版社にとっては第1必須条件であり，両者の書評観は根底において対立しているのである。しかし，さすがに無条件に持ち上げる広告的書評は敬遠し，公正な批評，長所，短所の率直な指摘による広報手段であるべきだとする。

　第2に，マシューズが定義するような，書評はニュースであるとする意見が大出版社に多い。読者に新刊書を通報する，読者に話題を提供する，などもこの意見に属する。ペリーは，株式市場，野球，政治，社会，経済等における批評は一般読者に好んで読まれるが，新刊書に関する批評はそれほどに読まれないと書いたが[68]，出版社は図書出版がニュースになりうること，その批評が読者の関心をひくであろうことを疑わない。

　書評が書評する図書とともに，類似の図書をも引き合いに出して比較するという方法の是非については意見が分かれた。ハーヴァード大学出版局やマクミラン社など有力出版社は，単なる図書の内容紹介にとどまらず，同じ分野，関連分野の図書，あるいは同一著者の他の著作と比較して評価し，また相互関係を示すべきだとしたが，ウーマンズ・プレス社のチャンドラーは，他の著作との比較は文芸批評の任務である，書評の場合はもともと「雑誌読者に注意を促す価値のある図書のみ」がとりあげられるので，あえて他の著作と比較して長短を論ずることはないという。書評を文芸批評から分離したこと，類書との比較を文芸批評の領域に限定し，書評の批評機能を縮小したことなどが特徴的である。

　「著者がどのような意図をもってその著作を書いたか」，「その図書におい

て，彼の意図はどこまで成就されたか」を明らかにすることを書評の課題と考える出版社も意外に多く，4社と書評家2名がこの立場を表明している。文芸批評論の中で形を整えてきた目的達成度理論が，出版社に受容されたのである。各著作の著者の意図を尊重するこの理論は，個々の新刊書の尊厳を認めたい出版社の願望に合致したのであろう。

大勢としては図書の内容を客観的に紹介する書評が求められているが，書評家セルツアーは，内容の分析や比較評価などは批評家の任務であって，限られたスペースと時間しか与えられていない書評家は「その図書を読んで経験した感じ」を書けばよいという。印象批評理論の便宜的利用である。

四季社は「過去の良書と比較するという批評の基準によって，各図書を秤量する」と述べ，ペリーのいわゆる古典主義批評理論を採用している。マクミラン社は「個人的好悪でなく，何らかの＜一般に認められた基準＞に基づいて」書評すべきだとして，秤量批評理論に協調している。以上によって，文芸批評の理論が出版や書評の現場に奥深く浸透してきた状況がわかる。

テクニカルな面では，極端な厳しさや，逆に盲滅法の讚美を戒め，書評の節度が求められている反面，「読まねばならぬものは非常に多いので，だらだらしたものは本質的に競走に勝てない」と，読まれる書評が重視されている。これは「図書の出版は殺人や自殺のような本物のニュースと同様にニュースである」とするニュース論につながる意見であり，明らかにジャーナリズムとしての書評論に特徴的な自己主張であり，文芸批評的書評論と袂を分かっている。

### (9) 書評理論の形成

1927年，『サタデイ・レビュー』（*Saturday review*）の書評家ラヴマンがまとめた書評論は，文芸批評の諸理論を十分に吸収し，書評の立場で独自の理論を構成しようとした試みであるが，その総合性，無駄を省いた簡潔さ，そして一貫した理論性の点で，これまでの雑多な書評論の追随を許さない際立った存在となっている。『クリスチャン・レジスター』紙のアンケート調

第3部　図書選択の環境

査をも含む，書評専門家の書評論の総括であり，また書評が文芸批評から独立して歩む道を整備する重要な役割を果たした。

彼女は冒頭に，文芸批評家ローウェルの「賢明なる懐疑はすぐれた批評家の第1の特性である」という言明を引用して，書評における賢明なる懐疑（wise skepticism）とは何かを追究する。それによると，賢明なる懐疑は第1に，著者が誰であるかにはかかわりなく，著作それ自体を評価しようとする。著者の名声はここでは，著作の評価に何らプラスにはならない。

賢明なる懐疑はまた，図書を「孤立した一対象としてではなく，その種の他の著作との関係において評価」しようとする。通俗フィクションといえども「同種の他の作品との比較なしに，また小説の一般的な流れに関連づけることなしに，等級づけすることはできない」[69]。ここには，マシューズの書評論や『クリスチャン・レジスター』のアンケートにあらわれた，比較による批評の原理がとり入れられているが，この比較は単なる偶然的な同種著作との比較にとどまらず，「小説の一般的な流れ」との関連づけ，つまり文芸史・文献史の中での位置づけでなければならない。これは古典主義の批評原理に通ずるが，単純に古典と比較するのではなく，文献史の中に位置づけ，時代的特質や制約を加味して比較し，さらに歴史の進行方向の中に意味づけを見出そうとする，高度な歴史的，文献史・学問史的な批評原理である。

書評はまた，「著者の意図」（intention of the author）と「意図の達成度」（measures of his achievement）を明らかにしなければならない。「図書が何をなすか」を知るだけでは十分でない。「何をなそうとし，何をなし得，何をなし得ないか」をも問わねばならない。これによってシューマン＆ラヴェットの目的達成理論もとり込まれた。この書評理論は，1970年代の「オレゴン・シンポジウム」の「図書選択の風土論」において，図書館の選択理論にも採用されることになる[70]。

書評は必ずしもすべての新刊書をとりあげる必要はない。なぜなら，非常に多くの新刊書は，時間の検証（test of time）に耐えて生き残ることのできない短命本（ephemera）にすぎないからである。しかし，特に書評にとりあ

げないでも,書評家はこれらの短命本を心にとめておかねばならない。「これらもまた時代の産物であり,それなりにその時代の傾向,好み,習わしに光を投ずるものだから。」[71]

シューマンの用いた「時間の検証」の概念は,ここでは必ずしも十分概念規定されているとはいえないが,この概念に言及することによって,批評の基準,価値測定の尺度が時間の検証に存することが間接的に示されている。書評の追究する価値とは,長い時間に生き残りうる力であり,書評は時間の経過に先立って,その力を予測しなければならないのである。しかも,生き残ることの意味は,途中で消えてしまう多数の短命本とのかかわりにおいて決まってくる。こうして「時間の検証」の概念は,文献史的位置づけの原理となるのである。

書評はたしかに共通の基盤を必要とするが,それは必ずしも同一の基準にしたがって行われるということではない。人が書評に求めるものは一様ではない。一般読者は学者・教養人と違って,読書に気分転換や教育を求める。そのとき彼らは,自分が読もうとする図書が,自分の興味や理解能力の範囲内にあるかどうかを知るに足るだけの内容紹介を書評に期待するだけで,それ以外の何物も必要としない[72]。

教養ある読者は,書評の助けを借りながら図書の内容を洞察しようとする。このため彼は,新聞書評のレベルにとどまらず,批評雑誌へも眼を通し,また文献批評の域で満足せず,＜人生批評＞をも期待する[73]。

これまで書評の一般読者は同質的集団とみなされ,著者,出版社,批評家等に対置されるのが常であった。しかし,ラヴマンは一般読者を2層に分離し,対象とする層によって書評の役割や原理が異なることを明らかにしたのである[74]。

書評の読者,書評の役割が多様化すれば,必然的に書評メディアも多様化し,それぞれ固有のタイプの書評を掲載する。一般総合新聞の書評は図書の概要を紹介し,特に問題のある場合に著者の思想的立場に触れる程度でよい。一方,専門雑誌の書評は,図書のメリットを評価し,その中の問題点を

詳細に論じなければならない。また，最近あらわれてきた批評雑誌は，著者にも読者にも活気を呼びおこす効果がある。新聞書評のように学術書を省くことは許されず，専門雑誌のように書評の文章表現等に手抜きすることが許されず，考察や評価は深く，文章は読みごたえのあるものでなければならず，書評家には高度の熟練が求められる[75]。

ラヴマンの書評論は，書評の基本原理をあげただけで，理論性の高い論文とはいえないが，とりあげる原理は精選され，相互関係も熟慮されていて，理論的一貫性も確保されている。のみならず，文芸批評から多くの原理をとり入れながら，書評独自の領域の理論に変形する点でも成功している。書評理論の一応の到達点とみなしてよい。

## 4. 図書館員の書評論

書評に関する意見や理論は，書評を書く書評家や，書評を書かせる出版社だけにあるのではない。書評が図書館の図書選択の効果的なトゥールとなることが認められ，現場で利用されはじめると，書評を利用する者の側からも意見や要望が出され，そこに一定の書評論が成立する。図書館員の書評論は，書評の重要な一側面をみせてくれるが，それ以上に，書評という具体的な手段を介して図書選択の基本理論を鋭く彫りあげていく。ここに，書評論を図書選択論の一分野とみなすことの意義がある。

### (1) 図書館員による書評の先駆け

文芸批評家や書評家の間で，書評の抱える問題性が取り沙汰されはじめた頃，早くも図書館の側から書評のあり方を論ずる者があらわれた。スプリングフィールド市立図書館長デイナは1900年，「書評の過失」と題する論文において，主要書評誌の書評を分析し，難点を指摘し，真の書評の要件を列挙した[76]。

彼の分析対象は『図書購買者』(*Bookbuyer*)，『読書人』，『クリティック』，

『ネーション』各誌の2か月分に掲載された書評である。分析の結果，書評の平均語数は，『クリティック』470，『図書購買者』500，『読書人』570，『ネーション』1,020 となった。『ネーション』の語数が多いのは 100〜300 語程度の短評がないためである。図書に対する評価を，「絶賛」，「中讃」，「無評」，「非難」の4類型に区分すると，各誌とも「絶賛」が半数，「非難」は『ネーション』15，他誌は5以下と少ない。この現状について，デイナは「書評は著者と出版社を喜ばせるために書かれている。残念ながらこれは真実だ」と嘆息し，真の書評に記述されるべき事項を7項目に整理して示し，書評の改善への願望を表明した。

1. 何のことが書かれているか。
2. 著者はどういう権威をもつ人であるか。
3. 著書において，自分の専門領域のどの部分を扱っているか。
4. 扱う範囲ははっきり限定されているか。
5. 同一分野の他の著作との比較。
6. 著作の構成のよさ。
7. 学生，専門家，一般読者のいずれを対象とする著作であるか。

これらの構成要素の中で，特に注目を引くのは5と7である。このうち7は，図書館的発想として納得できるが，5は実は書評家アイルズの意見の請け売りにすぎない。アイルズは先にも述べたように，図書館専用の書評誌の発行を提唱し，その書誌の記述要素の一つとして「その図書と，同じ分野の他の図書の間の比較」をあげている[77]。デイナは，この専用書評誌のスタイルから「良い書評」一般の構成要素をまとめたのであろう。

同類書との比較という評価法は，書評家的発想には少なく，私たちのみた限りではアイルズ以外に例がない。文芸批評にもこのアプローチは弱く，マシューズの書評の定義以外は，古典主義批評理論における古典的名作との比較の原則がみられるにすぎない。これらの事情を考えると，同類書との比較という書評の構成要素は，図書館の図書選択との関係で特に意味をもつ要素といってよい。

第3部　図書選択の環境

　翌1901年，インディアナ州コロンバスの図書館員エルロッドは，アイルズ，デイナの書評論に啓発され，トレントの文芸批評理論をとり入れながら，書評の現状を批判した。

　小図書館では，図書選択の主要部分を書評に依存している。図書館員は利用者が何を求めているかを知り，彼らの「要求」を最大限に満たす図書をみつける任務を負うので，書評は不可欠のトゥールである。ところが，図書館員が利用する書評の大部分は「純印象主義的」書評で，評者の個人的好みや環境，教育などによってさまざまである。「アカデミックな，あるいは比較的な」見地から書かれた書評はきわめて少ない[78]。

　この主張には2つのポイントがある。第1点は，エルロッドがすでに「要求論」の立場をとっており，書評を「良書」選択のためではなく「利用者が求める」図書，「読者を喜ばせるばかりでなく，［彼らに］利益をもたらす」図書を見出すためのトゥールとして利用していることである。一般に書評を利用する図書選択論は価値論の系譜に属すると考えられているが，図書館員の書評論の最も早い時点で，要求論と結合した例をみるのは興味深い。

　第2点は，彼女がトレントの文芸批評論の印象批評，アカデミック批評という両概念を使用したことである。彼女の観察では，一般書評は圧倒的に印象批評であり，伝統的なアカデミック批評は少数になったという。大勢を占める印象批評は，そのあまりに主観的な傾向のために図書館の図書選択トゥールには適さない。一方，アカデミック批評は，アイルズやデイナのいわゆる比較書評に該当し，図書館に最も適したタイプであるという[79]。アカデミック批評の実証性，客観性，古典との比較の手法等をもって，比較書評と同一類型とみなしたのであろう。トレントの文芸批評論がやや印象批評寄りであったのに対して，エルロッドの書評論はアカデミック書評寄りである。

　書評誌発行所による書評の統制の傾向についても，書評家アイルズが，いわば書評の自由を求める立場から鋭く追及したが，エルロッドは書評利用者の立場から，発行所の意に沿わない書評が無視され，書評家が解雇される現実を厳しく批判した。また，一定レベルに達しないとみなされる図書を書評

の対象から除くのは書評界の常識であるが，エルロッドはこれによってさらに多くの図書が書評誌面からしめ出される現実を遺憾とした。これも図書館員の書評論の特色である。

　翌年の図書館大会で，ミルウォーキーのキンケイドが，「もし［図書館員が］投票すれば，今日書評といわれているものが一般に役に立たないものであるという点で，おそらく意見の一致がみられるであろう」と書評の現状を批判した。彼女によれば，19世紀中葉まで書評家たちは自分の職業に誇りをもって新刊書を入念に批評し，著者や読者に対する影響力は絶大であった。しかし出版量が増大すると書評家の数も増加し，あふれ出る新刊書を手早く書評するためにたえず働かねばならず，これが書評の質低下を招いた。

　従来，書評は週刊誌，月刊誌に掲載されてきたが，日刊新聞が「図書欄」を設けて大量かつ迅速に書評しはじめると，書評の型も変化してきた。新聞の書評家は，雑誌よりも多くのスペースをもち，どういう書評が「読者に喜ばれるか」を知って，書評のスタイルを変えてしまった。

　書評家は出版社から近刊案内や著者の写真を送りつけられるので，図書が発行されるより数週間前にすでに，今度出る小説が「この才能ある作者がこれまでに書いたどの作品よりも，劇的強烈さにおいてすぐれている」ことを知らなければならない。書評家は先入観から身を護る努力をしなければならない[80]。

　このスピーチでも，エルロッドと同様，伝統的文芸批評への郷愁が率直に語られている。新聞書評が書評のスタイルを変えた事実に着目しながら，そこに新たな書評理論の可能性を見出そうとするわけではなく，現代の書評をひとくくりにして拒否し，古い書評を讃美する保守的姿勢の問題性は問われなければならないとしても，図書館員が高度に実証的で批判性に富む書評を求めるというパターンが定着した事実は重要である。

### (2) 図書館専用書評誌の発刊

　図書館員の求める書評が，文芸批評や一般書評の理論のさし示す方向から

第3部　図書選択の環境

乖離していくことが明らかになると，図書館は自らの使用に耐える専用書評メディアをつくることを考えなければならない。この新たな構想が，書評家アイルズによって提案されると，ALAはその準備を開始し，ついに1905年，専用書評誌『ブックリスト』（*Booklist*）発刊を実現した。

　アイルズの提案によれば，まずALAが図書選定のための委員会を設置し，新刊書の選定を行う。委員会は別に各分野の権威者を集めた書評陣を組織し，選定したタイトルを書評させる。この書評は現場の図書選択のトゥールに使用されるので，図書発行と同時に発行されなければならない。したがって，書評テキストは出版社で印刷中のものを使用する。

　書評はまずカード形式で発行される。このカードは書評要旨であって，基本図書・専門書の別，同じ分野の他の図書との比較，長所・短所など，ごく基本的事項が記される。書評の全文は少し遅れて新聞書評欄，書評誌等に発表されて一般読者にも読まれるので，カードから全文への参照をつけておく。

　この書評システムの利点は，次の諸点に見出される。

1. 書評家は著者と直接の関係をもたない独立書評家であり，公平な立場で書評し，著者に示唆を与えることができる。
2. 署名書評とするので，不当な賞賛，著者との友交関係の誇示，非難書評等を防ぎ，書評家の責任感を深める。
3. 書評に対する信頼を高める。
4. 書評が研究者に示唆を与える。
5. 書評カードをファイルすれば，利用者のためのインフォメーション・ファイルとして利用できる[81]。

　この提案の反響は大きく，参加者の間から賛否両論が出た。バッファロウ図書館長ラーニド，ALAのフレッチャー会長，フィラデルフィア商業図書館長エドマンズらはこの提案の意義を率直に認めたが，デューイは，当時彼が企画・推進していた『ALA選定図書目録』との関係を考慮し，同目録に付されるであろう解題（notes）をこの種の書評に基づいて作成すれば有効であると，間接的に提案を支持した。

これに対してシカゴ公共図書館長プールは，多忙な図書館長にはこの種の仕事にあてる時間がなく，その実行はきわめて困難である，また図書に対する評価は人によって異なるので，この案には反対者も出るだろうと，否定的意見を述べた。しかし，アイルズが，書評は図書館長以外の人に依頼するとの趣旨を説明して，プールの批判をかわしたので，提案の趣旨はおおむね了承された。そのための検討委員会が設置され，『出版週報』，『ライブラリー・ジャーナル』の発行所レイポルド社のバウカー，アイルズなど5名が任命された[82]。

しかし，1893年のコロンビア万国博覧会に出品する「モデル図書館」の蔵書目録の編纂の仕事と重なったため[83]，書評誌発刊の準備は遅れ，ようやく1905年，『ブックリスト』第1号がALA出版委員会の手で発行された[84]。

出版委員会の序文によると，『ブックリスト』は最新刊書を収録し，6〜9月を除く毎月1回発行される。収録するタイトルは小図書館向きのタイトルで，創刊号の編集には主としてニューハンプシャ州ドーヴァー公共図書館のガーランド館長があたった。

書評データは全国の図書館員によって提供された。協力者の中には，のちに書評論を書いたワシントンD.C.公共図書館長バウアーマン，ハートフォード公共図書館のヒューインズなどの名がみえる。出版委員会は，今後一貫して図書館員の手で書評を書いていく方針とし，「各地の図書館員は，最近の図書のタイトルに，個人的知識に基づいた簡単なコメントを付して送られたい」と協力を呼びかけた[85]。

全体は「新刊書」と「小説」の2部から成り，それぞれ著者のアルファベット順に排列されている。3号以降は新刊書が主題分類され，第6号は小図書館・大図書館に二分し，前者はノンフィクション，小説，児童図書に細分，後者は主題分類している。大図書館向けの主題分類の中で，「政治経済学関係図書の選定リスト」には，作成者ウィスコンシン大学助教授アダムスの名が付されているので，特殊分野は主題専門家に依頼し，署名つき書評になったのであろう。

第 3 部　図書選択の環境

　各タイトルの書誌的データは詳しく,対照事項のあとに価格が付記されている。書評は 1 行から 10 行程度であるが,著者紹介のあるもの,内容紹介を主とするもの,著者の目的のみで終わるもの,「有益な情報が多い」とだけ評価したものなど,そのスタイルは雑多で,書評の基準を統一しないままに多くの図書館員がまちまちの書評を提供した状況がよくわかる。「古典の完訳版の買えない小図書館に特によい」「もし *Who's who in America*……とともに本書の旧版があれば,この版は必要ない」など,図書館の現状へのこまやかな配慮がみられるのもおもしろい。

　収録したい新刊書すべての書評をカバーすることは難しかったらしく,書誌的データと注記だけですませたタイトルもある。目次の詳しいものは,書評の代わりに目次を記載しており,内容細目の詳しい目録カードに似ている。

　『ブックリスト』誌は,その後月 2 回発行に増加され,特に地方の中小公共図書館の基本選択ツールとして活用され,今日に及んでいる。1964 年からは大学図書館専用書評誌『チョイス』(*Choice*)(月刊)も発行され[86],より高いレベルの書評誌として幅広く利用されている。図書館専用書評誌という労多い事業がこの早い時期に実現され,今日まで継続されていることの意義は評価しなければならない。

## 5. 文芸批評との訣別

　1916 年,ニューヨーク公共図書館の主催した小図書館職員研修会で,同館のピアソンが書評のあり方について講演した。ピアソンはハーヴァード大学を卒業,デューイのニューヨーク州立図書館学校に学び,1904 年ワシントン D. C. 公共図書館のレファレンス・ライブラリアンとなり,議会図書館の著作権課,収書家ヘンリーのカタロガーを経て,郷里ニューベリーポートに帰って著述を業とし,1914 年にニューヨーク公共図書館の広報編集長となり,1927 年に退職してフリーランサーの著述家に戻り,殺人に関する著作等を執筆した。児童図書館論,検閲論,通俗小説論などもある。『ボスト

ン・イブニング・トランスクリプト』(*Boston evening transcript*) 紙に専用コラムをもち，15年にわたって図書，読書，図書館に関する評論を連載し，彼の書評論にもこの体験が役立った。

　ピアソンは文芸批評の諸理論に通じ，特にトンプソンの影響を受けたが，図書館員のトゥールとしての文芸批評の限界が明らかになってきたため，ペリー，マシューズを経て，関心領域を書評論に限定していった。この講演のテーマも書評に絞られたが，その視野は広く，書評と文芸批評を論考し，イギリスの書評史をスケッチし，アメリカの現存書評メディアを論評し，最後に書評のタイプを分類し，必要条件を解説した。書評史やメディア評論はここでは必要ないので，以下では特に書評の理論的部分の論述を検討する。

　ピアソンは，まずトンプソンのあげた5種の書評読者，すなわち出版社，著者，書評出版社，批評家，読者大衆をあげ，図書館員が脱落していることを遺憾とし，一般に文芸批評の世界で図書館員の存在が意識されていないのは「奇妙なことだ」という[87]。トンプソンは，文芸批評と書評が相互に互換性をもつと考えたが，ピアソンはこれに異議を唱える。文芸批評は学問であり，批評家は学者であり，彼らの批評は文学の長い歴史への展望をもって行われる。

　　「文芸批評家はおそらく学者であろう。彼は数世紀にわたって書かれた所産を秤量し，今週発行された図書にかかずらわることは稀である。」

　一方，書評家は眼の前にあふれ出る新刊書を処理しなければならず，歴史的背景を考え，学問的に究明する余力はなく，またそれを求められてもいない。

　　「書評家は，深遠な学問のある人である必要はなく，またしばしばそうでない方がよいものだ。」

　　「書評家は今日の平均的小説を扱い，普通の知的レベルの読者に役立つ意見を提供する。」

換言すれば，文芸批評は文学の一部門をなすが，書評は「現代に関する議論」であり，「ジャーナリズムの一部門」である[88]。これはマシューズの書

第3部　図書選択の環境

評の定義の繰り返しである。

　批評家・書評家が激しく非難した書評のコマーシャリズムは，図書館員にとっても看過しえない問題であり，ピアソンはペリーを引用しながら，問題の所在を明らかにした。しかし，彼によればコマーシャリズムは何も書評界のみの問題ではなく，むしろ「巨大な全国的悪の一部分」であるにすぎない。好意的でない書評を書くと，出版社が不利益をこうむるという意見が多いが，内容を読みもせず適当な讃辞をつらねて書いた書評よりは，適切な批判を加えた書評の方が著者にも歓迎され，ひいては出版社にも利益をもたらす。このように，ピアソンは，コマーシャリズムこそ根本悪であるとする書評家たちの主張を婉曲に否定した[89]。

　しかし，ピアソンは書評に鋭い批評性を求める立場をとらない。一般に書評には「絶対の率直さ」が求められる傾向があり，場合によっては懸命にあらさがしをする書評家もある。しかし，彼によれば，書評はけなすためのものではなく，よい本はほめ，著者は勇気づけられるべきである。また，書評家と書評誌発行者の間には通常交友関係があるので，常に「厳格で妥協のない公平さを期待するのは少し無理である」。

　マシューズのいうように，書評は文芸批評ではないので，作品を厳しく批評して文学の発展に貢献することなど考える必要はない。書評が文学の将来に大きな影響を及ぼすことはない[90]。ピアソンは，書評を文芸批評から分離することによって，その批評機能を制限するのである。書評家はむろん，図書館員も書評の批評機能を強調する伝統があったが，それは文芸批評と書評を同族視したためであり，両者を区別すると書評の批評的側面が薄らいでいくのである。

　それでは図書館員はどういう書評を必要とするのか。批評力の乏しい書評が図書選択に役立つのか。これに対して，ピアソンは，速さ，簡潔さ，明瞭さ，はっきりした意見の4条件をあげる。最後の1点はやや明瞭でないが，前段との関係でみれば，これは著作に対する厳しい批判を意味するものではない。批判でない意見といえば，客観的な評価しかない[91]。

第 2 章　書評理論の展開

　すなわち，図書選択のトゥールであるためには，書評はその図書に対する公平な評価を示す必要があるが，必ずしも専門的知識をもって新刊書を厳しく批判することを求められてはいない。厳しい批判は図書の公平な評価を誤ることがある。むしろピアソンは，とかくネガティヴな批判に向かいがちの「批評」的要素を抑制し，客観的な評価コメントを求めようとしたようである。

　現存の書評を分類するために，ピアソンはペリーの 4 類型（審判書評，解釈書評，鑑賞書評，印象書評）に言及するが，もはや書評論を文芸批評の類型で説明するわけにもいかないので，ニューヨーク公共図書館学校のプラマーの書評 4 類型をとりあげる。

1. おざなり書評（perfunctory book-review）　書評誌発行所の職員が，書評コピーに添付されてくる出版案内を，適当に切りぬき，継ぎはぎしてつくる書評。この方法のおかげで，全国ほぼ同時に，類似した賞賛書評が掲載される。
2. どっちつかず書評（non-committal book-review）　誰も傷つけないように，評価をあいまいにした書評。中身を読まないで書く書評にこの型が多い。
3. 情報型書評（informational book-review）　図書の内容を詳しく紹介するが，真の意味の批評ではない。図書の本文を引用することが多い。
4. 批評的書評（critical book-review）　批評性の強い書評で，書評の中で最高レベル。評者は内容を理解し長短を見究め，図書の重要性を明示する。図書館で最も望む型。評者は一般文献の知識を要求されるが，専門知識をもち，古典と比較し，新刊書に古典と同じ高さを期待する必要はない[92]。

　先に批判性の強い文芸批評を敬遠しながら，ここで「批評的書評」を最高レベルの書評と呼んだのは，いかにプラマーの書評分類の解説とはいえ，少し矛盾するようにみえる。文芸批評は否定的意味合いが強いのに対して，「批評的書評」は客観的中性概念なのであろうか。

　だがそれと同時に，一般文献知識に基づく批評的書評を認めつつ，古典主義アカデミック批評を排している点も見落とせない。ピアソンは文芸批評と

書評を対置するとき，古典主義アカデミック批評と，印象批評に近い文芸批評の関係を念頭においていたのではないか，とも考えられる。

　一方，ピアソンは，フェアチャイルドやアイルズの解題（annotation）論にふれながら，これは批評というより「図書推薦」であり，必ず図書の有益性や価値を示すべきであるという。公平な解題が書かれることもあるが，そこには熱意も温かみも感じられず，読者の心をとらえることはできない。

　　「図書館の解題には，クールな分析は少なめに，熱意は多めの方が望ましい。」[93]

解題が中性概念でなく，肯定性の強い評価であるとすれば，中性的な「批評的書評」との区別も明らかであろう。やや乱暴にいえば，文芸批評＝否定的評価，批評的書評＝中性的評価，解題＝肯定的評価という色調の違いで説明できるかもしれない。

　ワシントン D. C. 公共図書館長バウアーマンも，文芸批評と書評の区別に関するマシューズの定義にしたがって，「文芸批評は文学の一部門」，「書評はジャーナリズムの一部門」と領域を区分し，次のような定義を与えた。

　　「前者［文芸批評］は，過去の図書が文献（文学）中に占める，大なり小なり最終的な位置を確定しようとするのに対して，後者［書評］は現在の文献（文学）の試験的評価を下そうとする。」[94]

この定義では，ピアソンのように批判性による区別はなく，ともに特定著作を関連著作群の中に位置づけることをねらいとする。相違点は，とりあげる著作が過去の著作であるか最近の著作であるかにあり，したがって比較の対象として考慮に入れる関連著作群の範囲が，過去に遡るか，現代に限られるかであり，さらに位置づけが歴史的であるか，現在的であるか，もしくは恒久的であるか，暫定的であるかである。

　この領域規定に基づいて，バウアーマンは現存の書評のタイプを独自に分類し，それぞれの特質を明らかにする。新聞書評等にみられる「簡潔書評」は，新刊書に関するニュース，おしゃべり，ゴシップの類で，比較的多くの人に読まれる。多く報道員の手で書かれ，出版社の新刊案内を手直しした程

度のもの，精読して書かれるものなど，製作手順は多様である[95]。

　「詳細書評」ともいうべき長文の書評は，図書を題材にしたエッセイのようなもので，「エッセイ書評」と呼んでもよい。かつてさかんに書かれたが，今は「本当に流行遅れ」になってしまった。エッセイの方が自立して，図書に依存する必要がなくなったのである。

　「解説書評」ともいうべき型の書評も，「25年ばかり前」まではよく書かれた。主として歴史書，伝記書の書評に多く，その内容を詳しく紹介するのを旨としたが，その結果，読者が書評だけで図書の内容がわかって，図書そのものを読む必要を感じなくなるという欠点がある。今日では専門雑誌の書評にその例をみる程度で，一般書評誌紙では稀である[96]。

　「名士書評」は，図書の中のミスを並べたてるのが常道である。匿名書評の場合は，その気になればこの程度のものは著者よりもよく書くことができるという自負心をちらつかせることが多い。この型の書評も今はすたれた。

　「狭量・偏見書評」は，イギリスの伝統的な書評誌によくみられる。ラングはこの種の書評家を「悪意書評家」と呼び，彼らはもっぱら新進作家を「踏みつぶす」ことを好んだという。しかし，厳しい批評が作家の成長に役立つこともあり，一概にマイナスとばかりもいえない[97]。

　アマチュアによる書評の多くは「拙劣書評」で，解説書評と同様，ストーリーをみんな書いてしまうので，フィクションへの好奇心が失われ，逆効果になることが多い。

　近年では「署名書評」が多くなった。これは「仲間ほめ書評」を防ぐ効果があり，また書評編集者が有能な書評家を選んで書かせる傾向も生じ，書評のレベルアップに役立つ。署名すると，出来のよくない本に対しても手厳しい批評がしにくいとの反論もあるが，その種の図書はむしろ書評にとりあげないことによって批判すべきである。署名書評は専門雑誌で広く行われているが，一般書評誌でも普及する傾向にある[98]。

　バウアーマンの批判的コメントが目立つが，簡潔書評，署名書評に対しては支持的で，狭量・偏見書評も全面否定してはいない。客観的評価でありな

## 第3部　図書選択の環境

がら，かなり批判性を認めているようである。そのことは，書評家の戒律"Don't for reviewers" 4 項目をみればさらに明瞭になる。

1. 提示される新刊書を残らず書評しようとするな。その労に値しないものが多い。
2. 新刊書の宣伝を気にするな。宣伝的に書いてもそれほどの効果はない。
3. 偉い批評家から非難されるのをおそれて，褒貶を控えてはいけない。
4. 「申し分ない魅力的な文体」など，みえすいた最高級の賛辞を使うな。読者はそれを評者の無知のせいだと考える[99]。

安易な賞賛を戒める規範であるが，3では賞賛・批判を表現することを求めている。書評の批評性を抑制するピアソンの定義に比べると，書評の批評機能にかなりの比重をおいている。

バウアーマンはさらに，書評の条件5項をあげている。

1. 書評は長ければよいわけではない。読者のためには短い方がよい。
2. 読ませる表現力が大切。だらだらした書評は読まれない。
3. 図書を分析・説明・解釈し，ほめたりけなしたりすべきである。
4. その分野の文献全体との関係で論ぜよ。
5. 読者との関係で図書を考えよ[100]。

第4を拡大解釈すれば，過去の重要な著作との関係で評価する可能性もあり，アカデミック批評の趣きを加えることにもなる。読者を評価の基準の内にとりこむ第5は，トンプソン，シューマンの批評原理から印象批評にわたるアプローチであるが，理論的根拠はむしろ図書選択理論の「適書論」にあるようである。

書評家の4戒は，ジョーンズの図書批評論の附録に掲載されたウィルバーの"Don't for reviewers" 12項に似ているが，後者がテクニカルであるのに対して，バウアーマンのそれは原理的であり，彼の主要関心が書評の原理にあったことを示している[101]。

## 6. 図書選択論と書評論

　図書館員の書評論は，図書選択トゥール論から出発したので，もともと図書選択論の一部分として考えられてきた。書評論を書いた人の大部分は，図書選択論史の中にも名前を表してくる。しかし，図書選択論の体系化が進むと，書評論もその体系に組み入れられ，書評そのものの原理の探究というより，図書選択の原理との整合性を求める傾向があらわれてくる。これによって，文芸批評論からの分離が決定的となるばかりでなく，一般書評論からも独立する方向に進む。そこで本節においては，図書選択論の一分野としての書評論に焦点を合わせることにする。

### (1) バスコムの書評論

　テキサス大学図書館学部のバスコムは，ALAの図書館学教科書シリーズ『図書館経営マニュアル』(Manual of library economy) の1冊として『図書選択』(Book selection, 1925) を著した。全40ページの小冊子であるが，アメリカの図書選択論の最初の単行本として，その後の図書選択者に多大の影響を与えた。この中で彼女は，最も重要な図書選択トゥールとして書評をあげ，現存書評の諸類型や書評の必要条件を論じた。

　それによれば，今日の書評は，図書を文学・科学・芸術の発展に寄与するものとして扱う学術書評 (scholarly review) と，図書をニュースとして扱うニュース書評 (news review) に二分される。この書評分類は，文学の一部門としての文芸批評，ジャーナリズムの一部門としての書評という，マシューズの領域区分を修正適用したものである。図書選択の対象が文学のみに限られないため，文芸批評をアカデミック批評の意味で学術書評と呼んだのであろう[102]。

　「学術書評」と「ニュース書評」のスタイル上の違いは，前者が批判的，後者が記述的ないし賞賛的傾向をもつ点にある。学術書評は主題に関する専門的知識に基づいて書かれるが，図書の評価より自己の見解の主張が前面に

出ることが少なくない。ニュース書評は図書の主題に関する正確な情報を提供し、平均的読者の立場で書かれるが、ニュースとしては遅すぎる難があり、トゥールとして活用しきれない[103]。

現在の書評はいずれも、図書館員の眼でみると、満足すべき状態にはない。根本的な問題は、図書館長の見方が専門家や教授、あるいは雑誌・新聞の書評執筆者のいずれの見方とも違うことにある。例えばフィクションに関する文学的書評は文学作品とみなし、読者への影響などは考えないが、ジャーナリストは「大人のための正当な娯楽」とみなす。一方、図書館長は、さまざまな考え方の読者についての知識をもって判断しなければならず、当然読書が読者に及ぼす影響も考慮しなければならない[104]。ここでいう図書館長の特有の見方は、究極的には多様な読者に対する図書の相対的価値を中心とする観点のようである[105]。

現実には図書館長の手で書評が書かれることもあり、それらは「理想的な図書館員書評」とみなしてよい。この型の書評の特性は、図書館長の望む書評の条件にある。バスコムは、次の諸ファクターを列挙する。

1. 図書の権威性に関する見解
2. 主題の分析
3. 主題の扱い方、傾向、文体、長・短所についての簡単な記述
4. 同じ主題の他の図書との比較

従来の書評論にあらわれたファクターとかなり違っており、図書の「権威」、「主題分析」など、なじみの薄い概念が使われているが、主題図書の場合の著者の信頼度、主題領域の把握や知識の正確さの評価等を思い浮かべれば、バスコムの意図がほぼ理解できる。現代の同類書との比較は、図書選択トゥールとしての書評の必須要件とされている。

バスコムが書評にあてたスペースは2ページあまりにすぎないが、単なる選択トゥールの解説の域を越えた原理的考察があり、書評の原理を図書選択の原理に直接結びつけようとする工夫のあとともみえる。書評論は、選択トゥール論の段階を越えることができたといえるであろう。

1930年，ALAの新しい教科書シリーズ『図書館カリキュラム研究』(Library curriculum studies) シリーズの1冊である，ドルアリーの『図書選択』(Book selection) が刊行された。ドルアリーは図書選択ツールの章において，ピアソンの紹介したプラマーの書評分類をとりあげ，批評的，情報型，どっちつかず，おざなりの各書評タイプに触れ，批評的書評の概念をバスコムのいわゆる学術書評の概念によって説明しているが，特に新たな見解は示されていない[106]。

一方で彼は，フィクション，ノンフィクションの各々について，図書評価基準を示し，これを利用した図書館書評を提唱している。図書館書評論の早い事例として注目される[107]。

## (2) ヘインズの書評論

ピアソン，バウアーマンは，図書館長の書評論の領域を確立し，バスコムは書評を図書選択論の中に位置づけて，書評の原理と図書選択の原理の連続点を追究したが，自ら豊富な書評体験をもち，その手法を全面的に図書選択論に生かし，書評論的図書選択論を構成したのはヘインズである。書評体験の面ではピアソンも決して遜色はないが，書評を図書選択に結びつけ，後者の理論を再編したという積極性の点では遠くヘインズに及ばない。アメリカにおける，図書選択論の立場からする書評論の第一人者としてヘインズの名をあげることは，決して過大評価ではない。

ヘインズは，父 Benjamin Reeve Haines と母 Mary Hodges H. の長女として，ニューヨークに生まれた。下に4人の妹があったため，家計を助けるために，10代にして早くも索引作成や著述活動に携わり，19歳のときに『ニューメキシコ史』を出版した。翌年彼女は，のちのイノック・プラット図書館学校長プラマーの推挽を受けてバウカー社に入社，同社の発行する『ライブラリー・ジャーナル』『出版週報』などの編集に携わった。1896年以降の『ライブラリー・ジャーナル』編集事務長としての活躍は，アメリカ図書館界から高く評価され，1906年には，図書館勤務の経験をもたない身でありながら，ALA

第3部　図書選択の環境

第2副会長に選出され，ニューヨーク州図書館協会事務局長の任にもついた。
　しかし，この年肺結核に冒され，1908年にはいっさいの公職を離れて，カリフォルニア州パサデナに移って療養生活に入り，結局彼女はここに終生住み着くことになった。療養中，彼女は『ネーション』，『ライブラリー・ジャーナル』，『パサデナ・スター』（*Pasadena star news*）の各誌に書評を書き，のちには『ダイアル』，『インディペンデント』，『ニューヨーク・ヘラルド・トリビューン』，『サタデイ・レビュー』などの有力全国誌紙まで彼女の活躍の舞台は広げられた。1914年にロスアンゼルス公共図書館の講師をつとめて以後は，図書館学教育にも関与し，図書選択，小説論，図書館史等を担当した。シラキューズのアメリカ図書館学通信教育学校，コロンビア大学図書館学部通信教育部，南カリフォルニア大学等が，彼女に教育活動の場を提供した。1935年には，図書選択論の講義ノートを使って教科書『書物に生きる』（*Living with books*）をコロンビア大学出版局から出版，好評を博して1950年には改訂版を出すに至った。健康に気をつけたおかげで長寿に恵まれ，1961年，89歳の高齢で生涯を終えた[108]。
　ヘインズには早い時期から書評論がある。1910年，『インディペンデント』紙に「今日の書評」と題する小論を寄せ[109]，書評の現状を論じた。1925年の『ライブラリー・ジャーナル』掲載の図書選択教育論の中でも，書評・解題の意義を解説し[110]，1934年の書評論では書評の領域や諸類型を検討し[111]，翌年刊行した『書物に生きる』では，上掲論文の概要を繰り返すとともに，図書館員による書評・解題の作成法を手ほどきした[112]。この年のカリフォルニア図書館協会研修会では，特に図書館員書評をテーマにし，書評の基本原理から図書館員書評のあり方を解説した[113]。
　文芸批評の理論にもかなり通じ，書評論にも眼を通し，自ら並はずれた書評の経験をもち，図書館員的な思考パターンも熟知していたために，ヘインズの書評論は，図書館員と書評の接点のすべてをカバーしており，彼女の諸論文をみることによって，図書館・図書選択における書評の全体像を知ることができる。

彼女も文芸批評と書評を分断する。すなわち，文芸批評は「アリストテレス以来，人々が創造的表現における美を表示し定義しようとした際の手段となった美学の哲学」であるのに対して，書評は「読書人，図書館利用者，一般住民がはじめて文学に結びつけられる手段となる直接的批評，意見，論評」である[114]。美の哲学を探求する文芸批評と，新刊書を読者に結びつける書評は，外見は似ているが，本質においてまったく別の目的をもつものである。そして，図書館員が関与するのはいうまでもなく後者である。この概念規定は，従来誰一人示すことのなかった新しい定義である。

彼女はまた，書評を「文学の名作の中でのわが魂の遍歴」とするアナトール・フランスの書評論と，「一著者の著作の非個人的考察」とする客観的書評論を対比し，前者は本質的には文芸批評の領域に属するという。現代書評にはこの意味の文芸批評に類する主観的書評が横行しているが，「アナトール・フランスこそ，書評界における悲しむべき荒廃の責任を負うべき人である」。書評は本来「著者が何をなそうとし，何をなし，いかになしたか」を語る，非個人的書評でなければならないのである[115]。このマシューズ型定義は，直接にはバウアーマンから学んだのであろう。

一方，ヘインズは書評に類似するツールとして，頻繁に解題（annotation）に言及し，その手法を解説した。解題とは，彼女によれば「簡潔な記述的もしくは批判的注記」の形で書かれる図書の特色づけであり，書誌作業の一分野をなす[116]。彼女は，記述的解題の例として『季刊図書リスト』（*United States quarterly booklist*），批判的解題の例としては ALA の『ブックリスト』をあげ，後者については次のような説明を付した。

「これらは図書館員にとって重要な，批判的，比較的情報を強調し，さまざまな好みに対して適切か否かを示すが……図書を読む興味をかきたて，欲望を覚醒させるようにも配慮されている。」[117]

ここでいう解題の「批判性」が，書評の「批判性」とどう違うのかについてヘインズは特に述べていない。彼女は批判性の程度によって書評と解題を区別したのではないのである。しからば何をもって両者を区別するのか。

第 3 部　図書選択の環境

　　「実際，解題と書評の違いは，［図書の］とりあげ方（treatment）の違い
　　というより，文の長さの違いである。」[118]
この定義には失望するかもしれないが，一般に図書館専用書評誌と考えられ
てきた『ブックリスト』を，彼女は一貫して書評誌でなく解題誌とみなして
いることを考えると，この定義は彼女の真意を伝えるものとみなしてよい。
　図書選択における解題のかかわり方の点では，彼女の場合，むしろ図書選
択業務の一部としての図書館員による解題作成が前面に出ている。例えば，
1925 年のロスアンゼルス公共図書館付設図書館学校における彼女の図書選択
論教育の梗概によると，「本課程」と「補助課程」の 2 部編成となり，本課程
で「図書解題の一般原理」を解説し，補助課程で「解題執筆」の指導が行わ
れることになっている。後者においては，ゾンネンシャインの良書目録[119]，
ALA の『選定図書目録』，『ブックリスト』などの解題を「分析比較」して
解題の実際を示し，学生の書いた解題をめぐって討論させたという[120]。
　『書物に生きる』では，「第 8 章　解題の技法」全体が解題作成法の解説に
あてられている[121]。1943 年の南カリフォルニア大学図書館学部での図書選択
の講義シラバスでも，「第 2 部　図書選択の実際　基本問題」の中の「図書記
述」の項で，書評やブックトークと並んで，解題の諸類型と目的，特質，避
けるべき事柄，解題の諸問題などが講義内容としてあげられている[122]。
　図書館員の行う書評と解題について，彼女は次のように概念を区別した。
　　「図書選択論教育の目的の一つは，全学生に，楽しめる適切・簡潔な口
　　頭書評を行い，満足すべき魅力的な図書解題を書く能力を付与すること
　　にある。」[123]
　　「図書館書評は通常，口頭書評を意味し，それは 3～10 分に限られ，はっ
　　きりした分析に基づいて行われる。＜解題＞は簡潔に書かれた図書の特
　　色づけを意味し，これまたはっきりした分析に基づいて行われる。」[124]
ここでいう口頭書評（oral review）とは，要点をチェックしたレビュー・ス
リップを手にして，図書選択委員会の席で，あるいは読者を前に行う，図書
の紹介と評価批評である。この場合，両概念の相違点は，口頭で行われるか

書かれるかの違いである。あまり他でみることのない独特の概念規定であるが，図書館員の行う書評・解題の実態に即した定義であろう。1910年の書評論によると，既成書評には，出版案内，物語の説明，図書の扱う主題に関するエッセイ，という3つのタイプがある。案内型書評は出版社が作成する通報紹介資料をもとにして，あまりやる気のない書評家が書く，宣伝タイプの書評である。著者の人物紹介，図書に関する一般的ほめ言葉程度に終わり，図書の内容を読まないで書かれる場合もある。

　説明型書評はフィクション書評に多く，ストーリーの概略を機械的に解説するのみで，批評や欠点の指摘は行わない。あらすじや結末も残らず書いてしまうのでかえって有害な場合もある。エッセイ型書評は，図書がとりあげたテーマを，多くの引用を使いながら自分の意見として興味深く書きたて，新聞日曜版の記事さながら興味本位に読まれるが，図書の権威性，公平・偏向性，索引・注記などの，図書選択に必要な具体的メリットには全然触れない[125]。

　従来の文芸批評分類や書評分類を巧みに生かした自由で実際的な分類であり，ヘインズの書評実務家的特質がうかがわれる。好ましからざる書評の型のみあげて批判的にみている割には，特徴づけの論理性が弱い。

　これとは別にヘインズは，1. 長文の批評的もしくは記述的書評，2. 短文の通報（notice），3. 数タイトルをまとめて書評する乗合書評（omnibus review），の3類型をあげている。第1の書評は，現代批評の中でも最良のタイプであり，文章技法のよさ，著作の目的の新しい流れ，表現法の変化などが論評される。第2の書評は知的かつ公平に賞賛するものから愚劣な評まで多岐にわたる。概して出版社自身が作成した新刊案内に基づいて，書評家が適当にまとめたものが多い。先にあげた説明型の書評はむろん，図書自体についてはあまり語らず，書評家の心情を書きたて，あるいはその主題についての書評家の知識を誇示する書評家評もこのタイプに属する。乗合書評は，とりあげるタイトルが複数で相互の比較も加わる書評であろうが，特にコメントはない[126]。

第3部　図書選択の環境

　タイプ別論評の他に，現代の書評に対する一般的批評も随所にみられる。まず現代書評は，50年以前の文芸批評型書評とまったく様相を一変し，通報としてのジャーナリスティックな性格を強くしてきた。通報は数行から数段程度の簡潔なものであるが，こうしたタイプの書評が多くなった理由は，図書の過剰生産にある。次々と刊行される新刊書を長々と書評していたら，書評は出版のペースについていけないので，皮相な短評が多くなったのである。こうした受け身の奨励は「真に批評的な書評への障害」になる[127]。

　現代の書評は温和で批判性に乏しく，熱心な賞賛，少なくとも中立的受容の態度をとるものが多い。殊に大恐慌以後は，出版界の不況を救うために図書の売れゆきを助ける目的の書評が増加した。ブロムフィールドの調査によると，年間刊行された新刊小説のうち137タイトルが「今年最高の小説」と評されているという[128]。

　書評に要求される必要条件とは何か。ヘインズは『書物に生きる』の中で次の5条件をあげた。

1. すぐれた文学的形態　　書評の表現は平易で効果的でなければならない。その形は，余裕と気品に満ちたものから，ダイナミックで分析的なものまで多様である。
2. 権威ある扱い方　　その分野の専門知識をもつ書評家が図書を実際に読んで書いたものでなければならない。
3. 分別ある比較　　同じテーマの他の図書と比較評価すべきである。
4. 包括性　　著者の権威，視野，形式，扱い方，文章のよさ，造本上の特徴など，すべての点に眼のゆき届いた評価が必要である。
5. 偏らない判断　　書評家自身の個人的偏見で書いたり，書評誌の発行所の編集方針に左右されない[129]。

　現在の書評の欠点を分析する過程で，彼女の頭の中に沈澱してきた書評の必要条件であろう。このうち，著者の権威，他の著作との比較の2点は，バスコムの書評原理4項目からとり入れたものと思われる。他の図書との比較については他の論文でも強調している[130]。

284

1910年の論文の中で、ヘインズは書評に必要とされる情報3点をあげた。すなわち、「著者は何を言わんとして手がけたのか、彼は［実際に］何を言ったか。彼はそれをどのように言ったか」。つまり、著者の目的、目的の達成度、目的の達成方法である。この原理は同年シューマンが文芸批評論の中で指摘したことは先にみた。いずれが先であったかはわからないが、その他の要件として、図版、地図、索引、活字などに触れること、「長い批評的な見地から」欠点やよさについての判断を示すこと、「文学において永遠性をもつもの［古典］との比較」を行うことをあげ、「書評家には批評の基準や方法についてもっと十分の知識が必要だ」と述べて、文芸批評理論に近い態度を示しているところからすると、ヘインズがシューマンその他の文芸批評理論の影響を受けたであろうと推測される[131]。

　書評の文章については、退屈であってはならないが、また過度の強調も慎むべきであると戒めている。「形容詞は名詞の敵である。」書評の対象は学者や専門家ではなく「自分の生活の反映、個人的好みの満足手段としての図書に興味をもつ一般読者」であるから、彼らに読まれる書評でなければならない[132]。

　ところで、現在の書評がいかに満足し難いものであるにせよ、他にすぐれた書評がなければ、図書館員はこれを利用せざるを得ない。そこでヘインズは、バスコムも示唆したように、同一図書に対するさまざまな書評を比較し、そこに何らかのコンセンサスを見出すべきだという。また、多くの書評を読めば、文献界の現在の動向を知り、個々の図書を文献界の流れの中に位置づけることができる。図書館の図書選択においては、難点の多い書評を比較して、その中に適切な評価を発見するという活用法が可能なのである[133]。

　図書選択論全体についてもいえることであるが、ヘインズの書評論もまた、あまりに書評実務家的であって、理論化は弱い。概念や論理が定着しないために、書くたびに組み立てが変わってきて、彼女の書評論の中に理論を読みとろうとする者は当惑する。にもかかわらず、彼女の実践的感覚は多くの図書館員に歓迎され、版を重ねるまでに広く読まれた。実務の中の書評の

効用は理論を越えたところにあるのであろう。

## (3) 書評の理論

　図書館員の書評論は，ややもすれば実際中心に流れる傾向があり，ヘインズはその典型といってさしつかえないが，ヘインズの『書物に生きる』改訂より8年後，シックはメリットの書評比較研究[134]，ボーアズの書評に関する博士論文[135]，ティスデルの図書館員書評の現状分析[136]を収録して，書評に関する理論書として刊行することを勧告して実現をみた。このうち，ボーアズは主要な文芸批評・書評の理論と比較して書評の理論を考察し，その理論をもってベストセラー書評の年代史的研究を行っており，図書館員の書評理論の一応の到達点を示した。

　ボーアズはピーボディ教育大学図書館学部を卒業，司書教諭・図書館員をつとめたのち，テネシー，ミシガン，南カリフォルニア各大学の図書館学部で教鞭をとり，1955年にミシガン大学で学位を取得した。このときの学位論文が，ほぼそのまま上記図書に収録されたのである。

　彼女は，冒頭に書評と文芸批評の関係を論考する。すなわち，ジョーンズは，書評の目的は図書の内容の要約，範囲や文体の説明にあり，評者の見解によって図書の良し悪しを判断する文芸批評と区別されるべきだとしたが，ボーアズは，書評にも批評的判断は必要であるとして，彼の消極的書評論を批判した。

> 「批評家は評価し，自分自身の時代の文献の中にある秩序と意味を見出そうとし，誤解された著作家に理解をもたらし，無視された著述家を一般の尊敬を受ける正当な場へ復権させようとする。[一方] 書評家は，よいものと駄目なもの，凡庸なものを分離する。」[137]

　図書館員が一貫して守ろうとした書評の批評機能が，ここでも確認されたのである。全体として，文芸批評が遡及的評価と恒久的位置づけを志向するのに対して，書評は現在の著作を対象とするという役割分担も，従来の理論を受け継いだものである。

第 2 章　書評理論の展開

　批評機能の重視は，書評のジャーナリズム的性格に限定的に作用する。すなわち，ベネットは，書評はジャーナリズムであり，文芸批評は文学であるとしたが[138]，書評もまた基準を意識し，著作を秤量すべきであり，したがって書評は新刊書を報道するジャーナリズムであると同時に，その批評でもなければならない[139]。

　彼女は書評が記述的書評と批評的書評の 2 類型をなし，後者は「審判的」，「道徳的」，「印象的」の各サブタイプに分類されるとみなす。これは，かつての文芸批評分類をそのまま書評分類に適用したものである[140]。

　批評的書評の分類について，ボーアズはまたテイトを引用して，文献の評価，洞察の伝達，修辞的研究の 3 タイプをあげた。洞察とは，一般に気づかれない意味の探知であり，著作の意義の発見を意味する。この 3 点はむしろ書評の条件というべきであり，一つの書評がこれら 3 条件を満足することもありうるが，多くはそのいずれかを中心に構成され，そこに書評のタイプがあらわれるという。着眼点による分類といえよう[141]。

　著者の目的とその目的達成度という批評の理論に，ボーアズは対決する。シューマンがこの理論を提示したと同じ 1910 年，文芸批評家スピンガーンは『ニュー・クリティシズム』(*The new criticism*) において，破壊的，および創造的もしくは教育的批評という，ゲーテの批評分類に触れながら，

　　「前者は機械的基準にしたがって文学を測定検証し，後者は＜作家が自
　　分で何をなそうと企図したか，そして彼は自己の計画を実行する上でど
　　の程度の成功をおさめたか＞という基本的問題にこたえる。」

と述べた。つまり，多様な作品に一定の尺度をあてて秤量する批評は，その作品の固有の意義を破壊するものであり，それぞれの特性を生かした評価を下すためには，作者自身の意図と，その意図の実現度を測るしかないとする理論である。

　これに対してボーアズは，

　　「この言明は確かによい。しかし，図書をその背景に照らし合わせて考
　　察するとき，文学とそれが書かれた時代との関係を研究するとき，図書

第3部　図書選択の環境

　　を一時的価値もしくは永久的価値の点で評価しようとするときは，この
　　言明はほとんど役に立たない。」[142]
と批判する。作者の意図とその実現度の評価のみでは，その作品の発生した
社会的，歴史的背景がわからず，また永年性のある価値の有無を読みとるこ
ともできないというのである。もともとこの理論には，普遍的価値の認識が
欠けていて，価値は個々の著作に即してのみ認められる，個性的なものであ
るとの前提に基づいているのである。

　この理論についてボーアズは，さらにカールの「有名な3つの問い」をあ
げ，一歩前進を試みる。

　　「書評家は，＜第1に，著者は何をなそうとしたか，第2に，彼はいか
　　にその目的をよく，もしくは悪しく成就したか，第3に，彼の目的は努
　　力する価値のあるものであるのか＞という，批評の有名な3つの疑問を
　　問うことによって，彼の仕事を単純化することができる，とM. J. カー
　　ルはいう。これからすると，図書は，著者の目的（purpose）やその達成
　　度（achievement）を，特定の文献分野において確立された基準との比較
　　によって理解することなしには，健全な評価を下すことはできないだろ
　　う。」[143]
ここでは，目的や目的の達成度よりも，著者の立てた目的が，その分野にお
いて確立されている基準によって，どの程度に高くあるいは低く位置づけら
れるかが主要関心事となる。「私の考えによって，批評家はしばしば，図書
と環境世界との一時的関係を過度に論じ，文献の中での永久的位置を論ずる
ことを軽んずる」というように，この第3点を強調することによって，彼女
は図書の個別評価を普遍的基準に結びつけようとするのである。レベルの低
い目的で書かれた著作は，たとえ達成度が高くとも，低い評価しか与えられ
ないという，スピンガーン理論批判がここにはある。

　著作を成立させた社会的背景との関係を追求する社会学的批評に対して
も，ボーアズは一定の理解を示した。

　　「美的批評家は，理論的には芸術作品としての図書に関心をもっている。

彼の機能は評価と鑑識であり，普通はいかなる歴史的，社会学的，心理学的諸関連からも完全に離れている。……アメリカの批評家・書評家の中には，社会学的アプローチが最も広範に用いられている。社会学的批評家は，考え方において鋭く違っていても，文学は生活の忠実な表現として評価されねばならないという点では一致している。これらの批評家は，芸術としてではなく鏡に写された経験として文学を判断するのである。」[144]

著作の成立する社会的，歴史的背景に関連づけて，著作が経験をいかに「忠実に」表現しているかを追究する社会学的アプローチは，著者の目的・目的達成度という，本来美的アプローチと根本において対立するものではない。なぜなら，美的アプローチの中心課題である著者の目的を，社会的コンテクストの中に位置づけることによって，美的アプローチにより広い視野を与えることができるからである。しかしボーアズは，目的の社会学的位置づけを求めることをせず，むしろ文献界の中に位置づけ，そこにあらかじめ存在する普遍的基準によって，目的の価値評価，意味づけを見出そうとしたのである。これがカールの批評理論のボーアズ的理解の特色であり，その意味で彼女は社会学派でなく，アカデミック批評に近いヘインズの書評理論の流れに属する。

　図書と読者の関係について，社会学派の図書選択論は，読者を基準とする図書の相対的価値を追求するが，文献主義の立場は，図書の絶対的価値を読者に伝達する方法を追求する。そして，次にあげるボーアズの「書評家の3基本目的」をみると，彼女が後者の立場を支持することが明らかになる。

1. 図書の定義
2. 何らかの方法による，図書の本質と質の読者への伝達
3. 図書の価値の評価 [145]

書評の理論の部の末尾において，彼女はヘインズの書評の必要条件5項目を引用し，後半のベストセラー書評の論考への導入としている。彼女の書評理論構成を支えた文芸批評理論の中にも，図書選択理論家ウェラードに影響

を及ぼしたリチャーズの分析批評理論の社会心理学的アプローチがあるが，ボーアズは彼の理論に一顧も与えず，逆に「文学は2つの危険に遭遇している。無学の者が芸術に手を染めることと，大衆によって文学の価値が決定されること」というラヴェットの主張を引用しながら，批評原理の非大衆的性格を強調した。書評理論は，文芸批評理論の流れを汲む限り，結局は文献的基準（literary bases）によって本質的価値（intrinsic value）を測る，ウェラードのいわゆる「人文主義原理」によらざるを得ないのであろうか[146]。

## 7. 図書館書評論

### (1) 評価基準

　既存の書評が，図書館の図書選択トゥールとしては不備が多いことは，早くより図書館員たちによって指摘され，アイルズは図書館専用の書評誌の発行を提唱し，ALAの『ブックリスト』発行によってそれが実現された。しかし，書評が改善され，図書選択に効力を発揮することができたとしても，各館の図書選択の特殊事情は反映されてこない。そこで，図書館員自身の手による書評が必要となる。

　すでにドルアリーは，図書選択者の業務の一つとして書評を重視し，書評スリップのサンプルを示しながら，図書館書評の方法を解説している。彼は図書をノンフィクションとフィクションに二分し，それぞれの評価基準を箇条書きした。主項目を次にあげる。

| ノンフィクション | フィクション |
|---|---|
| 1. 著者の資格 | 1. 著者 |
| 2. 書誌データ | 2. 書誌データ |
| 3. 物的特徴 | 3. 物的特徴 |
| 4. 主題・テーマ | 4. 主題・テーマ |
| 5. 範囲，形式，扱い方 | 5. プロット |
| 6. 使った資料 | 6. 特徴（扱い方を含む） |

7. 文学的長所・文体　　　　　7. セッティング
8. 予想される利用　　　　　　8. 文体・文学的長所
9. 図書館関係事項　　　　　　9. 作家の技術
　　　　　　　　　　　　　　10. 予想される利用
　　　　　　　　　　　　　　11. 図書館関係事項

　ノンフィクションとフィクションでは，評価の着眼点が異なるが，大綱は変わらない。これらの評価点とそれぞれの予想される回答肢を，あらかじめ標準型カードに印刷し，図書選択者がこれらにチェックを与える。彼の例示した書評スリップは，必ずしも上掲の箇条書きと一致せず，次のような簡略式となっている。

　　ノンフィクション　　　　　　フィクション
　著者，書名，刊年月　　　　著者，書名
　利用〔目的〕　　　　　　　効果
　扱い方
　文体　　　　　　　　　　　文学的長所
　影響　　　　　　　　　　　訴え方
　ふさわしい読者　　　　　　読者
　判型，図版，活字
　参考資料
　推薦するか　　　　　　　　どの部門に推薦するか
　　　　　　　　　　　　　　他の書評誌の書評

　これらの書評スリップは，図書選択担当係へまわされて参考に供され，あるいは図書選択会議で提示され，発注中の記録としてファイルされ，あるいは後日の選択の資料として保管される[147]。

　きわめて実際的な説明ではあるが，図書選択に先立って書評が書かれているか否かにかかわりなく，選択のプロセスを通過するすべての図書について，図書館員自身が直接現物に接し，項目別に判断し，これを記録する手順が不可欠であることが明瞭に示されている。彼の注記にもあるように，すでに某

第3部　図書選択の環境

図書館学校ではこの倍のサイズの書評スリップを使って図書選択の教育を行っているので，いくつかの現場でその例がみられたものと考えられるが，図書選択論の中で明確な位置づけを与えたのは，ドルアリーが最初である。

　図書館書評をさらに重視したのはヘインズである。書評検索トゥール『書評ダイジェスト』(Book review digest) や，図書館専門書評誌『ブックリスト』の発行は，図書の刊行より遅れるため，しばしば書評なしで図書選択を行うことがあり，入手できた書評も常に図書館が知りたいことをすべて語ってくれるわけではないから，図書館員自身が図書を読んで評価することも多くなる。さらに「図書の選択は究極的には個々の［図書館の］目的と知性の個人的行使」であり，地域社会や利用者のニーズを考慮して行われなければならないので，一般的評価を示すにすぎない書評では，適切な判断を下すことはできない[148]。ヘインズは，原則として購入するすべてのタイトルを，図書館員自身が書評しなければならないと主張するのである。

　先にもみたように，ヘインズのいう図書館書評は，簡単なメモに基づいて行われる口頭書評であり，解題との違いはただ，後者が文章化されるという点のみに存する。口頭書評は，単に図書選択会議の席ばかりでなく，利用者を対象とするブックトーク，ラジオ放送における書評等にも応用される。したがって，内容や原理の点では，書評と解題の間には本質的な差は認められない。

　しかし，書評・解題ともに，読者を対象とするか，図書館員への情報提供を目的として行われるかによって，態度に大きな差が生ずる。読者のための解題は，読者に図書に関する情報を提供し，読書意欲を喚起するために書かれる。したがって，主題，扱い方，価値，文学的よさなどの諸特長を的確に記述し，短所にはあまりふれない。この種の解題は，すでに一定の価値の認められた図書のみを扱うので，欠点をあげつらう必要がないし，欠点を指摘して読者の興味を減殺するのも目的に反するからである。

　一方，図書館員のための解題は，読者のための解題に記述される情報に加えて欠点も記述し，さらに「同じ分野の他の図書との比較における長所」を

第 2 章　書評理論の展開

も明らかにする必要がある。このため，後者は前者に比べてやや長文となる傾向がある。読者のための解題を「記述的解題」というならば，図書館員のための解題は「批評的記述」といえるであろう[149]。

ドルアリーが書評スリップのサンプルを示したように，ヘインズもノンフィクション・フィクションの別に書評スリップを例示している。

| ノンフィクション | フィクション |
|---|---|
| 著者, 書名, 出版社 | 著者, 書名, 出版社 |
| 冊数, 刊年, 価格 | 刊年, 価格, 挿絵家 |
| 図版, 地図, 表, 索引 | 訳者 |
| 書誌 | 文学的よさ |
| 主題, 形式 | 道徳的傾向 |
| 範囲 | タイプ |
| 資料 | 時代・地域 |
| 文章のよさ | 主題 |
| 扱い方 |  |
| 対象読者 | 対象読者 |
| 推薦される部局 | 推薦される部局 |
| 著者の資格（裏面） | 購入・拒否の理由 |
|  | プロット梗概[150] |

このうち，「範囲」とは主題全体か，一部分・一側面かを意味し，「扱い方」とは通俗的，学問的，正確，党派的などの，著者のアプローチをいう。ドルアリーの書評スリップと比較すると，書誌事項や著者の人物紹介，プロット梗概などが詳しく，逆に影響・効果など，読者との関係における図書の特性分析が弱いことが目につく。要求論者ドルアリーと価値論者ヘインズの相違というべきであろう。

ヘインズの例示した書評スリップには，「他の著作との比較」が欠落している。彼女のあげた書評の必要条件には，分別ある比較が 1 項あげられており，また図書館員のための解題にもこれが付記されることとされており，そ

293

の上,彼女が模範的解題の例としてあげる『ブックリスト』の解題の記述要素も,主題,著者の資質,範囲,扱い方,観点,文学的よさ,比較的価値,読者の型と説明されているので[151],書評スリップに「他の著作との比較」の欄が設けられていないのは重大な手落ちであろう。

解題の記述要素は書評のそれに準ずるが,特に解題に求められる基本条件に,「構成」,「内容」,「表現」が追加されている[152]。構成とは解題文の起承転結,内容とは図書の内容の要約,表現は解題文の文章力である。解題は利用者にみせたり,解題書誌や新刊案内として印刷に付したりすることが多いので,一般読者に理解しやすく,また彼らの興味をひきつける表現力が必要とされるのである。

1936年の書評論では,図書館書評の作成にあたる図書館員の資格条件がこまごまと検討されている。まず書評担当者は,書評の技術の訓練を行わねばならないが,それ以上に図書に対する興味が必須である。ヘインズは,書評担当者が本好きであることを繰り返し強調している。しかも,彼の扱う図書はさまざまな分野にわたるから,その興味は幅広いものでなければならない。興味のもてない図書を正しく書評することはできない[153]。

また書評担当者は,集中力,反応力,感受性に富み,彼の興味は批判的,分析的でなければならない。「ある意味での審美力,熱意,懐疑」が必要である。特に小説の書評において,これらの条件が重要となる[154]。ヘインズが,書評の技術的訓練以上に性格的な諸側面を重視したのは,長い書評体験において,訓練によって習得することのできない本来的素質や性向が最後に決定的な役割を果たすことを,身をもって知っていたためであろう。

1959年,ミシガン大学の名誉教授カーターと教授ボンクは,図書選択論教科書『図書館蔵書の構成』(*Building library collections*)を著した。同書は図書館書評にかなりのスペースを充当しているが[155],書評を口頭書評と解題に二分する,解題は図書館員のための解題と読者のための解題が区別されなければならないなど,主要部分はヘインズの紹介である。口頭書評の記述要素として,著者が何を意図したか,実際に何をなしたか,いかになしたか,

をあげているのは，おそらくボーアズの書評理論を採用したものであろう。図書館書評論を一歩前進させるような知見はみられない。

## （2）図書館書評の現状

　ミズーリ大学図書館副館長ティスデルは，在職中にシカゴ大学図書館学部に学び，1949年に修士の学位を修得した。修士論文のテーマは公共図書館の図書館書評の現状分析であるが，これを若干手直ししたものが，前述ボーアズ論文を掲載した『図書館の図書選択における書評』に収録された。ヘインズの図書館書評論がSollenを説いたのに対して，ティスデルは現状を科学的に分析している。10数年の時間の経過の結果でもあり，シカゴ学派の科学的アプローチの特色でもあろう。

　これによると，大公共図書館ではすでに図書館書評が図書選択業務の中に完全に定着している。調査対象はミルウォーキー，デトロイト，シカゴ，クリーヴランド，セントルイス5館と，ロスアンゼルス，フィラデルフィアの2館である。このうち前記5館は図書館員による個人書評を行い，あとの2館は個人書評は行わず，一般書評を利用している。

　個人書評館の4館までが，継続注文として新刊書を発行日前に自動的に見計らい納品させ，書評の遅延を防いでいる。見計らい図書は選択主任の手を経て，各主題部門または職員に割り当てられて書評される。クリーヴランドではすべての図書を書評するが，通常は問題のある図書のみを書評の対象とする。書評の分野を分担するために，新職員が採用されるとその興味主題を申告させている館が2館ある。

　書かれた書評は図書選択課に集められ，図書選択委員会の審議に付される。委員会は，個人書評を一般書評で補いながら判断を下す。書評するための読書時間は，多少とも勤務時間内に入らざるを得ないが，たてまえ上は勤務時間外とされているようで，「業務中にそれをする余裕があれば」勤務時間中の読書も許されると制限している図書館が2館ある[156]。

　ティスデルは，図書館書評の実態を分析するために，『書評ダイジェスト』

第3部　図書選択の環境

等を使ってフィクション 213 タイトル，ノンフィクション 163 タイトルのリストを用意し，各館における書評実行の有無を調査した。これによると，セントルイスではフィクション 40%，ノンフィクション 6% と書評率が低いが，他の 4 館はフィクション 53〜63%，ノンフィクション 67〜74% と高い。このリストの中には購入されなかったタイトルも含まれるので，それを除くと，クリーヴランドでは購入したフィクションを 100% 書評しており，他の 3 館も 100% をわずかに下る程度，シカゴだけは問題になるタイトルに限って書評するため，比率が低いことが判明した[157]。

　図書館書評の図書選択への影響は必ずしも自明ではなく，肯定的書評が書かれながら購入されなかったタイトルも存在する。ティスデルはその理由を，書評担当者と図書選択委員会の見解の相違，主題専門家の意見の影響，図書費の不足などに帰している。否定的な書評を受けたタイトルが購入された比率はさらに高いが，その理由は利用者の要求にあると推定されている[158]。

　フィクションの場合，図書館書評を行う図書館の方が一般書評を利用する図書館よりも購入タイトルが少ないが，これは図書館書評の方が評価がきびしいことを物語る。購入タイトルを 2 館間で照合して相関係数を計算すると，図書館書評を行う館の間では 0.45，一般書評を利用する館の間では 0.44 となり，ほとんど差が認められない。また，図書館書評館と一般書評館の間では相関係数 0.38 とやや低いが，目立った差はない。このことからティスデルは，図書館書評を行う場合と，一般書評に依存する場合とでは，図書選択の実態には大きな違いがなく，両方法の差は予想するほどに大きいものではないと判断した[159]。ノンフィクションの場合でも，この傾向は変わらない[160]。

　各館の書評記述を比較すると，4 館は所定の様式をもち，デトロイトのみは「エッセイ形式」の書評を行っている。所定の様式はいずれも，書誌情報，解題，プロット梗概等の欄を設けているが，それ以外のデータは各館ごとに異なる。また，3 館はフィクションとノンフィクションに異なった様式を用い，セントルイスは共通様式としている。

　様式が統一されていても，実際に書かれる書評は多様である。ティスデル

は次の14項目の書評記述要素について，441の書評をチェックし，記述の有無を調べた。

　　　ノンフィクション　　　　　フィクション
　　　　　内容　　　　　　　　　　内容・著者
1. 時代，状況
2. タイプ　　　　　　　　　2. 主題の扱い方
3. プロット　　　　　　　　3. 著者の資格
4. 道徳的不適性
5. テーマ
6. その他
　　　文体上の特徴
7. 文体　　　　　　　　　　1. 文体
8. 全体の質　　　　　　　　4. 全体の質
9. 人物描写
10. 行動・ペース
11. 比較　　　　　　　　　　5. 比較
12. 読者　　　　　　　　　　6. 読者
13. 読者への影響　　　　　　7. 用益
　　　　　　　　　　　　　　8. 参考文献
　　　　　　　　　　　　　　9. その他
　　　　　推薦　　　　　　　　　　推薦
14. 書評家の意見　　　　　　10.（書評家の意見）

　これら記述要素のうち，フィクション書評で最も多く記述されているのは「推薦」で，全体の4分の3に達する。その他，「時代・状況」,「読者」,「文体」,「全体の質」,「タイプ」なども高く，51～64％の書評が記述している。ノンフィクションの場合は，「文体」,「読者」,「主題」,「扱い方」などの記述率が高く，「利用」,「著者の資格」,「全体の質」,「参考文献」がこれに次ぐ。各館の記述率の序列を2館間で比較して順位相関を計算すると，フィク

ションの場合は平均0.68，ノンフィクションは0.46となり，前者の方が相関度が高い。このことから，フィクションの書評の記述は，各館とも比較的類似し，ノンフィクションの場合も，フィクションほどではないにしても，一定の類似性が認められるとティスデルは結論した[161]。

　ティスデル論文を掲載した『図書館の図書選択における書評』が刊行されたのはティスデル調査より9年遅く，その間の状況変化は無視できない。そこで彼は，1958年現在の図書館書評を行う5館の実態を調べた。その結果は9年前のデータと大きな違いはないが，ノンフィクション分野で図書館書評を中止した図書館があり，その他の図書館でも一般書評への依存率が高くなっている。その理由は，主題専門家の発言力が強まり，彼らが好んで一般書評を利用する傾向があるためとみなされている。図書館書評が時間・労力を必要とすることを嘆く図書館もある。労力を要する割には効果が薄いと考えられるのであろう[162]。

## 8. 計量的書評研究

　1920年代には，教育分野での書評の比較研究が行われた。数百の書評の語数，好意的書評の割合，あるいは書評のタイムラグ，重複書評数などを計算して，比較研究したものである。

　1930年代に入ると，主として統計的手法を用いて，現代書評を詳細に分析し，科学的データに基づいた評価を下して，書評の改善に役立てようとする研究が多く行われた。この計量的書評研究は，はじめ各分野の専門家の手で始められたが，30年代後半になると，コロンビア大学の大学院生が，修士論文のテーマにこの研究を選び，筆者のみたものだけでも，1946年までに14の論文が書かれている。そのうち5点は1939年で，1939～41年の3年間で10点に達するので，この時期に一種のブームをなしたことが想像される。1947年にはシカゴ大学，1949年にはウェスタン・リザーヴ大学で2点書かれ，コロンビア大学外にも書評研究の波紋が広がっていった[163]。

1958年刊の『図書館の図書選択における書評』の冒頭論文は，カリフォルニア大学教授メリットによる書評研究で，コロンビア大学学生等による個別研究の成果の整理を試みている。メリットは，書評研究の特徴を次の諸点にみる。

1）好意的書評の優勢

フィクション，児童書，教育，言語の諸領域では，特に書評の好意的傾向が顕著である。経済学，哲学，栄養などはややその傾向が弱いが，これは非好意的，批判的であるためではなく，判断を下さない中立的な書評が多いためである。

2）書評のタイムラグ

書評のタイムラグは，フィクションの1か月から心理学の12か月まで，分野による差が著しい。一般書評誌に比べて，専門雑誌の書評は格段に遅く，社会科学分野では，両者間6か月の時間差がある。専門雑誌の書評に比べると，一般書評誌はやや批評性が低いが，これは一般書評誌が出版情報誌的性格，コマーシャリズムを帯びているという事情のほかに，高度の速報性を求められているために入念な評価，批評ができないことも関係している。

3）選択ツールとしての用益

新刊書1タイトルに対して，平均2つの書評が書かれているので，批判的評価のツールとして十分有効である。

4）書評のカバー率

新刊書の平均53％が書評されているが，これは主要書評誌4～6種を合わせた場合のこと。図書館員が図書選択のために，各分野の専門雑誌4～6種類に常時眼を通すことは困難で，カバー率の点ではまだ選択ツールとして十分でない。

5）書評文の語数

生物学の書評文が，社会科学の書評文の4分の1の語数しかないなどの問題が残されている。また平均すると，専門雑誌より一般書評誌の方が語数が多いのも，奇妙な現象といえよう。

6）書評家の能力

一般書評誌の書評家の20％が主題専門家であるが，専門雑誌の場合は80％と高い。このことは，書評の敏速さと書評の専門性，権威とが両立しがたいことを物語る[164]。

メリットの書評評価の眼は，選択トゥールとしての有効性に向けられているので，書評の記述要素や理論にはそれほど注意を払わず，一般書評誌も専門雑誌の書評も大差ないと評価しているのが特徴的である[165]。

## 9. あとがき

文芸批評系の書評論は，一つの書評原理に基づく理論を求める傾向があり，書評専門家たちは書評の環境条件について注文が多く，図書館員は図書選択のトゥールに使えるかどうかを重視し，計量的書評研究は書評の記述要素別に評価する。各系譜に共通する書評理論を見出すことは容易でないが，目的達成度の理論や，関連図書との比較の手法などは各書評論に共通する。現代の書評理論を構成し，読者のニーズの要素を加えて図書選択理論を導き出すことも不可能ではなかろう。

# 第3章
## アメリカの知的自由の思想
――講演記録

［この章は，筆者が 1975 年に講演した記録を再構成したものである[1]。］

ご紹介いただきました河井です。

先ほど清水正三さんから，現実の問題の中からいろんなものを拾って，というふうに紹介していただきました。私もそういうふうにしたいと思っていたんですが，アメリカにおける知的自由，あるいは，図書館の読書の自由という問題についての歴史的な流れを，簡単にみておく必要があるんじゃないか，というふうなこともおっしゃっていましたので，キリをつけにくくなりまして，結局一本にまとめまして，「アメリカの知的自由の思想と組織活動」という題でお話することになりました。

1950 年代の中立性論争後 20 年たった今，日本の図書館界に再び図書館における読書の自由の声が高まり，一つの運動に盛り上がろうとしています。これは日本図書館運動史上，2 度目の盛り上がりです。1950 年代の運動が，アメリカにおける反マッカーシズム運動と，その成果としての「読書の自由声明」（Freedom to Read Statement）のいわば輸入版として，日本の運動が起こってきたといってもいいんじゃないかと思います。アメリカの読書の自由声明が日本に輸入されて，中立性論争が起こりました。

それに対して，昨年（1974 年）来の山口県立図書館事件や目黒区史事件との関係で起こった運動は，輸入ではなくてまったくの国産品です。この流れは中立性論争と似てはいますけれども，本質的にまったく違う何物かがある

第3部　図書選択の環境

んじゃないかと私は感じています。

　今私たちは，目をそむけることのできない厳しい現実の中に，自分の，そして日本の図書館の読書の自由の方向を追い求めています。そのとき，アメリカにおける読書の自由の運動の歴史をみることは，少し見当違いのようにみえるかもしれません。しかし，われわれにとっては外国の運動にすぎないこのアメリカの歴史は，アメリカの図書館員にとってはまさしく自分たちの歴史であり，自分たちの存立，生死をかけた闘いの歴史でした。一見華やかにみえる「図書館憲章」(Library Bill of Rights) は，アメリカの図書館員が血を流してつくり出した，自由を獲得するための砦であるといえるでしょう。わが国の問題を解決するためには，われわれ自らが血を流さなければなりません。他に誰が血を流してくれるでしょうか。だが，アメリカの同胞がどこで挫折し，どこで血を流したかをみることによって，われわれは彼らがおかした過ちを日本で繰り返すことをさけることができるのではないか。そういう意味で，われわれ自身の正しい道を切り開くためにも，アメリカの歴史に一度目を通しておく必要があるのではないでしょうか。[補注：Library Bill of Rights の訳語は，本書では一般に使われている「図書館権利宣言」に統一したが，この講演では「図書館憲章」で通したので，そのままにしておく。]

## 1. 図書館憲章の歴史

　アメリカの図書館員の読書の自由についての成果は，いく度か改訂されて今日に至っている「図書館憲章」と，これを守り発展させるための制度であるアメリカ図書館協会（ALA）の知的自由委員会（Committee on Intellectual Freedom）によって代表されます。このうちまず「図書館憲章」は，アイオワ州デモインズ（Des Moines）公共図書館でつくられた「図書館憲章」に起源があります。

　1938年11月21日，同館の図書館委員会はスポールディング館長の起草した声明を図書館資料の選択基準として全会一致で採択し，その知らせが

『アメリカ図書館協会報』（ALA bulletin）誌上に出ました。これを受けて，ALA の評議員会は翌 1939 年 6 月 19 日のサンフランシスコ大会の第 1 会議で，成人教育委員会という委員会の委員長ローズの動議によって，最初はデモインズ公共図書館で発表された小さな宣言を，アメリカ全体の，したがって ALA 全体の方針にすることに決めて，だいたい同じ内容の「図書館憲章」を採択しました。

1938 年という年にデモインズ公共図書館が「図書館憲章」を採択し，ただちに ALA がこれをとりあげた決定的な理由はあまりはっきりしておりません。実は，この関係で大滝則忠さんから非常に多くの示唆をいただきました。大滝さんの分析によりますと，アメリカ人は「英語を読み書きする社会で生活をしている」ために，ミルトンやフランクリンの読書の自由の思想を自分たちの「意識の一部」となるまで身につけていたということが指摘されています。しかし，19 世紀でもなく，20 世紀中葉という時期でもなく，まさに 1930 年代後半にこれが登場しなければならなかった必然性は，これだけでは説明がつかないのではないか，今いったことであればもう少し早くできたであろうし，あとにしてもよかった。

「図書館憲章」の序文は，最初の版の序文の中では「世界の各地における徴候が，増大する不寛容——多様な思想に対する寛容さが欠けてきている——，言論の自由の抑圧，および検閲の，少数派・個人の権利に対する侵害を指し示している今日，デモインズ公共図書館の図書館委員会は，デモインズとその市民の最良の利益につかえる，無料公共図書館の基本的運営方針を再確認する」と述べています。これだけでみると，デモインズ公共図書館が「図書館憲章」をつくった理由は，もっぱらヨーロッパにおける思想統制，ナチの残虐な行為が動機だった，というふうに解釈されます。いうまでもなく，ナチを筆頭とするヨーロッパのファシズムの，理性を蹂躙した暴力政治を意味しているものだと一応考えられます。

アメリカ図書館界は，たしかに早くよりヨーロッパのファシズムに注目し，これに警戒の目を注いでおりました。ナチが政権をとり，本を焼いた，"book burning"というのですか,焚書をやった。それから9年後(1942年)のナチ暴虐記念日に,アメリカで抗議の意味をこめて「第9記念日」というのが行われました。このときスイングという人が,当時のことを回顧して報告した記事が雑誌に出ています。それによると,当時彼はドイツにいました。友人のドイツ人のところで話をしていると,その友人が「顔に完全な絶望の色を表して＜彼らが本を燃やしている＞と報告」しました。その文章全体が非常に感動的な表現をしておりますけれども——そういうことを書いております。それから,カーノフスキーが1934年にドイツを訪問し,ドイツでは有名なホーフマンというライプツィッヒ公共図書館長に会って——このホーフマンとシカゴ大学図書館学部とは非常に緊密な関係をもっていました——そこの図書館を見学させてもらったりしました。そのライプツィッヒの公共図書館の書架には,すでにコミュニズム関係の本は見当たりませんでした。また,ナチ関係以外の新聞も除かれていました。図書館は市民にあまり利用されていなかった,そういうふうに,カーノフスキーが当時のドイツの報告をしております。これは『ライブラリー・ジャーナル』に出ております。

　それから,ウェラードという人——この人もやはりシカゴで図書選択についての本を出した人ですが,この人が1937年に小さな論文の中で,デモクラシーのための公共図書館の使命について論じております。これが問題となりました。簡単にいいますと,ウェラードは,公共図書館はデモクラシーを民衆に普及するための砦である,したがって図書館員は民主主義を擁護するための一種の闘士でなければならない,宣伝家でなければならない,というふうなことをいったわけです。これはもちろん,ナチがそのようにやっているならば,それに対して自由を擁護する立場を代表するものとして図書館員も立ち上がらなければならない,といおうとしたわけです。それに対する議論の応酬の中で,ナチがドイツで残虐な行為をやっているということも再三とりあげられています。こういうようなことから,「図書館憲章」を成立させた動機の一つがヨーロッパ・ファシズムの狂乱にあったということは,疑いをいれないのであります。

第 3 章　アメリカの知的自由の思想―講演記録

　しかしナチの暴虐がいかに激烈であろうとも，それだけではアメリカの図書館員があえて起ちあがることはなかったかもしれません。これに対応する，非理性的な勢力がアメリカ国内にもやはり存在し，図書館員が日常的にこれに脅かされるような状況がどこかにあったのではないか。

　1930年代後半，アメリカではスタインベックの『怒りの葡萄』が議論の的になりました。イースト・セントルイス，カムデン，ベーカーズフィールド，その他の公共図書館から『怒りの葡萄』が追放されました。そのほか，バース・コントロールの問題，あるいは友愛結婚，その他無政府主義，社会主義，そういうものも次から次へと追い払われるようになってきました。

　ALAの事務局長をやっていたマイラムは，第一次世界大戦中のアメリカではドイツ関係の文献が追放され，あるいは輸入を制限されたという歴史があった──その当時と現在，つまり今いっている時代を比較して，「知的自由が再び脅かされている。われわれ図書館員は，経験と省察によってこの脅威を解決する準備をいくらかしているが，にもかかわらず安全に自分の地位を得ているという状態からまだほど遠い」「アメリカでは，われわれは一度も検閲の危険から解放されたことはない。もしその年の一冊の偉大な書物が，欧州戦争勃発以前の1939年にいくつかの図書館から追われることがあったならば──これは事実あったわけですね── 1940年代，41年における危険は一層増大するに違いない」と述べています。アメリカの国内で，危険を肌で感じていたわけです。

　これらの証言はまだ具体性を欠いておりますが，後の激しい検閲活動の条件はすでにこの時期にそろっていて，図書館員にも十分認められていました。ヨーロッパの反理性的激動は，アメリカ人にとっても決して大西洋の彼方の問題ではありませんでした。ヨーロッパの激動は，彼ら自身をとりまくおぞましい状況の拡大表現にすぎなかったのです。この現実をたしかに把握したときに，デモインズ，あるいはALAの「図書館憲章」がどうしても生み出されなけれはならなかった，私はそこに必然性を認めるべきではないかと解釈しております。

第3部　図書選択の環境

デモインズ憲章の要点はどの点にあるのかと申しますと,
1. 公共図書館の図書選択は，著者の民族，国籍，政治的，あるいは宗教的信条によって決められてはならない。
2. 論議される事柄について，すべての立場の図書が購入されるべきである。問題があれば，それについての立場もいろいろありうる。図書館には，あらゆる立場の本が集められねばならない。
3. 官公庁，団体の刊行物は寄付によって収集する。
4. 集会室は，非利益団体の無料公開集会には，同等の条件で提供されなければならない。

この4点です。

　これがALA憲章になりますと，今いいました第3項目が落されまして第1,2,4項目がとりあげられ，それが多少綴りを修正した程度で，ALAの図書館憲章とされました。ただ，ここで公共図書館を教育機関（institution to educate）としたことは心にとめておいてください。

　ALAの評議員会は，採択と同時にこれを全国の図書館員，図書館委員会が——ここでいう図書館委員会とは各個々の図書館委員会，日本でいう図書館協議会にあたる——自分たちの方針として，このALAの方針を採択することを勧告しました。しかし後にみるように，その翌年，1940年にはALAに知的自由委員会が別につくられねばならなりませんでした。

　1944年，新たな情勢に応ずるために，第1章にさらに別の文章が追加されました。これが1944年の修正です。

　この頃，日本軍が占領下で行った蛮行のことが報告されています。「1941年の太平洋戦争勃発後」——これはその引用です——「日本人がフィリピンで最初に行ったことの一つは，アメリカ図書館の破壊であった」。これは事実あったらしいです。「日本人はそのバーバリズムの行いによって，自分たちのためにナチの政策を採用したのであった」というふうなことを，事件の直後に『アメリカ図書館協会報』が報告しております。同じような蛮行は，日本の国内でも行われていました。図書館が本を燃やさないにしろ，本を除

いたとか，没収したとかです．

　太平洋戦争も末期に近づきますと（1944年），アメリカ国内での検閲活動が活発化してきました．カールソンのアメリカ国内のファシスト団体を扱った *Under cover*，『秘密活動』という意味でしょうか，ファシスト団体を扱っている本．それから黒人女性と白人男性の愛をテーマに扱った『奇妙な果実』（*Strange fruits*），この2つの本が問題になりました．図書館蔵書としての適否が激しく論争されて，特に『秘密活動』は連邦議会でも問題にされて，その配布が差しとめられたところも多かったようです．読んだり読ませたりしてはならないというふうに．

　その他，『怒りの葡萄』『チャタレイ夫人の恋人』なども攻撃の的になりました．ボストンでは警察によって書店検閲，それから書物の追放が行われました．これに対してマサチュセッツ図書館協会が抗議の決議を出して，州知事，ボストン市長などに送りました．デトロイトでは『奇妙な果実』を売るなと命令されたある本屋が，「これが公共図書館で手に入る」限り「書店からもとり下げません」といって拒絶しました．そうすると，今度は警察の鉾先が当然図書館の方に向けられます．今度は図書館と警察とが対決することになる．アルヴェリングという図書館長が，さっそく市民団体を呼び集めて，図書館委員会の公聴会を開いていろいろ議論しました．結局，図書館は図書館委員会と市民団体の強力な支持を得て，閲覧を停止させようとする市の計画を拒否することができました．

　郵便局は，『奇妙な果実』の郵送を——猥せつ文書を送ることを制限したり禁止できる規定があって——取り締まりました．また，軍人選挙法は軍部購入図書から政治関係の本をすべて排除しました．それからヤングという人は，検閲に関する理論的な考察を行った上で，なるほど現在（1944年）のアメリカにはヨーロッパの全体主義諸国におけるような全面的規制はない，しかしながら，国家安寧の必要範囲を越えた検閲というものは安寧のために必要かもしれないが，特に戦時中には必要かもしれないが，すでにその限界は越えているように思われる，というふうに書いております．

第 3 部　図書選択の環境

　このような情勢に対する対策として，知的自由委員会は，一部の人々の抗議があるというだけで，事実記述の点で正しい書物を図書館から排除してはならないという趣旨の 1 項を第 1 章に添えました。これが 1944 年度の修正です。つまり，コミュニティの何人かの人から抗議があるからといって，その抗議を簡単に正しいと認めることはできない，そのことを文章化して入れたのです。

　1939 年憲章は，いわば願わしい図書選択の基準を一般的に示した理念宣言だといってよいでしょう。ところが 1944 年の追加条項は，「追放または除去されてはならない」と書いています。理念が侵害されるという事態がありうることを認め，それを拒否する立場を明らかにしたのです。これによって，「図書館憲章」成立後の 5 年間，読書に対する侵害が各地で行われたということを，逆に認めることができるわけです。1944 年の追加条項は，この憲章侵害に対する図書館員の闘いの成果であり，いわば新たな宣言であったといえます。

　1945 年，第二次世界大戦終結の年，知的自由委員会の委員長カーノフスキーは，各地の検閲の事実報告がこれまでほとんどされていないと書いていますが，1948 年のアトランティック・シティにおける年次大会では，再び堰をきったように——むしろ初めてかもしれません——いろいろな検閲の事実が報告されました。公共図書館では，イリノイ州のチャンペイン公共図書館で *New republic* という雑誌がとり除かれました。ミシガン州のグランド・ラピッズという公共図書館では，館長が人身攻撃を受けました。

　学校図書館での報告がこの時期に非常に多い。アラバマ州のバーミンガムのすべての学校図書館から *Senior scholastic* という雑誌が没収されました。ニュージャージー州のニューアークでは『ネーション』（*Nation*）誌が，ニューヨーク市のハイスクールでは単行本が何点か学校からとり除かれました。アメリカの在郷軍人会は，学校，教室からすべての破壊的な本を一掃することを決議しました。

　ブランシャード，『読書の権利』（*The right to read*）という本を書いた人で

すが，この人は公立学校の教科書検閲の事例を多数報告しています。1947年，ニューヨーク州ロチェスターというところでは，『20名の現代アメリカ人』という，偉人伝のようなものでしょうか，それが教育長によって有害図書といわれて激しく非難され，議論があったのですが，結局，元通り教科書として認められました。

それから，1948年にはニュージャージー州のルサナというところで，これまで5年間教科書として使われてきた『我が南部の隣人たち』（*Our southern neighbors*）という本が，南アメリカのウルグアイの社会民主主義をベタほめしたということで，教科書としての資格をとり上げられてしまいました。

1947～48年にかけて，ニューヨーク市の『ネーション』誌事件がおこりました。マックリーシュの説明によれば，「ネーション誌は……1937年からニューヨーク市内のハイスクールでも，図書館でも，自由に読めるようになっていた。しかし，教育委員会が不当だとする21の文章の中に，この雑誌の中の2つの論文が入っていた。そのために，今後ハイスクールの生徒が読むのに適さないとの烙印を押されて，以後の号は排除するよう指示された」。問題の記事というのは，ブランシャード自身が書いた記事です。ローマ・カトリックに対する批判めいたものがその中にあったのです。プロテスタントの立場からカトリックを批判したから撤去したというのではなく，宗教，特に権威あるローマ・カトリックについて，それを宗教論争という形で学校にもちこむのはよろしくない，つまり宗教はあくまで信仰の問題であって，それを学校で論争の問題にしていけない，というふうな立場から規制を行ったわけです。これは長い間もめて，この本が書かれた当時もまだ解決していませんでした。

このことと直接関係があったかどうかはわかりませんけれども，この『ネーション』誌が追放されるという指示が出てからちょうど10日後の6月18日に，これまでのものを全面的に書き改めた新しい「図書館憲章」が成立しました。これが1948年の「図書館憲章」です。これまではLibrary'sと"s"が入っていましたが，ここから"s"が落ちます。Library Bill of Rights.

第3部　図書選択の環境

元の草案は *Living with books* という著書の著者であるヘレン・ヘインズが書き，評議員会がこれに手を加えて最終的なものに仕上げて採択したのです。

新憲章の眼目は，第3章のアメリカニズムに基づく検閲行為に対する抗議です。検閲行為というのはしばしばアメリカニズム――つまり一種の愛国主義ですが，それから出てきます。そういう検閲行為を今後許してはいけないということです。第4章は思想，表現の自由を守るために，その他の関連団体と協力しなければいけないということをうたいました。第3章のアメリカ・ナショナリズムの否定は，国際連合成立期の国際主義的な思潮の反映であろうと思われます。第4章の共同闘争の姿勢は，検閲問題が単に図書館だけの問題ではない場合が多く，他の団体と共同でたち向かわない限り最終的な成果を得ることができないということを，長い体験の中から理解し，その認識に基づいてこの条項が入ってきたのではないかと思います。

さらに3年後の1951年，イリノイ州のペオリアという公共図書館で，アメリカ在郷軍人会とローカル新聞が，市の図書館の所蔵していたフィルム3本が反アメリカ的であるということで，これを除けと強要してきました。しかし，これらはすでに1947年度のALA視聴覚委員会の小図書館用の推薦リストに載せられているものです。推薦されているフィルムなのです。

教育フィルム・ライブラリー協会は，ALAにこういうふうな検閲行為と闘ってほしいという要請を出しました。ところが「図書館憲章」の中には，読書資料（books and reading matters）と書いてあるだけなんです。読書資料についてしか規定していないので，読むものではない視聴覚資料のフィルムには適用すべきではないという図書館員もかなりいたようです。しかし，その精神は共通する問題であるということを，評議員会が認めて，フィルムの検閲もやはり抗議されるべきであるということを認めて，同年2月3日，このことを憲章の脚注として加えることを決めました。

しかし，この時期にはすでに――これはすでに塩見昇さんと天満隆之輔さんが書かれている，マッカーシー旋風，あの中に詳しくレポートされていますが――マッカーシー旋風の吹きすさぶ時代にすでに入っていました。1950

第3章　アメリカの知的自由の思想―講演記録

年6月に朝鮮戦争が勃発すると，アメリカ国内の反共愛国運動が高まってきました。そして親ソ的な文献が片っ端からヤリ玉に上げられました。アメリカの知的自由は，空前の試練を受けることになったのです。

　まず，オクラホマ州──詳しくは塩見・天満論文を読まれたらおわかりかと思いますのであまり詳しくはいいません──バートルスビルという公共図書館のブラウン館長は，その図書館に『ニュー・リパブリック』(*New republic*) あるいは『ネーション』，『今日のソ連邦』(*Soviet Russia today*) というふうなものをおいているという理由で，市の委員会が図書館委員会に対して，館長を辞めさせるようにとの要請を行いました。ブラウン館長は図書館委員会にその問題を諮っていろいろ協議した結果，図書館委員会は彼女を支持しました。こうして一度は勝利を得たのですが，市の委員会はそれではということで，条例を改訂して図書館委員会を組織がえしてしまい，結局彼女はクビになりました。

　その後，検閲活動は跡を断たず，全国に波及していきました。それらは大なり小なりすべてマッカーシズムの産物であったといえます。1953年4月のマッカーシー委員会──これは通称です──とその調査官が，国防省の海外の図書館とその蔵書を調査し，特に社会主義的な文献，あるいはアメリカニズムに反し，アメリカに不利になるような本はすべてとり除けというふうなことになりました。相当の本が没収されたり，焼かれたりして頂点に達しました。その年1953年の7月に朝鮮戦争が終了して，7月8日にジョンソン声明が出まして，ここでマッカーシーのやり方はマズかったということになり，それ以前の状態に戻されて一応小康を得ました。

　外国におけるアメリカの図書館についてはそれで終わったのですが，国内的にはそういう風潮はずっと長く残りました。1953年度は，全国の公共図書館で発生した検閲の事例は，合わせて100件を超えています。これは知的自由委員会に報告されたものだけです。報告されていないものも合わせると，はるかに多くなると考えられます。

　図書館界の検閲に対する組織的な抵抗も，この時期が一つのピークをなし

第3部　図書選択の環境

ています。検閲が厳しければまた，それに対するレジスタンス運動もやはりピークに達します。「図書館憲章」はこのときは改正されておりませんが，ロイヤルティ宣誓に反対する決議が出ました。公務員の「忠誠」宣言を行うと，図書館につとめていて本を選択するときに，反アメリカ的な本を買うことができなくなってきます。クビになっても仕方がなくなるわけです。そういうロイヤルティの宣誓を図書館員に適用しては困るという決議が1950年に出されたのです。それから，ご存知かと思いますが，社会主義的，あるいは反アメリカ的な本に特別なラベルを貼りつけて，他の本と区別して，これは危険な図書である，ということが一目でわかるようにするという運動があり，それに対する反対の声明が1951年に出されました。

それから，有名な「読書の自由声明」が1953年，マッカーシー旋風のピークの年に出されました。同じ年に，海外図書館に関する「海外図書館声明」というのが出されました。1955年には「学校図書館憲章」，1958年には，カリフォルニア州の図書館協会の「図書館における知的自由」という決議が出されています。こういうふうに，息つく間もなく毎年のように声明や決議が出されています。

「図書館憲章」の一般規定だけでは抗しきれなかったのです。「図書館憲章」は明らかに理念です。非常に抽象的な一般的な規定です。これだけではとても防ぎきれないというので，問題がおこるたびに一つ一つそれに対する態度を決定して，宣言あるいは声明を出していったわけです。

マッカーシズムの反共活動は一応おさまったとして，その次に人種差別問題（segregation）が1960年代に表に出てきました。南部諸州の公共図書館は人種差別廃止，つまり desegregation のための決然たる行動に出る。これは実は私，詳しいことを知らないので，読み間違っているかもしれませんが，もし誤っていたらお許しねがいます。

ヴァージニア州のダンビル公共図書館で，閲覧室を完全に閉鎖しました。これまでおそらく公共図書館の閲覧室が白人と黒人が別のところで読むような構造になっていたが——少なくとも習慣的になっていたのではないか——

312

これではいけないということで，閲覧室を閉じてしまった。これを直すにはちょっと荒療治でないといけない，ということで閉じてしまいました。ただし，2ドル50セント金を払った者には利用させ，館外貸出を許可しました。これを90日間試験的に続けました。その後で多少ゆるめて，今度は入館するときに番号札を与えて座席を指定しました。これまではどこに掛けてもよかったけれども，座席を指定する，それでよいという者は入って中で閲覧してもよろしい，というのです。指定すれば白人も黒人もなく，その番号のところに座らなければなりません。そういう意図から座席指定制度を実施したのだろうと私は解釈します。しかし，そうまでやっても黒人の利用は非常に少なかった。週に2人ぐらいしかない。それも教師です。

　それからサウスカロライナ州のグリーン・ビルというところでは，やはり数週間ほど図書館を閉じた。ところが，どういう勢力からかわかりませんが，座りこみデモがあって，やむなくまた開館しました。この図書館ではストウという館長が，それ以前に相当長い間差別廃止の勧告をし，差別をなくしてほしいと繰り返し言っていた。それがなかなか実行されないというので，業を煮やして閉館という措置をとったのではないかと思います。ヴァージニア州のピータースバーグというところでは，4か月の閉館をした上で，だいたい差別が撤廃されたというときにはじめて平常通りの利用が許されました。

　もう一つ，これは非常におもしろいのですが，さっきいったバートルスビル，図書館長が市の委員会から弾劾されて結局クビになったという事件をちょっと申しましたが，このときのブラウンという館長は，バートルスビル時代に差別を完全に廃止したそうですね。席なんかはもちろん，白人黒人混合で利用しなければいけないようにしていたようです。黒人はどこでも好きな座席で読むことができた。ところが「このことがすべての出来事の背景であったようだ」というふうに彼女は書いています。

　すべての出来事とは何か。はっきりと書いてはいないのですが，もちろん彼女が図書館委員会からクビにされたことです。だから『ネーション』誌があるとか『ニュー・リパブリック』があるとか，そういうのは単なる口実に

第 3 部　図書選択の環境

すぎないのであって，実はこういう白人黒人混合という思い切った措置をとっていたことに対する反感，反発が委員会の中にあって，それが彼女の罷免という結果をもたらしたのだと，私は解釈します。1961 年の『ライブラリー・ジャーナル』（*Library journal*）誌に報告されています。これは黒人差別問題との関係で書いた記事の中に出ているわけですから，そう考えざるを得ません。

　ALA に対しては，多くの図書館員から ALA が差別廃止に関してもっと強硬な態度に出るべきだ，まだ生ぬるいという声が出ていました。このような動きの中で，ALA ははっきりとした姿勢を示さなければならなくなりました。そこで 1961 年 2 月 2 日，評議員会は「図書館憲章」第 5 章に図書館利用の権利は人種，宗教的あるいは政治的立場の故に否定されてはならないという，図書館利用の自由（Freedom to use library）の項目を新たにつくりました。

　これまで，利用というのはそれほど表に出ていませんでした。むしろ資料の選択，資料の利用の自由を強調していたわけで，すべての人が平等に自由に利用できるということはあまり問題にされていませんでした。ところが，ここで利用者の立場に立って，誰でも同じ条件ですべての資料を利用できるということを新たにつけ加えたのです。ということは，もともと図書館資料の側から収集，閲覧の自由を規定してきた憲章であったのですが，ここで利用者の側からも読書の自由が保障されることになったのです。これはむろん，黒人問題，白人は使ってよいけれど，黒人はいけないとか，そういうふうな差別をしてはならない，ということが背景にあるわけです。

　さらに 6 年後の 1967 年，評議員会は 2 度目の全面的な改訂案を採択しなければならなくなりました。これより先，イリノイ州のベルビルというところの公共図書館の館長が，この人はカトリックだそうですが，プロテスタント系の出版物を「排除」したいと思って，こういう本は「健全で事実に基づいた権威ある読書資料」ではない，というふうな論拠づけを行いました。事実，「図書館憲章」の中には，これまでの 1948 年の憲章の中には「健全な事実に基づいた権威をもっているような読書資料」の選択が基準であるべき

第 3 章　アメリカの知的自由の思想―講演記録

だ，というふうに書いています。いいかえれば，健全でないものはいけないというルールが成り立つのです。それをうまい具合に利用して，プロテスタント系の本は健全でないというふうにいったのです。

　1965 年のワシントンにおける冬季大会は，この問題をとりあげました。非常に深い思想の哲学書とか，あるいは影響力の大きい本の中には，しばしば「健全で事実に基づいた権威」という点では難のある本もありうる。事実について詳しく述べていない，あるいは事実をゆがめて述べていても，思想的には非常に深いものもありうる。それからフィクション，小説については，これはまったく妥当しない。こういう論拠をもし乱用したならば，結局「図書館憲章」がいわんとしていた読書の自由を完全に骨ぬきにしてしまうことも可能である。そういうことから，この「健全な事実に基づいた権威のある本」の購入は自由である，ということは必要でないという結論に達して，文章から削り落としました。

　それから 1951 年の，先ほどいいましたフィルムのことですね。図書だけでなく，視聴覚資料も含めるという脚注をつけましたが，そういうふうな脚注の形ではあまりよろしくないというので，ここで「読書資料」（reading matter）といっているのをやめて，「図書館資料」（library materials）というふうに書き直しました。

　それからもう一つ重要なことは，同じ 1967 年に評議員会が行われる前ですが，「知的自由とティーン・エイジャー」というテーマで会議が開かれました。この会議は，図書館蔵書中のすべての図書に自由にふれることは，青少年にも許されるべきであろう。成人用図書というのがありますが，そういう図書も青少年に読ませてもよい。彼らもそれに対する自由な権利をもっているはずである。読書の権利をもっているんだ。そういうことを決議したわけです。この主旨は当然「図書館憲章」に反映されなければならない。ということで，利用者の国籍とか，宗教的，政治的信条によって利用してよいとか，していけないとか，そういう差別の廃止を決めた第 5 章に，もう一つ「年齢」を加えたのです。年齢によって差別をしてはいけない，という項目

第3部　図書選択の環境

をつけ加えました。その他にいろいろな修正が加えられて全体として大幅な改訂になり，1967年6月の評議員会で採択されました。

1971年のダラスにおける年次大会では，憲章の内容により具体性を与えなければいけない，ちょっと抽象的すぎるということで，憲章には別に手を加えないで，3つの解釈（interpretations）というのが決められました。

大滝さんの論文をそのまま使わせていただきますが，第1には知的自由声明，第2にはラベル貼りに対する抗議声明みたいな宣言，それに多少手を加えたもの，第3番目には問題になった資料についての決議という3つです。

特に第3番目の「解釈」では，問題になった図書は法廷で最終的に法に照らし合わせて有害，あるいは不適当，不適切と判定されるまでは，図書館から除去されることはできないという立場が，はっきりと認められたのです。

つまり，どんなに社会や機関から攻撃されていても，法廷でそれが法に触れるとか，あるいは図書館の本として不適当であるという結論が下されるまでは，それはまったく無罪である。公共図書館の資料としての資格をまだ完全に備えているのだという立場をとることが確認されたわけです。

これまでのアメリカの図書館における知的自由というのは，どちらかというと単なる理念，あるいは倫理規範を出ることがなかったのですが，今いった第3解釈によって，知的自由の問題が法の領域で戦われる，あるいは決定されるということになったのです。

時間がもうだいぶんきて，全部はお話できませんので，一応「図書館憲章」関係のことはこれで終わりにしておきたいと思います。

もともとこの年にも，「図書館憲章」の改訂が問題にされたのではありますが，理念としての憲章をいたずらに複雑にするのはどうかという反省もありました。具体的規定は，今後「解釈」によって展開していくべきであろうということになりました。すでに1951年にフットノート，脚注の形で付け加えられているものもあります。

それから，1953年前後には，憲章はそのままで，いろいろな声明や宣言が出されました。このときに初めて行われたことではないんですが，この

第 3 章　アメリカの知的自由の思想―講演記録

1971年の3つの解釈というやり方，これで憲章と，その補足的な規定，あるいは宣言などの関係がはっきり定着したということです。

翌年1972年6月30日には，1967年改正の眼目の一つであった年齢制限の廃止に基づいて，その原則についてもう一つ解釈が出され，未成年者の図書館での自由利用――これをどう訳したらいいのか，フリー・アクセスといいますが――自由に利用してよいということが，評議員会によって採択されました。未成年者も成人用図書館を使用できるというのです。未成年者を規制できるのはただ両親だけである。また両親が規制できるのは，自分の息子だけだということを規定したのです。

以上で，「図書館憲章」のごく最近までの流れをみたことになります。1939年以来約30年あまりの間に，平均すれば5年に1回の割で「図書館憲章」が改訂または補足を受けています。基本的理念は別に変わってはいないのですが，歴史はこれを単なる美しいスローガンにとどまることを許さなかった。現実のレベルまで引きずりおろして，そこで具体的に答を出すことを要求したのです。

宣言は一度つくったらそれでよいというものでも，十分効果が出るというふうな性質のものでもありません。それは法と違います。権力でもって拘束するという，そういう拘束力はありません。決められたらそれがただちに効力を発揮するというふうなものではありません。むしろ，宣言しても宣言しても，図書館における知的自由に対する侵害は跡を断たない。盲めっぽうな攻撃あるいは侵害・蹂躙に抗する，図書館員の，ほかにすべを知らぬ無力な抵抗の叫びの繰り返し以上のものでない，ともいえるかもしれません。

しかし，それにしても，まさに不屈の闘志ではあります。アメリカの図書館の知的自由の精神は，叩かれても脅迫されても決して屈することのない，フェニックス（不死鳥）のような生命力をもっているものだと私は思います。

のみならず，知的自由の概念は，1938～39年当時のものと比べると，比較にならないほど内容が豊かになってきています。その範囲も拡大されています。図書館は身に降りかかる出来事を一つ一つ吸収していきました。自ら

の思想的内容を豊かにしていきました。さらには，逆に図書館の側で主導権をとっていきました。これまでは別に知的自由には関係ないとして見過ごされてきたような分野へも，知的自由の論理を拡張していっております。

例えば，読書資料から視聴覚資料へ——はじめは読書資料のみと考えていたが，視聴覚資料も含める図書館資料という概念に広げて解釈すべきだというふうに変わりました。また，はじめは資料選択の自由だけをいっていたのを，利用者の平等な利用権までを含めて，知的自由という問題を扱うようになりました。さらには，未成年者の成人図書の利用というところまで，自由の領域がどんどんと拡張されていきました。図書館の知的自由の思想は，とどまることを知らず発展してきたのです。

## 2.「図書館憲章」の普及

「図書館憲章」というのは，中央で決められて宣言されただけではありません。それはただちに各地方に流されます。地方の各図書館それぞれが，「図書館憲章」を採択しました。

『知的自由ニューズレター』（*Newsletter on intellectual freedom*）という，知的自由委員会が出している機関誌に出ている記事によりますと，1949～1962年までの13年の間に，13館ほどが「図書館憲章」を採択，承認したと報告されています。でも，はじめはそんなにうまくはいかなかった。ALAは，こういう宣言を出すだけでは十分でないと考え，知的自由委員会を組織しました。

その知的自由委員会が，さらに各州の図書館協会に，それぞれの州で知的自由委員会をつくってくれと勧告しました。実際の活動は州の委員会によって進めていってくれということです。中央のALAの委員会は，基本的方針を示すだけです。それから，地方から要請があった場合にはそれを援助する。そういう方針が決められました。

原則として，この知的自由委員会は，自分の方からノコノコ出かけて行っ

て，地方の問題についてヤイヤイいうことはしておりません。それはむしろ控えて，地方から「問題が起こったから何とかしてくれんか」と要請があったときに，はじめて ALA から出て行くのです。どちらかといえば，パッシヴな態度をとるというふうにしています。それでこれだけの採択があり，反応が出てくるようになってきたのです。

　ALA の知的自由委員会については，ボルという人が書き，裏田武夫が訳した「ALA と知的自由」という論文があります。これが知的自由委員会の活動内容を非常に詳しく紹介しておりますので，参考にしてください。

## 3. まとめ

　以上，アメリカにおける知的自由の思想と組織活動の発展の歴史をみましたが，われわれはその中に次のような特色を見出すことができます。

　まず，「図書館憲章」は 1939～1972 年の間に，平均して 5 年に 1 度くらいの割で改訂，補足されています。その一つ一つに社会的背景があります。逆にいえば ALA は，知的自由の侵害の動きが出るとそれを敏感にキャッチして，新たな宣言にかえていったのです。

　また問題がおこると，その実態を徹底的に究明して，ALA 知的自由委員会として明確な態度決定をしています。カーノフスキーが 1945 年の知的自由委員会報告の中で，現在までのところ報告された事件はきわめて少ないが，そういう事実は存在しないのか，あってもいわないのか，それとも図書館員が，そういうことがおこらないようにあらかじめうまくやっているのか，そのどれなのかわからない……とぼやいているように，はじめはそれについて公然と物をいったりしなかったようです。それが，次第にはっきりと事実の経過が報告されるようになって，それに対して ALA や各種の図書館協会がはっきりした態度をとるようになりました。「我々はこう考える」ということを，常に結論が出るまでディスカッションし，考え続けて，最後に結論を出しております。そういう点も見逃してはなりません。

第 3 部　図書選択の環境

　それから 3 番目に,「図書館憲章」というのは一応思想であり,「図書館憲章」の歴史は思想史である, あるいは理念の発達史だとみてよいと思いますが, 思想だけでなく, 裏づけの組織もちゃんとできています。1940 年に知的自由委員会がつくられました。組織をもって理念を現実のものにしていこうという努力が払われたのです。これも忘れてはいけません。

　第 4 に, 中央の活動だけでなしに州の委員会の果たすべき役割というのもあります。中央の委員会が地方委員会にけしかけて活動させています。逆にいえば, 州が活動の第一線に立っています。

　それから先ほどいいましたが, 中央からいろいろ指導するなり, 情報を流すなりしても, これは決して強制するものでも, 拘束するものでもありませんでした。あくまで勧告として出されたもので, 押しつけるようなものは何もありません。主体性はあくまで各単位図書館にありました。州の図書館協会または知的自由委員会が指導的にやったとしても, 最後の主体性というのは単位図書館にあったのです。

　それから 6 番目に, 知的自由委員会だけでも日常の活動を進めていけません。委員会というのはみんな仕事をもっている人がやっているわけですから, 時間の許すときでないと話し合えません。それじゃどうにもならないということで,「知的自由事務局」(Office of Intellectual Freedom) というのがつくられ, そこで日常的に業務を続けていくようになっています。

　さらに, 財政的な基盤となる基金がおかれて, この活動のための財政的な援助がなされています。例えばクビになった人の財政的な援助, あるいはALA の職員として採用するとか, そういうことをします。

　読書の自由とか知的自由の問題は, はじめから理念があって, それから演繹的にいろいろなことが発展してきた, というのとはちょっと違うのではないでしょうか。歴史は逆ではなかったか。理念はもちろんあります。ミルトンだとか, フランクリンだとかが, 外枠としてあったと思います。しかし, 宣言が次から次へと出てくるというのは, むしろ現実に自分たちが仕事をしていきながら, その中でどうしようもない問題にぶつかってくるところか

第3章　アメリカの知的自由の思想―講演記録

ら，その解決のために具体的な理念が出てくるという形で，この「図書館憲章」の理念が発達してきたのではないでしょうか。歴史を具体的にみるとそういうふうに感じざるを得ません。

　以上がアメリカの知的自由の思想，および組織的運動の発展の歴史です。ご静聴ありがとうございました。

　（本書収録のために講演記録を整理していると，このときお世話いただいた清水正三さん，篠崎セウコさん，野瀬里久子さん，瀬島健二郎さんなど図書館問題研究会東京支部のみなさんと，国立国会図書館の大滝則忠さんのことが懐かしく回想された。改めてお礼申し上げ，泉下の客となられた清水さん，野瀬さんの平安を祈りたい。）

# 注記

## 第1部　公共図書館の図書選択論

### 第1章　公共図書館の図書選択と蔵書構成
1) 日本図書館協会編『公立図書館の任務と目標』日本図書館協会, 1989. p.30
2) カールシュテット，ペーター著；加藤一英，河井弘志訳『図書館社会学』日本図書館協会, 1980. p.116-119
3) 長澤雅男著『レファレンスサービス：図書館における情報サービス』丸善, 1995. p.5
4) 1990年に東西ドイツが統合され，法人であったドイツ図書館（Deutsche Bibliothek）が国立のドイツ図書館（Die Deutsche Bibliothek）となり，ようやく国立図書館が制度として確立された。
5) 前川恒雄「［書評］伊藤昭治，山本昭和編著『本をどう選ぶか：公立図書館の蔵書構成』日本図書館研究会, 1992.11」『図書館界』vol. 44, no.5（1993）．p.208

### 第2章　図書選択理論の争点
1) 天満隆之輔「図書選択について考える」『現代の図書館』vol.12, no.2（1974）．p.49
2) 根本彰「"要求論"の限界とコレクション形成の方針」『図書館学会年報』vol.36, no.2（1990）．p.122
3) 前川恒雄『われらの図書館』筑摩書房, 1987. p.74
4) 伊藤昭治，山本昭和「1970年以降の公立図書館図書選択論」『現代の図書選択理論』（日本図書館学会研究委員会編）日外アソシエーツ, 1989. p.29-59
　　伊藤昭治，山本昭和『本をどう選ぶか：公立図書館の蔵書構成』日本図書館研究会, 1992. p.11-42 に所収。本稿では後者によって引用。
5) 「第37回日本図書館学会研究大会シンポジウム記録　現代の図書選択理論」『図書館学会年報』vol.36, no.1（1990）．p.45
6) 根本，前掲書．p.122

7) 伊藤・山本, 前掲書. p.23
8) 向井克明「神戸市立図書館で何が起こったか」『みんなの図書館』1986. 7. p.38-40
9) 伊藤・山本, 前掲書. p.21
10) 前川, 前掲書. p.89
11) 伊藤・山本, 前掲書. p.30-31, 36-37
12) 河井弘志ほか著『蔵書構成と図書選択』日本図書館協会, 1983. p.114　批判は初版に向けられている。
13) 向井, 前掲書. p.42-43
14) 奥本神子「予約の調査からみえたもの」『みんなの図書館』1990.5. p.3
15) 福田孝子「システム化も物流もない（？）：図書館の場合」『みんなの図書館』1994.5. p.30-32
16) 森耕一, 佐藤毅彦「公立図書館の利用者調査（2）」『図書館界』vol.35, no.6 (1989). p.282
17) 前川, 前掲書. p.81
18) 拙稿「書評理論の展開（1）」『中部図書館学会誌』vol.28, no.1 (1986). p.18
19) 拙著『アメリカにおける図書選択論の学説史的研究』日本図書館協会, 1987. p.369-371
20) 前川, 前掲書. p.87
21) 伊藤・山本, 前掲書. p.21
22) 同書. p.29
23) 前川恒雄「本をどう選ぶか〔書評〕」『図書館界』vol.44, no.5 (1993). p.208
24) 根本, 前掲書. p.122
25) 伊藤・山本, 前掲書. p.45
26) 拙著『アメリカにおける図書選択論の学説史的研究』p.378
27) 前川, 前掲書〔書評〕. p.208

## 第3章　読書興味の理論

1) 拙稿「J. H. ウェラードと図書選択論」『図書館界』vol.24, no.2 (1972). p.102-116
2) Hofmann, Walter, *Die Lektüre der Frau : ein Beitrag zur Leserkunde und zur Leserführung*. Leipzig : Quelle & Meyer, 1931
3) Waples, Douglas & Ralph W. Tyler, *What people want to read about*. Chicago : ALA,

1981. p.37-39

4) Andrae, Friedrich, *Volksbücherei und Nationalsozialismus : Materialien zur Theorie und Politik des öffentlichen Büchereiwesens in Deutschland 1933-1945*. Wiesbaden : Harrassowitz, 1970. S.43

5) 裏田武夫「図書館と社会」『図書館ハンドブック』増訂版. 日本図書館協会. p.25

弥吉光長「図書館学」同書. p.46

蒲池正夫「図書館成立の『社会学的場』について:Karstedtの図書館社会学に関する一考察」『図書館学』19（1971）. p.35-41

6) Neubauer, K.W., Die Bibliothek und ihre Benutzer : ein Bericht über Arbeiten zur Benutzerforschung.（*Mitteilungsblatt, Verband der Bibliotheken des Landes Nordrhein-Westfalen. Neue Folge.* Jg.20, Nr.3（1970.7）. S.195-227）

Ders., Auswirkung der Benutzerforschung auf die Bibliothek.（*Zeitschrift für Bibliotbekswesen und Bibliographie.* Jg.19, Ht.4/5（1972）. S.285-300）

7) Abteilungsleiter, Methodik und Inspektion　どういう任務かは不明。

8) Göhler, H., Die Bedeutung von soziologischen Untersuchungen für die Arbeit und Entwicklung der allgemeinen öffentlichen Bibliothek der Deutschen Demokratischen Republik. Jena, 1966.（Friedrich - Schiller - Universität; Philosophische Fakultät, Diplomarbeit）

9) Ders., Ergebnisse soziologischer Untersuchung der allgemeinen öffentlichen Bibliotheken im Bezirk Suhl.（*Der Bibliothekar.* 1967, Ht.5. S.454-467）

10) Ibid. S.454-455

11) 拙稿. 前掲書. p.103-108

12) Göhler, H., *Ergebnisse usw.* S.454

13) Ibid. S.466-467

14) Ibid. S.455

15) Ibid. S.467

16) Ders., Erfahrungen bei der Vorbereitung, Durchführung und Auswertung soziologischer Untersuchungen der Bezirksbibliothek Suhl.（*Bibliotheksarbeit heute.* IV. S.51-64）

17) Göhler, H. & Helma Ullmann, Zur Anwendung mathematischer Methoden in der Bibliotheksarbeit.（*Der Bibliothekar.* 1968. S.1001-1015）

18) Göhler, H. & Helma Ullmann, *Ergebnisse einer Interessenforschung und ihre*

*Bedeutung für die Bibliothekspraxis*. Berlin : s.n., 1970. (Beiträge zu Theorie und Praxis der Bibliotheksarbeit, 6)

19) Zenker, Hartmut, Lorenz Waligora - zum Sechzigsten. (*Der Bibliothekar*. 1966, Ht. 11. S.1134-1136)

20) Göhler, H., Zur Bedeutung soziologischer Untersuchungen verschiedener gesellschaftlicher Bereiche für die Bibliotheken. (*Der Bibliothekar*. 1970. S.138-144)

21) Ders., Soziologische Aspekte und Gesetzmäßigkeiten für die Entwicklung wissenschaftlicher Allgemeinbibliotheken der Bezirke, Berlin.

22) Göhler & Ullmann, *Ergebnisse usw.* S.1

23) Ebenda

24) Ibid. S.2

25) Ibid. S.3

26) Göhler, H., *Zur Bedeutung soziologischer Untersuchungen usw.* S.14

27) Göhler & Ullmann, *Ergebnisse usw.* S.14

28) Ibid. S.15

29) Ebenda

30) Ibid. S.15-16

31) Ibid. S.16

32) Ebenda

33) Ibid. S.15

34) Döbler, Martin, *Triebkraft Bedürfnis*. Berlin : Dietz, 1969

35) Waligora, Lorenz, Über den Begriff Öffentlichkeit der Biliothek : eine kritische Stellungnahme zu Karstedts Öffentlichkeitsbegriff. (*Bibliotheksarbeit heute : Aufsätze und Diskussionbeiträge*. Folge IV. Leipzig : VEB, 1967. S.41)

36) 拙稿「図書館における読書の自由」『図書館雑誌』vol.67, no.11 (1973). p.509

37) Waligora, L., Op. cit., S.48

38) Göhler & Ullmann, *Ergebmisse usw.* S.16

39) Ebenda

40) Ibid. S.18-19

41) Waligora-Rittinghaus, Johanna, Zur bibliothekarischen Bedarfsforschung. (*Der Bibliothekar*. 1970, Ht. 2. S.129-137)

42）Ibid. S.129
43）Ibid. S.130
44）Ibid. S.131
45）Ibid. S.183
46）Ibid. S.133-134
47）Ibid. S.135-136
48）Göhler & Ullmann, *Ergebnisse usw.* S.58, 60
49）拙稿「蔵書構成の評価法について」『図書館界』vol.24, no.1（1972）. p.17-22
50）Göhler & Ullmann, *Ergebnisse usw.* S.20
51）Ebenda
52）Ibid. S.21
53）Ibid. S.134
54）Ibid. S.26
55）Ibid. S.30
56）森は蔵書の比率と貸出の比率を比較して，貸出比率が高ければ蔵書を増加すべきだという見解の問題性を指摘した。すなわち，もし9類「文学」を除外して蔵書比率と貸出比率を計算すると，蔵書比率と貸出比率の数値の大小が逆転することがありうるといって，蔵書と貸出の百分率の数値を直接に比較する方法には問題があることに注意を促したのである。　森耕一「蔵書構成の適否をはかる一方法」『図書館界』vol.23, no.4（1971）. p.161
57）拙稿「蔵書構成の評価法について」p.19-20
58）堀内郁子「大学図書館蔵書論」『Library science』no.2（1962）. p.20-22
59）Neubauer, K.W., Auswirkung der Benutzerforschung auf die Bibliothek. op. cit. S.289
60）拙著『アメリカにおける図書選択論の学説史的研究』日本図書館協会，1987. 第7章第5節，第8章第1節・第3節を参照。

# 第4章　図書選択方針の形成

1）Carter, M.D. & W. J. Bonk, *Building library collections.* Metuchen : Scarecrow, 1959
2）Boyers, Calvin J. & Nancy L. Eaton ed., *Book selection policies in American libraries.* Austin : Armadillo, 1973
3）Broadus, R. N., *Selecting materials for libraries.* N. Y. : Wilson, 1973. p.27

4) Evans, G. E., *Developing library collections*. Littleton : Libraries Unlimited, 1979
5) Futas, D. ed., *Library acquisition policies and procedures*. Foenix : Oryx, 1977. p.xii
6) Patten, N. van, Buying policies of college and university libraries. (*College and research libraries*. vol.11 (Dec. 1939). p.64-71)
7) Wilson, Louis R. & Maurice F. Tauber, *The university library : its organization, administration and functions*. Chicago : Univ. of Chicago Press, 1945
8) Cf. 拙稿「大学図書館の収集方針の発展」『大学図書館研究』26 (1985). p.29-48 本書第2部第2章に改訂収録。
9) *Post-war standards for public libraries*, prepared by the Committee on Post-War Planning of the ALA ; Carleton Bruns Joeckel, chairman. Chicago : ALA, 1943
10) Ibid. p.68
11) Ibid. p.66-67
12) Ibid. p.71, 74
13) *A national plan for public library service*, prepared for the Committee on Post-War Planning of the American Library Association, by Carleton B. Joeckel and Amy Winslow. Chicago : ALA, 1948

　この報告書は正確には同委員会の作成した第3報告書である。第2報告書はいろいろな場に分散して発表された。
14) Martin, I., The potential rule of the American public library. (*A national plan etc*. p.13)
15) Ibid. p.13
16) 拙稿「アメリカの知的自由の思想と組織活動」『現代の図書館』vol.14, no.1 (1970.3). p.29, 30　本書第3部第3章に改訂収録。
17) *A national plan etc*. p.109
18) Ibid. p.86, 104, 105
19) *Book selection policies and procedures*. Part 1. : Policies. [Baltimore] : Enoch Pratt Library, 1950. 58p. グレゴリーは，1936年のシカゴ公共図書館，1949年のクリーヴランド公共図書館の図書選択方針を引用しているが，実物に接することができないので，ここではイノック・プラットのものを最初の例として扱う。Cf. Gregory, R. W., Excerpts from public library book selection policy statements. (*PLD reporter*. no.4 (Oct. 1955). p.58)
20) Ibid. Preface

21) Goldhor, Herbert, A note on the theory of book selection. (*Library quarterly.* vol.12 (April, 1942). p.167)
22) Ibid. p.168
23) *Book selection policies and procedures.* p.3-4
24) Ibid. p.7
25) Ibid. p.7
26) Ibid. p.5
27) Ibid. p.19-21
28) Carnovsky, L., The evaluation of public library facilities. (*Library trends : papers presented before the Library Institute in the University of Chicago, August 3-15, 1936,* ed. by L. R. Wilson. Chicago : Univ. of Chicago Press, c1937. p.301-307)
29) *Book selection policies and procedures.* p.12-15
30) Ibid. p.17
31) Ibid. p.17-18
32) Ibid. p.29
33) 拙稿「図書選択における価値」『図書新聞』1980.6.28
   Cf.『蔵書構成と図書選択』日本図書館協会, 1983. p.110-111
34) *Book selection policies and procedures.* p.52-57
35) Goss, Elizabeth H., *Appendix A : selection policies for children's books.* [Baltimore] : Enoch Pratt Free Library, 1950. 13p.
36) *Book selection policy for the Buffalo Public Library.* Buffalo, 1953. 13p. Cf. p.12-13
   *Selection policy for children's books for the Buffalo Public Library.* Buffalo, 1952. 7p.
37) バッファロウの独自性を指摘するならば、一般原理の部では他の図書館との収集上の相互調整の項が他の項目に統合され、図書予算配分法が独立項目に立てられ、青少年・児童図書選択の項が消えたこと、本館選択方針の部分が拡張され、書庫内蔵書・開架蔵書・参考室・工学部門など、蔵書の管理部門別に詳述する形をとっていること、第2部が欠落してしまったこと等である。
38) *Book selection policy for the Buffalo Public Library.* p.1-2
39) Ibid. p.4
40) Ibid. p.8
41) Ibid. p.10-11

42) Berelson, Bernard, *The library's public : a report of the Public Library Inquiry*. N.Y. : Columbia Univ. Press, 1949

43) Haines, Helen E., *Living with books : the art of book selection*, 2nd. ed. N.Y. : Columbia Univ. Press, 1950

44) *Adult book selection policies and procedures*. Pittsburgh : Carnegie Library, 1954. 23p.

45) Ibid. p.1

46) Ibid. p.5

47) Ibid. p.1-2

48) *Book selection policies and procedures*. Enoch Pratt Free Library, 1950. p.7-8

49) *Adult book selection policies and procedures*. p.10

50) Ibid. p.16-17

51) Ibid. p.21-23

52) Ibid. p.19-21

53) *Book selection manual*. New York Public Library, Circulation Department, 1954. 24p.

54) Ibid. "Introduction". p.1

55) Ibid. p.3-7

56) Library objectives and book selection policies. Detroit Public Library, September, 1954. (*Building library collection*, by M.D. Carter and W.J. Bonk. 3rd ed. Metuchen : Scarecrow, 1969. p.292-296)

57) Tisdel, Kenneth S., Staff reviewing in library book selection. (*Reviews in library book selection*, by L.C. Merritt and others. Detroit : Wayne State Univ. Press, 1958. p.144)

58) Book selection policy. Los Angeles Public Library, August 22, 1956. (*Building library collections*. p.297-303)

59) Book selection : proceedings of a work conference. Chicago : ALA, 1955. (*The PLD reporter*. 4. "introduction")

60) Ibid. p.30

61) Ibid. p.36

62) Ibid. p.40-42

63) Gregory, Ruth W., Excerpts book selection policy statements. (*Book selection : proceedings of a work conference*. p.50-58)

64) Policies on book selection : a symposium. (*ILA record*. vol.10 (Oct. 1956). p.23-32)

65) Gregory, R.W., Principles behind a book selection policy statement. (*ILA record*. vol.10 (Oct. 1956). p.23-36)
66) Ibid. p.23
67) Ibid. p.24-25
68) *Book selection policy*. Buffalo and Erie County Public Library, 1957. "Part one Basic Policy". p.4-6
69) work conference では，demand が図書館攻撃に転ずる事実が指摘され，いわゆる demand theory が手厳しく批判された。
70) *Book selection policy*. Buffalo and Erie county Public Library, p.7-23
71) *Public library service : a guide to evaluation, with minimum standard*, prepared by Co-ordinating Committee on Revision of Public Library Standards, ALA, Chicago : ALA, 1956
72) Johnson, G.H.W. Role of the public library. (Ibid. p.vii-xiii)
73) Ibid. p.31-32
74) Book selection policy. Free Public Library, Bloomfield, N.J., September, 1956. (*Building library collections*. p.284-288)
75) Selection policy, Akron Public Library. [1959]
76) Bendix, Dorothy, *Some problems in book selection policies and practices in medium-sized public libraries*. (University of Illinois Library School Occasional papers. No.55 (May, 1959))
77) Ibid. p.6-18
78) Ibid. p.23-25
79) Ibid. p.30
80) White, Ruth M. ed., *Public library policies : general and specific*. Chicago : ALA, 1960. (The public library reporter ; 9)
81) Ibid. p.13

# 第5章　蔵書評価法

1) 本質的価値と相対的価値の相違については，ウェラードが詳論している。Wellard, James Howard, *Book selection : its principles and practiced*. London : Grafton, 1937. p.92
2) 堀内郁子「大学図書館蔵書論」『Library science』no.2 (1962). p.20-22

Cf. Tauber, Maurice F. et al., *The Columbia University libraries*. New York : Columbia Univ. Press, 1958. p.260-261

3) Wellard, op. cit. p.160-162

4) 注記にあげた文面で引用する場合は，文献番号と引用ページを［14: 468］という形で本文中に表記する。

5) Mudge, Isadore Gilbert, *Guide to reference books*. 5th ed. Chicago : ALA, 1929
Shaw, Charles B., The compilation of "A list of books for college libraries". (*Library quarterly*, vol.1（Jan. 1931）. p.72-78) このリストは2分冊からなる予備版であったが，翌1931年，ALAが改めて同じ書名で出版した。

6) Randall, William M., *The college library : a descriptive study of the libraries in four-year liberal arts colleges in the United States*. Chicago : ALA & Univ. of Chicago Press, 1932. p.1-4, 85-105

7) Hilton, Eugene, ed., *Junior college book list*. Berkeley : Univ. of California Press, 1930. (University of California publication in education, vol.6, no.1)

8) National survey of the education of Teachers. (U.S. Office of Education, *Bulletin*. no.10, 1933. "Special survey studies"). vol.5, pt.4. "Library facilities of teachers colleges". Washington D.C.: Gt. Print. Off., 1935

9) Hester, Edna A., *Books for junior colleges*. Chicago : ALA, 1931

10) Raney, M. Llewelym, *The university libraries*. Chicago : Univ. of Chicago Press, 1933

11) この調査は，同クラブが連邦政府の補助を受けて主催し，シカゴ図書館学部に調査実施を依頼し，調査の経験をもつカーノフスキーが担当することになったものである。(Cf. Schlipf, Frederick A., Leon Carnovsky : a bibliograpby. (*Library quarterly*. vol.38（Oct. 1968）. p.432). Haygood, William Converse, Leon Carnovsky : a sketz. (*Library quarterly*. vol.38（Oct. 1968）. p.425)

なお，この調査の実施年度についてはいささか問題がある。カーノフスキー自身は，調査結果の報告［1, 2: 262］においては，1934年1月に同クラブから依頼を受けたと書いているが，のちに回想しているところによると1933年とされている［14: 463］。いずれが正しいかを決定する直接の手がかりはないが，次に紹介するイリノイ州立図書館の調査と比較すると，ある程度事情が推測できる。すなわち，イリノイ州立図書館は1933年に全州的調査を実施したが，この時使用したリストの中には*Booklist 1933*が入っている。これに対してカーノフスキーは1932年版の*Booklist*し

か使用していない。このことから,カーノフスキーの調査は,イリノイ調査とほとんど時期を同じくしながら,わずかに早く実施されたものと考えられる。

彼が1934年1月と明記したのは,おそらくクラブからの正式の依頼のときを言うのであって,実際の調査はすでに1933年に着手されていたとみるべきであろう。この年,シカゴ図書館クラブはシカゴ地区の図書館名鑑を編纂しているので,その事業の一環,または延長として首都圏調査を企画したものと考えられる。(Cf. Chicago Library Club, *Directory of libraries of thew Chicago area*. Chicago : Chicago Library Club, 1933)

12) Illinois State Library, Library Extension Division, *Reference collection for small libraries*. Illinois State Library, 1933 (150タイトル採録)

13) レファレンス図書のリストに使用したものは,カーノフスキーの使用したものと同じで,同館対外活動部の編による。その他の2つのリストも同部が編集発行していたものである。

*Children's books for home and school libraries*. 1933

*Essential titles for the librarian's professional shelf*. 1933

14) Vitz, Carl, A Jolt for librarians. (*Bulletin of the American Library Association*. vol.30 (Sept. 1936). p.897-898)

15) *Standard catalog for public libraries*. New York : Wilson, 1934

16) Shores, Louis, *Basic reference books : an introduction to the evaluation, study and use of reference materials with special emphasis on some 300 titles*. Chicago : ALA, 1937

17) *Graded list of books for children*, comp. by a Joint Committee of the ALA, the National Education Association, and the National Council of Teachers of English. 1936

18) Walter, Frank Keller, *Periodicals for the small library*. 4th ed., rewritten and enl. Chicago : ALA, 1924

Lyle, Guy R., *Classified list of periodicals for the college library*. Rev. ed. Boston : Faxon, 1934

19) *Encyclopaedia of the social sciences*から,ランダム・サンプル法で選び出した。

20) Dutcher, G. M., *Guide to historical literature*. New York : Macmillan, 1931の,Section J. "Contemporary Times, 1871-1930"を適用した。

21) 煩瑣にすぎるので,各リストのタイトルは簡略化して書いた。

22) ロスアンゼルスの主題別部門は次の11部門からなっている。

主題部門―文学語学，哲学宗教，社会学，教師児童，科学産業，美術音楽，歴史，フィクションその他―定期刊行物，外国語，市政参考（*Organization, administration, and management of the Los Angels Public Library*. vol.3, Central Library. ed. by G.. A. Terhune, Lowell Martin and others. p.9-10）

23）分館の15の論題とタイトル数は次のごとくである。

1．アメリカ史（29），2．自由（26），3．経済（53），4．消費生活（15），5．宗教（26），6．人種（138），7．教育家庭（28），8．労働（53），9．科学技術（255），10．健康（178），11．文学（96），12．写真（28），13．食物育児（27），14．欧州再建（27），15．民主社会と科学（14）。

24）ウィルソンは1942年まで10年間シカゴ大学図書館学研究科長をつとめたのち，同大学を停年退職し，古巣のノースカロライナ大学の図書館長に復帰していた。

25）9州とは，アラバマ，フロリダ，ジョージア，ケンタッキー，ミズーリ，ノースカロライナ，サウスカロライナ，テネシー，ヴァージニアである。このうち読書調査に回答を寄せたのはアラバマ，フロリダ2州を除く7州の180館である。

26）標準ノンフィクションは，調査の際は"standard non-fiction titles in the field of public affairs"と"how-to-do-it titles"に区分して，2つのリストとして発送しているが，集計のときはこれを統一して"standard non-fiction"とした。ここでは集計のときの分類にしたがった。

27）ロスアンゼルス調査は次の4類型各々の所蔵タイトル数をあげている。

I. Popular Titles：一般的な，割に軽い内容の広く読まれているもの

II. Popular-Substantial Titles：10万部以上発行されている，ある程度実質ある出版物

III. Substantial Titles：一般的読者に関心をもたれている実質的出版物

IV. Specialized and research titles：科学専門的関心をもつ比較的少数の読者をねらうもの

*Organization, administration, and management of the Los Angeles Public Library*. vol.3. Central Library. ed. by G. A. Terhune and others. p.10-12

28）Downs, Robert B. ed., *Resources of North Carolina libraries*. Raleigh, Governor's Commission on Library Resources, 1965. p.105-107

この2リストは，シニア・カレッジ，ジュニア・カレッジ，公共図書館共通のチェックリストとして使用された。附録A，Bとして全タイトルが掲載されている（Ibid. p.157-176）。

29) Burns, Norman, Accrediting procedures with special reference to libraries.(*College and research libraries*. vol.10（April 1949）. p.157-158)
30) Wheeler, Joseph L. & Herbert Goldhor, *Practical administration of public libraries*. New York, 1962. p.478
31) Kuhlman, A.F., *The North Texas libraries*. Nashville, 1943
32) Carter, Mary Duncan & Wallace John Bonk, *Building library collection*. 3rd. ed. Metuchen, 1969. p.134-137
33) 弥吉光長「図書の収集と選択法」『図書館ハンドブック　増訂版』日本図書館協会, 1960. p.200-201
34) 弥吉光長『新稿図書の選択』理想社, 1961. p.223-229
　　弥吉光長編『図書の選択』日本図書館協会, 1968. p.159-173（シリーズ・図書館の仕事6）
35) 堀内, 前掲書, p.21
36) 高橋重臣「大学図書館の蔵書構成」『図書館学会年報』vol.12, no.1（1965）. p.36-39

〈参考文献〉
カーノフスキーのチェックリスト法関係論文

1. Inequalities revealed in Chicago metropolitan service. (*Library journal*. vol.60, no.3（Feb. 1, 1935）. p.93-94)
2. Public library book collections. (*Library quarterly*. vol.5, no.3（July 1935）. p.261-288)
3. Book collection, library expenditures, and circulation. (*Library quarterly*. vol.6, no.1（Jan. 1936）. p.34-73)
4. (With Edward Allen Wight) *Library service in a suburban area : a survey and a program for Westchester County, N.Y.* Chicago : ALA, 1936
5. (With Edward Allen Wight) Reply to "A word about the Westchester County library survey". (*New York libraries*. vol. 15（Nov. 1936）. p.136-146)
6. The evaluation of public library facilities. (*Library trends : papers presented before the Library Institute at the University of Chicago, August 3-15, 1936*, ed. by Louis Round Wilson. Chicago : Univ. of Chicago Press, 1937. p.286-300)
7. (With A. T. Noon and S. W. Smith) *Report of a survey of the Michigan State Library for the Michigan State Board for Libraries. May, 1938, on behalf of the American Library*

*Association*. Chicago : ALA, 1938

8. Measurements in library services. (*Current issues in library administration : papers presented before the Library Institute of the University of Chicago, August 1-2, 1938*, ed. by Carleton B. Joeckel. Chicago : Univ. of Chicago Press, 1939. p.240-263)

9. Community analysis and the practice of book Selection. (*The practice of book selection : papers presented before the Library Institute at the University of Chicago, July 31 to August 13, 1937*, ed. by Louis Round Wilson. Chicago : Univ. of Chicago Press, 1940. p.20-39)

10. (With C. B. Joeckel) *A metropolitan library in action : a survey of the Chicago Public Library*. Chicago : Univ. of Chicago Press, 1940

11. Self-evaluation, or, how good is my library? (*College and research libraries*. vol.3, no.4 (Sept. 1942). p.304-310)

12. (With Lowell A. Martin and George A. Terhune) Objectives of the library : appraisal of book collections. (*Organization, administration, and management of the Los Angeles Public Library*, vol.2. [by] City of Los Angeles, Bureau of Budget and Efficiency. 1949)

13. The Public Libraries of Greensboro : a survey. Dec. 1-6, 1952

14. Measurement of public library book collections. (*Library trends*. vol.1, no.4 (April 1953). p.462-470)

15. The Mansfield Public library : a survey and a program. 1954

16. Public library survey and evaluation. (*Library quarterly*. vol.25, no.1 (Jan. 1955). p.23-36)

17. *The Vancouver Public Library : report on a brief survey*. Chicago : Public Administration Service, 1957

18. Evaluation of library services. (*UNESCO bulletin for libraries*. vol.13, no.10 (Oct. 1959). p.221-225)

19. *The St. Paul Public Library and James Jerome Hille Reference Library : a study of co-operative possibilities*. St. Paul : The Libraries, 1960

20. *The Racine Public Library : an evaluation, and a consideration of several problems*. Univ. of Chicago, Graduate Library School, 1965

その他のチェックリスト法関係論文

21. Regional Library conference. (*Illinois libraries*. vol.17, no.2 (April 1935). p.31)

22. Illinois State Library, Library Extension Division, Report of the survey of the public

libraries of Illinois. (*Supplement to Illinois Libraries.* vol.17, no.2 (April 1935))

23. Waples, Douglas & Harold D. Lasswell, *National libraries and foreign scholarship: notes on recent selections in social science.* Chicago : Univ. of Chicago Press, 1936

24. Waples, Douglas, *Investigating library problems.* Chicago : Univ. of Chicago Press, 1939

25. Martin, Lowell, Public library provision of books about social problems. (*Library quarterly.* vol.9, no.3 (July 1939). p.249-272)

26. Downs, Robert B., *Guide for the description and evaluation of research materials.* Chicago : ALA, 1939

27. McDiamid, Errett Weir, Jr., *The library survey : problems and methods.* Chicago : ALA,. 1940

28. Merrit, Le Roy, Resources of American libraries : a quantitative picture. (*Union catalogs in the United States*, Robert B. Downs. Chicago : ALA, 1942. p.58-91)

29. Kuhlman, A. F., *The North Texas Regional Libraries.* Nashville : Peabody Press, 1943

30. Eaton, Andrew J., Current political science publications in five Chicago libraries : a study of coverage, duplication and omission. (*Library quarterly.* vol.15, no.3 (July 1945). p.187-217)

31. Egan, Margaret, Survey of the Saginaw Library system. Chicago, 1947

32. Connecticut. Education Department, Research and Planning Division, *Connecticut library survey*, by Edward A. Wight and Leon Lideell. The Department, 1948

33. Wilson, Louis Round & Marion A. Milczewski, *Libraries of the southeast : a report of the southeastern States cooperative library survey, 1946-1947.* Chapel Hill : Univ. of North Carolina Press, 1949

34. Leigh, Robert D., *The public library in the United States : the general report of the public library inquiry.* New York : Columbia Univ. Press, 1950

35. Leigh, Robert D., The public library inquiry's sampling of library holdings of books and periodicals. (*Library quarterly.* vol. 21, no.3 (July 1951). p.157-172)

36. Harwell, Richard, *Research resources in the Georgia-Florida libraries of SIRF.* Atlanta : Southern Regional Education Board, 1955

37. Hirsch, Rudolph, Evaluation of book collections. (*Library evaluation*, ed. by Wagne S. Yenawine. Syracuse : Syracuse Univ. Press, 1959. p.7-20)

38. Wezeman, Frederick & Robert H. Rohlf, *Hopkins Public Library, Hopkins, Minnesota : a survey and recommendation for future development and planning.* 1962

39. Chait, William and Ruth Warnecke, *A survey of the public libraries of Ashville and Buncombe County, North Carolina*. Chicago : ALA, 1965
40. Chait, William and Robert S. Ake, *A survey of the public libraries of Norwalk, Conn.* Chicago : ALA, 1966
41. Downs, Robert B., *Resources of Missouri libraries*. Jefferson City : Missouri State Library, 1966
42. Williams, Edwin E., Surveying library collections.（*Library surveys*, ed. by Maurice F. Tauber and Ilene Roemer Stephens. New York : Columbia Univ. Press, 1967. p.24-32）

## 第2部　大学図書館の図書選択論

### 第1章　大学図書館の図書選択論の成立

1）Potter, Alfred Claghorn, *The library of Harvard University : descriptive and historical notes*. 3rd. ed. Cambridge : Harvard Univ. Press, 1915. p.13
2）Ibid. p.112, 120-124
3）Ibid. p.14
4）Hamlin, Arthur T., *The university library in the United States : its origins and development*. Philadelphia : Univ. of Pennsylvania Press, 1981. p. 12-13
5）Ibid. p.13-15
6）Ibid. p.15-16
7）Ibid. p.16-17
8）Shores, Louis, *Origins of the American college library 1638-1800*. Nashville : George Peabody College, 1934. p.109
9）Hamlin, op. cit. p.19
10）Ibid. p.19 ; Potter, op. cit. によれば，ホリスの寄付は図書1箱，コットン寄付金は100ポンドとなっている（p.121, cf. p.112）。
11）Berberian, Kovork R., *Princeton University Library 1746-1860*. Roselle, N.J. : Graphic Art Service, 1980. p.15
12）Potter, op. cit. p.112, 126
13）Ibid. p.126
14）Berberian, op. cit. p.15

15) Potter, op. cit. p.112
16) Shores, op. cit. p.102-103
17) Ibid. p.107
18) Ibid. p.109
19) Berberian, op. cit. p.20, 24
20) Shores, op. cit. p.108
21) Ibid. p.105
22) Ibid. p.108
23) Hamlin, op. cit. p.13
24) Berberian, op. cit. p.16
25) Ibid. p.29
26) Hamlin, op. cit. p.35-36
27) Cf. Jewett, Charles C., *Notices of public libraries in the United States of America.* Washington, D. C. : Smithsonian Institution, 1851（Smithsonian Reports）
28) Hamlin, op. cit. p.112
29) Ibid. p.115
30) Ibid. p.88
31) Ibid. p.37
32) Ibid. p.96
33) Danton, J. Periam, *Book selection and collections : a comparison of German and American university libraries.* N. Y. : Columbia Univ. Press, 1963. p.28-30
34) Berberian, op. cit. p.21
35) Powell, Benjamin E., The development of libraries in southern state universities to 1920.（Ph. D. dissertation）. p.61, cited in Hamlin, op. cit. p. 97
36) Danton, op. cit. p.28
37) Ibid. p.29
38) Potter, op. cit. p.17
39) Potter, Alfred Claghorn, The selection of books for college libraries.（*Library journal.* vol.22, Conf. no. p.39-44） ポッターは1903年に，先に引用したハーバード大学図書館概況を執筆し，翌年同館副館長，後年図書館長になった人である。Cf. Hamlin, op cit. p.94
40) Ibid. p.39

41) Ibid.
42) Ibid. p.40
43) Ibid.
44) Ibid. p.40-41
45) Ibid. p.42
46) Ibid. p.43
47) Ibid. p.44
48) Shiflet, Orvin Lee, *Origins of American academic librarianship*. Norwood, N. J. : Ablex, c1981. p.234-235
49) *Lib. J.*, vol. 22 (1897), conf. no. p.163
50) Ibid. p.164
51) Ibid. p.163
52) Wyer, James I., *The college and university library*. 3rd. ed. Chicago : ALA, 1928. p.11 (*Manual of library economy* ; 4)
53) Koch, Theodore W., The apportionment of book funds in college and university libraries. (*ALA bulletin*. vol. 2 (1908). p.341-344)
54) Ibid. p.345
55) Ibid. p.345-346
56) Wyer, James I., *The college and university library*. Chicago : ALA, 1911
57) *Reference work : a textbook for students of library work and librarians*. Chicago : ALA, 1930
58) 初版が入手できないので，本稿では1928年刊の第3版によることにする。
59) Wyer, op. cit. p.2-3
60) Ibid. p.3
61) Ibid. p.19
62) Ibid. p.25-26
63) Ibid. p.25-26
64) Ibid. p.26
65) Bostwick, Arthur E., How to raise the standard of selection. (*Library essays*, by A. E. Bostwick. N.Y. : Wilson, 1920. p.143) Papers read at a meeting of the library commissions of the New England states, Hartford, Conn. February 11, 1909

66) *A survey of libraries in the United States*, conducted by the American Library Association. Chicago : ALA, 1926. Volume one: Administrative work of public libraries and of college and university libraries. p.213-257
67) Ibid. p.53-86
68) Ibid. p.216
69) Ibid. p.217-220
70) Ibid. p.215-229
71) Ibid. p.230-231
72) Ibid. p.243-244
73) Ibid. p.245-248
74) Works, George Alan, *College and university library problems : a study of a selected group of institutions*, prepared for the Association of American Universities. Chicago : ALA, 1927. "Introduction", VIII
75) Ibid. p.ix
76) Ibid. p.5
77) Ibid. p.8-14
78) Ibid. p.15
79) Ibid. p.52
80) Ibid. p.53-62
81) 各部局へ配分された予算で購入される図書は，各部局に留められて部局図書館となることもあるが，多くの場合，大学図書館に保管され，集中管理されるので，予算配分方式と部局図書館制とは区別して考えた方がよい。
82) Works, op. cit. p.65-67
83) Ibid. p.77
84) Ibid. p.78
85) 三浦逸雄「アメリカ高等教育変革期における大学図書館」『Library and information science』no.19（1981）．p.92
86) Randall, William M., *The college library : a descriptive study of the libraries in four-year liberal arts colleges in the United States*. Chicago : ALA & Univ. of Chicago Press, 1932. p.74-76
87) Ibid. p.78-80, 82-83

88） Ibid. p.84
89） 拙稿「チェックリストによる公共図書館蔵書分析評価法」『Library and information science』no.9（1971）. p.182 ff.
90） Randall, op. cit. p.86-87
91） Ibid. p.89-92, 98-99
92） Randall, The college library book budget.（*Library quarterly*. vol.1, no.4（1931）. p.421-435）
93） Randall, *The college library*. p.102-104
94） Ibid. p.106-107
95） Ibid. p.107
96） Danton, J. Periam, The selection of books for college libraries : an examination of certain factors which affect excellence of selection.（*Library quarterly*. vol.5（1935）. p.419-456）
97） Randall, W. M. & Francis L. D. Goodrich, *Principles of college library administration*. Chicago : ALA & Univ. of Chicago Press, c1936. p.83-84
98） Ibid. p.85-90
99） Randall, W. M., *The college library*. p.101-102
100） Randall & Goodrich, op. cit. p.88
101） Ibid. p.76
102） この3機能だけでは，大学図書館の機能をカバーし尽くせないと考えて，彼はさらに教員の研究機能（research function）と，卒業生・学外者に対するサービス機能をあげて，これを補助機能（subsidiary functions）と呼んでいるが，立ち入って論ずることはしていない（Ibid. p.78-79）。
103） Randall, *The college library*. p.121-144

## 第2章 大学図書館の収集方針

1） Lane, D. O., The Selection of academic library materials : a literature survey.（*College and research libraries*. vol.29（Sept. 1968）. p.371）
2） Futas, Elizabeth, ed., *Library acquisition policies and procedures*. Phoenix : Oryx, c1977. p.ii
3） 主な概念とその定義を下に例示する。
　　Book selection policy statement「図書選択方針書は，図書館の資料を形成する図書その他のコミュニケーション資料の選択（choice）の根底に存在するフィロソフィー，基準及び原理の総体と定義してよかろう。」（Ruch W. Gregory, Principles

behind a book selection policy statement. (*ILA record*. vol.10 (Oct. 1956). p.23)

　Acquisition policy「[受入]方針は，蔵書の増強 (development) において，アメリカの学術図書館によって採択され順守される指導原理のことをいう。受入方針は広義に解して，成文・不文，公式・非公式の方針書を包括するものである。」(Harry Bach. Acquisition policy in the American academic library. (*College and research libraries*. vol.18 (Nov. 1957). p.441)

　Collection development policy「蔵書増強方針は成文書であり，企画立案のトゥールともなり，コミュニケーション手段でもある。これは一館内，一図書館システム内，あるいは一地方の協力館間において，目的を明記し，調整協力を可能とするためのものである。うまくつくられれば，蔵書の領域における大半の仕事を遂行するために必要な指針となる，毎日の作業トゥールの役を果たすべきものである。」(R. K. Gardner. *Library collections : their origin, selection, and development*. N. Y. : McGraw-Hill, c1981. p.221)

4) Shaw, C. B., *A list of books for college libraries : approximately 14,000 titles selected on the recommendation of 200 college teachers, librarians and other advisers*. 2nd. ed. Chicago : ALA, 1931

　Randall, W. M. T., *The college library : a descriptive study of the libraries in four-year liberal arts colleges in the United States*. Chicago : ALA & Univ. of Chicago Press, 1932

5) Raney, M. L., *The university libraries*. Chicago : Univ. of Chicago Press, 1933

6) Danton, J. Periam, The selection of books for college libraries : an examination of certain factors which affect excellence of selection. (*Library quarterly*. vol.5 (Oct. 1935). p.419-456)

7) Baker, Charks M., Apportioning of college and university library book funds. (*Library journal*. vol.57 (Feb. 15, 1932). p.166-167) ほか。

8) Patten, N. Van, Buying policies of college and university libraries. (*College and research libraries*. vol.1 (Dec. 1939). p.64)

9) Ibid. p.65-66

10) Cf. Potter, Alfred Claghorn, *The library of Harvard University : descriptive and historical notes*. 3rd ed. Cambridge : Harvard Univ. Press, 1915. p.112-119

11) Patten, op. cit. p.66

12) Ibid. p.68-70

13) Ibid. p.70-71

14) 河井弘志, 柿沼隆志『アメリカ図書選択論史の研究』大東文化大学, 1983. p.102-105

15) Wilson, L. R. & M. F. Tauber, *The university library : its organization, administration and functions*. Chicago : Univ. of Chicago Press, 1945. p.302-381
16) Wellard, J. H., *Book selection : its principles and practice*. London : Grafton, 1937. p.v-vi. "Foreword"
17) Wilson, L. R., *The practice of book selection : papers presented before the Library Institute at the University of Chicago, July 31 to August 13, 1939*. Chicago : Univ. of Chicago, 1940. p.v-ix. "Introduction"
18) Wilson & Tauber, op. cit. p.111
19) Ibid. p.304-305
20) Ibid. p.304
21) Ibid. p.9-11, 303-304
22) Ibid. p.304
23) Ibid. p.31-32, 305, Cf. p.107-108
24) Ibid. p.305-306
25) Ibid. p.311-312
26) Ibid. p.300-307, Cf. Waples, D. & H. D. Lasswell, *National libraries and foreign scholarship*. Chicago : Univ. of Chicago Press, 1936. p.69-82
27) Wilson & Tauber, op. cit. p.310-316
28) Ibid. p.318-323
29) Ibid. p.308-310
30) Metcalf, K. D., The essentials of selection program. (*The acquisition and cataloging of books : papers presented before the Library Institute at the University of Chicago, July 29 to August 9, 1940,* ed. by William Randall. Chicago : Univ. of Chicago Press, 1940. p.76-94)
　　Pope, Evelyn B., How adequate is your book buying policy? (*Library service review*. vol.1 (Nov. 1948). p.6-8)
31) Grieder, Elmer M., The foundations of acquisition policy in the small university library. (*College and research libraries*. vol.10 (July 1949). p.210-211)
32) Ibid. p.212
33) Ibid. p.213-214. グリーダーはこうした地方的要求のために法律，医学，地方史などの分野が強調されることがあるという。
34) Vosper, Robert, Acquisition policy － fact or fancy? (*College and research libraries*.

vol.14（Oct. 1953）. p.368）

35）Metcalf, K. D., Problems of acquisition policy in a university library.（*Harvard library bulletin*. vol.4（Autumn, 1950）. p.293）

36）Ibid. p.296-297

37）Metcalf, K. D. & Edwin E. Williams, Harvard's book collections.（*Harvard library bulletin*. vol.5（Winter & Spring, 1951）. p.51-62, 209-220）
　　学生図書館である Lamont Library については，これ以前にウィリアムスが調査報告したことがあるので，この時の調査からは外された。Cf. The selection of books for Lamont, [by] E. E. Williams.（*Harvard library bulletin*. vol.3（Autumn, 1949）. p.386-394）これら一連の蔵書評価は，すべてウィリアムスの主導のもとに行われたものと考えられる。ちなみにウィリアムスは近年蔵書評価論を書き，この関係の権威の一人に数えあげられている。Cf. Surveying library collections, [by] E. E. Williams.（*Library surveys*, ed. by Maurice F. Tauber & Irene Roemer Stephens. N. Y. : Columbia Univ. Press, 1967. p.23-45）

38）Metcalf & Williams, *Harvard's book collections*. p.219-220

39）Metcalf, K. D. & E. E. Williams., Acquisition policies of the Harvard Library.（*Harvard library bulletin*. vol.6（Winter, 1952）. p.15-26）

40）Ibid. p.15

41）Ibid. p.16

42）Ibid. p.17

43）"Library order No.3: scope and coverage of the collections". Cf. *Acquisitions policy : a review of the policies governing the collections of the John Crerar Library including a detailed statement of current policy*. Chicago : John Crerar Library, 1953. "Foreword"

44）参考までにハーバードとジョン・クレラーの収集方針の，カバー率ランクを示す概念の対席表を次にあげる。

| ハーバード | ジョン・クレラー |
| --- | --- |
| Farmington Plan coverage | Exhaustive collection |
|  | Comprehensive collection |
| Research coverage | Research collection |
| Reference coverage | Reference collection |
| Light coverage | Supplementary reference collection |

No coverage

ジョン・クレラーでは研究集書が 2 ランクに分かれているが，Research collection は大学卒の実務家（practitioner）を対象とし，Comprehensive collection は高水準の研究者に必要とされる内外の研究文献・資料で，各主題の歴史的研究文献やそのための史料をも含む（Ibid. p.17-18）。

45）わが国でも類似の図書の分類概念が一般に用いられている（Cf. 河井ほか共編『蔵書構成と図書選択』日本図書館協会，1983．p.121-124）。しかしこれらはふつうは図書のタイプをいい，コレクションのタイプの呼称ではない。例えば，カバー率の「研究コレクション」には一般図書も研究書も含まれるが，「研究書」は研究目的で書かれた図書の名称である。

46）Metcalf & Williams, *Acquisitions policies etc.* p.18-20

47）Ibid. p.24

48）*The University of Texas at Austin, General libraries : collection development policy.* 2nd ed., August, 1981

49）Fussler, H. H., The larger university library（Acquisition policy : symposium）．（*College and research libraries*. vol.14（Oct. 1953）．p.364）

50）Ibid. p.364

51）Ibid. p.366

52）Ibid. p.365

53）Ibid. p.367

54）Bach, Harry, Acquisition policy in the American academic library.（*College and research libraries*. vol.18（Nov. 1957）．p.441）

55）Vosper, R., op. cit. p.367-370

56）Thornton, Eiken, The small college（Acquisition policy : a symposium. p.370-372）

57）Bach, H., op. cit. p.441

58）Ibid. p.441-442

バックはメリット調査のデータを整理したのであるが，調査の段階で公表の承諾を得ていないので，固有名詞は伏せられている。

59）Ibid. p.442

60）Ibid. p.444-446

61）Ibid. p.446-447

62) Occidental College Library, Library acquisitions policy, approved January 21, 1958. (*Book selection policies in American libraries*, ed. by Calvin J. Boyer and Nancy L. Eaton. Austin, Texas : Armadillo Press, 1973. p.20-23)

63) Standards for college libraries. (*College and research libraries.* vol.20 (July 1959). p.277)

64) Perkins, David L. ed., *Guidelines for collection development.* Chicago : ALA, c1979. p.3

65) Gorchels, Clarence, Acquisitions policy statements in college of education. (*Library resources & technical services.* vol. 5 (Spring 1961). p.157-159)

66) Anders, Mary Edna, The selection of a divisional reading room collection. (*College and research libraries.* vol.22 (Nov. 1961). p.430-434)

67) 44) 参照。

68) Phillips University, Graduate Seminary Library, Book selection policy. Enid, Oklahoma, Jan. 1962. (*Book selection policies in American libraries.* p.29-35)

69) Hamlin, Arthur T., *The university library in the United States : its origins and development.* Philadelphia : Univ. of Pennsylvania Press, 1981. p.74, 140-141

Cf. Wilson, L. R. & M. F. Tauber, *The university library : the organization, administration, and functions of academic libraries.* 2nd ed. N. Y. : Columbia Univ. Press, 1956. p.592-593

70) *Standards for college libraries.* p.276-277

「これらの［標準的］著作は、学生の知的探究心をかきたて、彼らの娯楽読書ニーズを満足するために選ばれた、持続的価値と時宜性をあわせ持つ、多様な図書によって継続して補われねばならない。」娯楽読書を「ニーズ」の一にあげている点も見逃せない。学生が健全な娯楽の機会を持つことは、学生生活にとって必要なこととみなされているのである。

71) University of North Carolina, Undergraduate Library, a book selection policy. Chapel Hill, N. C., March 26, 1963. (*Book selection policies in American libraries.* p.41-44)

72) Wheeler, Helen Rippier, *The community college library : a plan for action.* Hamden, Conn. : Shoe String, 1965. p.2

73) Monroe County Community College, Learning resources materials selection policy, adopted March 13, 1967. (*Book selection policies in American libraries.* p.14-15)

Nassau Community College, Library acquisitions policy, approved October 8. (Ibid. 1968. p.16-19)

Clatsop Community College Library, Acquisition policy, updated June 4, 1971. (Ibid. p.8-10)

74) Danton, J. P., *Book selection and collections : a comparison of German and American university libraries*. N. Y. : Columbia Univ. Press, 1963. p.131-140

75) Iowa State University Library. (*Library acquisition policies and procedures*, ed. by Elizabeth Futas. Phoenix, AZ. : Oryx Press, 1977. p.174-197)

76) Futas, Elizabeth, *Library acquisition policies and procedures*. 2nd ed. Phoenix, AZ. : Oryx Press, 1984. p.1-200

77) University of Texas of Austin, General Libraries, *Collection development policy*. 2nd ed. August, 1981

## 第3章 大学図書館のシステム内分担収集

1) *Empfhelungen für die Zusammenarbeit zwischen Hochschulbibliothek und Institutsbibliotheken,* hrsg. v. Deutscher Forschungsgemeinschaft, Bibliotheksausschuss. Bonn : Bad Godesberg, 1970

2) 高橋俊哉「大学図書館の新しい方向」『図書館界』vol.13, no.6（1967）. p.161-167（特集：大学図書館における諸問題）

　　前島重方「大学図書館の資料に関する諸問題：その政策を中心として」『図書館学会年報』vol.17, no.2（1971）. p.9-20

3) Lage und Erfordernisse der westdeutschen wissenschaftlichen Bibliotheken. (*Anfrage der Notgemeinschaft der Deutschen Wissenschaft*, dargestellt von Peter Scheibert. Bad Godesberlg, 1951)

4) Gutachten über die Lage der Institutsbibliotheken und ihr Verhältnis zu den Universitäts- und Hochschulbibliotheken. (*Anfrage des Deutschen Forschungsgemeinschaft,* verfasst von Dr. Gerhard Reincke. Deutsche Forschungsgemeinschaft, 1953)

5) *Instituts- und Hochschulbibliotheken : Denkschrift der Deutschen Forschungsgemeinschaft.* Bad Godesberg, 1955

6) *Empfehlungen des Wissenschaftsrates zum Ausbau wissenschaftlicher Einrichtungen.* Teil II : Wissenschaftliche Bibliotheken.

7) 以下本稿では，大学（中央）図書館をHB，（部局）研究室図書館をIBと略記する。

8) 以下［　］内は本勧告におけるページ数

9) Haenisch, Wolf, Was können die bestehenden Hochschulbliotheken den Neugründungen entnehmen.（*Zeitschrift für Bibliothekswesen und Bibliographie*. Jg.12（1965）. S.304-314）これは1965年度の図書館大会での講演。

10) Ibid. S.311

11) Ibid. S.313

12) 西独の大学改革によって，従来大学の構成単位であった学部（Falultät）が解体されて，より小さな専攻分野が基礎単位となった。これをFachbereichと呼ぶ。『和独大辞典　第2版』（小学館）では「専門領域」という訳語が与えられているが，ここでは初稿で使用した「学域」という訳語をそのまま使用する。

13) Klotzbücher, Alois, Der Funktionswandel der Universitätsbibliotheken und seine Bedeutung für die Erwerbungspolitik : Ueberlegungen zur Tätigkeit des wissenscahftlichen Bibliothekars in der Buchauswahl.（*Libri*. vol. 20, no.3（1970）. S.189-191）

14) Ibid. S.198-200

15) Kluth, Rolf, *Grundriss der Bibliothekslehre*. Wiesbaden : Otto Harrassowitz, 1970. S.244-254

16) マールブルクの協定では大学図書館がHochschulbibliothekでなくUniversitätsbibliothekとされているので，以下ではHBのかわりにUBを使う。意味は勧告のHBとまったく同じである。

17) Interne Richtlinien für die Anschaffungspolitik : alphabetisch nach Schlagworten geordnet.（Manuskript）

18) Stellungnahme der Universitäts-Bibliothek Marburg zum Gutachten Prinz. S.8-9

19) Pechel, Dieter, Koordination der Literaturwerbung im Bereich der Universität Marburg.（*Alma mater philippina*. Sommersemester 1968. S.28）. Festschrift für die Universitätsbibliothek.

20) Ibid. S.28

21) Ibid. S.28

22) Ibid. S.28-29

23) Ibid. S.28

24) Entwurf für eine Regelung der Abstimmung des Buchanschaffungen zwischen den Seminaren der Theologischen Fakultät und der Universitäts-Bibliothek（UB）der Philipps-Universität Marburg/L.

25) Grundsätzliche Ueberlegungen zum Verhältnis Universitäts-Bibliothek − Fachbibliotheken, im Anschluss an die "Empfehlungen der Deutschen Forschungsgemeinschaft für die Zusammenarbeit zwischen Hochschulbibliothek und Institutsbibliotheken" 1970 in bezug auf die Marburger Verhältnisse, gez. v. Dr. Bernhard zum Brocke.

26) Entwurf, Überlegungen zum Aufbau von Fachbereichsbibliotheken an der Philipps-Universität Marburg, vom Bibliotheksausschuss. 26. 4. 1971.

27) Richtlinien und Empfehlungen zur Regelung der Zusammenarbeit im Blick auf die bibliothekarischen Fragen im Bibliothekssystem der Universität Marburg, gez. v. Philipp.

## 第3部　図書選択の環境

### 第1章　図書選択の組織

1) Wheeler, Joseph L. & Herbert Goldhor, *Practical administration of public libraries*. New York : Harper & Row, 1962. p.465

2) Drury, Francis K. W., *Book selection*. Chicago : ALA, 1930. p.293

3) Fiske, Majorie, *Book selection and censorship : a study of school and public libraries in California*. Berkley : Univ. of California Press, 1961. p.24-25

4) Wilson, Louis R. & Mauris F. Tauber, *The University library : its organization, administration and function*. Chicago : Univ. of Chicago Press, 1945. p.350

5) Danton, J. Periam, *Book selection and collections : a comparison of German and American university libraries*. New York : Columbia Univ. Press, c1963. p.64

6) Chitwood, Jack, The mechanics of book selection. (*Selection and acquisition procedures in medium-sized and large libraries*. Champaign, Ill. : Illinois Union Bookstore, c1963. p.19, 23-24)

7) 竹林熊彦『図書の選択：理論と実際』京都：蘭書房, 1955. p.177ff.

8) Wheeler & Goldhor, op. cit. p.465

9) Wilson & Tauber, op. cit. p.356

10) Ibid. p.349

11) Tisdel, Kenneth S., Staff review in library book selection. (*Reviews in library book selection*, by Leroy C. Merritt & others. Detroit : Wayne State Univ. Press, 1958. p.141-146)

12) Ibid. p.144

13) Wheeler & Goldhor, op. cit. p.466
14) Chitwood, op. cit. p.18
15) Carter, Mary Duncan & Wallace John Bonk, *Building library collections*. N. Y.: Scarecrow, 1959. p.230
16) Chitwood, op. cit. p.24
17) Wilson & Tauber, op. cit. p.352
18) Danton, op. cit. p.39
19) Drury, op. cit. p.9-16
20) Ibid. p.303
21) Wheeler & Goldhor, op. cit. p.465
22) Wulfekoetter, Gertrude, *Acquisition work : processes involved in building library collections*. Seattle : Univ. of Washington Press,1961. p.20-21
23) Chitwood, op. cit. p.19-20
24) Lyle, Guy R., *The administration of the college library*. N.Y. : Wilson, 1949. p.34
25) Ibid. p.342-348
26) Wilson & Tauber, op. cit. p.353
27) Wulfekoetter, op. cit. p.33ff
28) Drury, op. cit. p.293
29) Shaffer, Kenneth, *The book collection : policy case studies in public and academic libraries*. Hamden, Conn. : Shoe String, 1961. p.25-27
30) Lyle, op cit. p.345
31) Danton, op. cit. p.30
32) Wilson & Tauber, op. cit. p.350
33) Drury, *Book selection*. 1930. p.303
34) Chitwood, op. cit. p.17
35) Danton, op. cit. p.79
36) Wulfekoetter, op. cit. p.289
37) Tisdel, op. cit. p.465
38) Chitwood, op. cit. p.19
39) Carter & Bonk, op. cit. p.199-200
40) Lyle, op cit. p.347 ; Wulfekoetter, op. cit. p.33

41）Drury, op. cit. p.303-316
42）Wulfekoetter, op. cit. p.27-28
43）Chitwood, op. cit. p.14
44）Drury, op. cit. p.304
45）Wulfekoetter, op. cit. p.20
46）Carter & Bonk, op. cit. p.229-231

## 第 2 章　書評理論の展開

1）山内久明「イギリスの批評　2　ロマン主義時代」『講座英米文学史 12　批評・評論』大修館書店，1971. p.35-37
2）Haines, Helen E., *Living with books*. 2nd ed. 1968. p.100
3）Leek, Marjorie H., *An evaluation of book reviewing practices of English and American journals 1800-1850 : with a study of various media for locating the criticism*. N. Y. : Faculty of Library Service, Columbia University, 1941. p.47-72. M.S.thesis.
4）Ibid. p.67
5）Howes, H. A., The selection of books for popular libraries.（*Library journal*. vol.3, no.2（1878）. p.56）
6）Nelson, C. Alexander, Choosing and buying books.（*Library journal*. vol.12, no.4（1887）. p.155-156）
7）Nelson, C. A., How the books were bought for our library.（*Library journal*. vol.5, no.12（Conference Number）（1890）. p.38-39）
8）How we choose and buy new books.（*Library journal*. vol.14, no.17（1899）. p.336-339, 372）
9）Cutler, M.S., The fall term programme.（*Library journal*. vol.14（Dec. 1889）. p.479）
10）Cutler, M. S., Principles of selection of books.（*Library journal*. vol.20, no.10（1895）. p.341）
11）Hewins, C. M., Report on the library school as it is.（*Library journal*. vol.15（conf. no.）（1890）. p.91）ヒューインズは当時，同校で"Reading of the young"という科目を担当していたものと思われる。
　　Cf."Library School".（*Library journal*. vol.15（Jan. 1890）. p.24）
12）Lord, L. E., New York State Library School 1895-97.（*The first quarter century of the New York Library School, 1887-1912*. The School. p.48）
13）Andrews, E. P., Book selection.（*Library journal*. vol.22（conf. no.）（1897）. p.74）

14) Coe, E. M., Selection of books. (*Library journal*. vol.19, no.12 (1895). p.30-31)
15) Foster, William E., Selection of books. (Ibid. p.34-35)
16) Crunden, F. M., Selection of books. (Ibid. p.41-42)
17) Iles, G., Evaluation of literature. (*Library journal*. vol.17, no.8 (conf. no.) (1892). p.18-22)
18) Merton, A. H., The Reviewer reviewed. (*The critic*. vol.39 (1901). p.535-536)
19) Ibid. p.536-537
20) Ibid. p.538
21) Ibid. p.540-541
22) Rice, W., The practical side of book reviewing. (*Public libraries*. vol.10 (1905). p.291-292)
23) Rice, W., Practical book reviewing and manuscript reading from the inside. (*ALA bulletin*. vol.4 (1910). p.630-633)
24) Browne, F. F., The 'eternal or' of the librarian. (*Public libraries*. vol.16, no.6 (1911). p.233-237)
25) Trent, W. P., The authority of crititcism. (*Background of book reviewing*, ed. by H. S. Mallory. Rev. ed. Ann Arbor : G. Wahr, 1931. p.41, 46 et al.). Extracted from : *The authority of criticism and other essays*, by W. P. Trent, 1899
26) Ibid. p.44, 48-49
27) Ibid. p.50
28) Ibid. p.51-52
29) Shuman, Edwin L., *How to judge a book*. Boston : Houghton Mifflin, 1910. p.6
30) Matthews, J B. Literary criticism and book-reviewing 1902. (*Gateways to literature*. 1912. p.134-136)
31) Ibid. p.132-134
32) Ibid. p.120-121
33) Ibid. p.129-130
34) Ibid. p.131
35) Thompson, C. M., Honest literary criticism. (*Atlantic monthly*. vol.102 (Aug. 1908). p.180)
36) Ibid. p.179, 181
37) Ibid. p.181
38) Ibid. p.182
39) Ibid. p.184-185

40) Ibid. p.185

41) Ibid. p.185-186

42) Ibid. p.186

43) Ibid. p.186

44) Ibid. p.187

45) Richards, I. A., *Principles of literary criticism*. 1924
    Escarpi, R., *Sociologie de la literature*. 1958（大塚幸男訳『文学の社会学』白水社, 1959）

46) Shuman, op. cit. p.viii, 5

47) Ibid. p.4-5

48) Ibid. p.2-3

49) Ibid. p.11-12

50) Ibid. p.13

51) Ibid. p.17-18

52) Ibid. p.19-24

53) Haines, H. E., *Living with books*. 2nd ed. N.Y. : Columbia Univ. Press, 1968. p.53-54, 124, 155
    拙著『アメリカにおける図書選択論の学説史的研究』p.236-238

54) Lovet, R. M., Criticism : past and present.（*Backgrounds of book reviewing*, ed. by H. S. Mallory. Rev. ed. Ann Arbor : G. Wahr, 1931. p.31-32）

55) Ibid. p.32-33

56) Ibid. p.33

57) Perry, B., Literary criticism in American periodicals.（*Yale review*. vol.3, no.4（1914）. p.637-639）

58) Ibid. p.643-644

59) Ibid. p.644-645

60) Ibid. p.646

61) Ibid. p.647-648

62) Perry, B., The American reviewer.（*Yale review*. vol.4, no.1（1914）. p.21-22）

63) Perry, B., Literary criticism in American periodicals. p.648-649

64) Perry, B., The American reviewer. p.18

65) Perry, B., Literary criticism etc. p.649. Cf. Perry, The American reviewer, p.22

## 注記

66) Perry, B., The American reviewer. p.21
67) What constitutes an ideal book review.（*Publishers' weekly*. Sept. 2, 1922. p.694-697）. Extracts from *Christian register*, July 13, 1922
68) Perry, B., Literary criticism etc. p.649
69) Loveman, A., Some fundamentals of book reviewing.（*Publishers' weekly*, August 27, 1927. p.589-590）
70) Ibid. p.591
    拙著『アメリカにおける図書選択論の学説史的研究』p.369-370
71) Ibid. p.591
72) Ibid. p.589-590
73) Ibid. p.591
74) ここにはトンプソンの読者観の影響のあとが読みとれる。しかしラヴマンは書評メディアを分類するにとどまり，書評家の社会的出自・背景までは考慮を及ぼしていない。
75) Loveman, op. cit. p.590-591
76) Dana, J. C., Failure of book reviewing.（*Libraries : addresses and essays*. N. Y. : Wilson, 1916. p.33-37）. First published in *Springfield republican*, May 23, 1900
77) Iles, G., The evaluation of literature.（*Library journal*. vol.17, no.8（1892）. p.19）
78) Elrod, J., What critical magazines give best aid in the selection of books.（*Public libraries*. vol.6（1901）. p.22-23）
79) Ibid. p.23
80) Book reviewing.（*Public libraries*. vol.7（1902）. p.373-374）
81) Iles, G., The evaluation of literature.（*Library journal*. vol.17, no.8（1892）. p.19-22）
82) The proceedings : seventh session.（Ibid. p.63-65）
83) *Catalog of the "ALA" Library : 5000 volumes for a popular library selected by the American Library Association and shown at the World's Columbian Exposition*. Chicago : ALA, 1893
84) *A.L.A. Booklist*, vol.1, no.1-2（Jan- Feb. 1905）. Boston : ALA Publishing Board, 1905
85) Ibid. p.2-3
86) *Choice*. Chicago : ALA, 1964- . Bimonthly
87) Pearson, E. L., Book reviews. New York Public Library, 1917. p.3-4. First published in *Bulletin of the New York Public Library*, vol.20, no.11-12（Nov.-Dec. 1916）

88) Ibid. p.4-5
89) Ibid. p.8-9, 12, 16
90) Ibid. p.10-13
91) Ibid. p.16
92) Ibid. p.37-38
93) Ibid. p.49
94) Bowerman, G. F., Some aspects of book reviewing. (*Censorship and the public library with other papers*. G. F. Bowerman. New York : Books for Libraries Press, 1931. p.114-115). First read before the Washington Literary Society, Jan. 26, 1924
95) Ibid. p.107-109
96) Ibid. p.109
97) Ibid. p.110-112
98) Ibid. p.112-113
99) Ibid. p.117
100) Ibid. p.118
101) Wilbur, S. W., Don't for reviewers. (*How to criticize books*, by Llewellyn Jones. New York : Norton, 1923. p.181-184)

参考までに下にウィルバーの12戒の要点をあげる。
1. スペース不足への苦情を書くな。
2. 旧約聖書の「書物を作れば果てしなく」という句を引用するな。
3. interesting などの陳腐な形容詞を使うな。
4. 自分で勉強していない分野の図書を書評するな。
5. 著者よりよく知っている態度をするな。
6. 著者を論敵扱いするな。
7. 無知をさらけ出すな。
8. 書評の読者を軽くみるな。
9. 図書を食べ物にたとえるな。
10. カバーの文に言及するな。
11. 製本をうるさく論ずるな。
12. 一般的図書の書評は1ページをこえるな。

102) Bascom, E., *Book selection*. Chicago : ALA, 1925. p.27-28

103) Ibid. p.28

104) Ibid. p.28-29

105) バスコムは別に，本質価値・相対価値（inherent or comparative value）なる概念を用いている（Cf. Bascom, op. cit. p.11）。

106) Drury, F. K. W., *Book selection*. Chicago : ALA, 1930. p.251-253

107) Ibid. p.137-141, 193-195

108) Cf. *Dictionary of American library biography*. Littleton, Colo. : Libraries Unlimited, 1978. "Haines, Helen Elizabeth（1872-1961）"

　Hyers, Faith Holmes, Our frontispiece Helen E. Haines.（*Bulletin of bibliography*. vol.20, no.6（Sept.-Dec., 1951）. p.129-131）

　Brewitt, Theodora, Helen E. Haines : a sketch and appreciation.（*California Library Association bulletin*. vol.5, no.3（1944）. p.87-90）

109) Haines, H. E., Present day book reviewing.（*Independent*. 59（1910）. p.1104-1106, *Publishers' weekly*. Jan. 14（1911）. p.48-49）

　Cf. Haines, *The history of New Mexico from the Spanish conquest to the present time, 1530-1890*（1891）

110) Haines, The teaching of book selection : what to teach in book selection in a first or one-year course, and how to teach it.（*Library journal*. vol.50（Sept 1, 1925）. p.693-697）

111) Haines, Book reviewing in review.（*Library journal*. vol.59（1934）. p.733-737）

112) Haines, *Living with books*. N.Y. : Columbia Univ. Press, 1935.（2d. ed. は 1950）

113) Haines, Reviewing books critically : informal notes on practice and precept.（*Library journal*. vol.61（Oct.15, 1936）. p.754-757. Reprinted from proceedings of the Institute for librarians and sixth district California Library Association. Nov. 8-9（1935））

114) Haines, Book reviewing in review. p.733

115) Haines, Reviewing books critically. p.754

116) Haines, *Living with books*. p.137

117) Ibid. p.139

118) Ibid. p.138

119) *The best books : a reader's guide and literary reference books : being a contribution towards systematic bibliography*, [ed. by] William Swan Sonnenschein. 3d. ed. 6 vols. London : Routledge ; NewYork : Putnam, 1910-1935

120) Haines, The teaching of book selection. p.694-696
121) Haines, *Living with books*. p.137-155. "8. The art of annotation"
122) Haines, H. E. & Hazel A. Pulling, *Book selection 200 ab 5498-2*. [Los Angeles] : Univ. of South California, School of Library Science, 1943. p.29
123) Haines, The teaching of book selection. p.695
124) Haines, *Living with books*. p.124-125
125) Haines, Present day book reviewing. p.1105
126) Haines, Book reviewing in review. p.735
127) Haines, Present day book reviewing. p.1104
128) Haines, Book reviewing in review. p.734
129) Haines, *Living with books*. p.107-108
130) Haines, Book reviewing in review. p.736
131) Haines, Present day book reviewing. p.1106
132) Haines, Book reviewing in review. p.736
133) Ibid. p.735
134) Merrit, L-R. C., The pattern of modern book reviewing. (*Reviews in library.* p.1-39)
135) Boaz, M. T., A quantitative analysis of the criticism of best sellers : a study of the reviews and reviewers of the best selling books from 1944 to 1953. 33p. (Ph. D. dissertation of Univ. of Michigan, 1955)
136) Tisdel, K., Staff reviewing in library book selection. (*Reviews in library book selection.* p.133-178)
137) Boaz, M. T., The reviews and reviewers of best sellers. (*Reviews in library book selection.* p.67-68)
138) ボアーズはピアソンの領域区分には言及していない。
139) Boaz, The reviews etc. p.68
140) Ibid. p.68-69
141) Ibid. p.69
142) Ibid. p.69
143) Ibid. p.72
144) Ibid. p.70
145) Ibid. p.72

146) 拙稿「J. H. ウェラードと図書選択論（上）」『図書館界』vol.24, no.2（1972.7）. p.55

147) Drury, F. K. W., *Book selection*. p.137-141, 193-195

148) Haines, H. E., *Living with books*. p.122

149) Ibid. p.138-140

150) Ibid. p.127

151) Ibid. p.140

152) Ibid. p.141-147

153) Haines, Reviewing books critically : informal notes on practice and precept.（*Library journal*. vol. 61（Oct. 5. 1936）. p.756）

154) Ibid. p.756

155) Carter, M. D. & W. J. Bonk, *Building library collections*. Metuchen, N. J. : Scarecrow, 1959. p.114-119.（ページ数は1969年刊第3版による）

156) Tisdel, Kenneth S., Staff reviewing in library book selection.（*Reviews in library book selection*. p.141-143）

157) Ibid. p.144-145

158) Ibid. p.143-146

159) Ibid. p.149-153

160) Ibid. p.161-168

161) Ibid. p.158, 170-171

162) Ibid. p.177-178

163) 1950～70年の20年間の計量的書評研究で，大学の修士または博士論文として書かれたものを *Library literature* の中から拾うと，次のような増減を示している。

　　1950 － 54　　9
　　1955 － 59　　12
　　1960 － 64　　15
　　1965 － 70　　6

興味深いのは，大学がごく少数に限られていることである。特に多いのはアメリカ・カソリック大学で，1954年までに4件，1960～67年の間に9件，合計13件に達する。次に多いのはノースカロライナ大学で，1955～67年の間に11件みられる。コロンビア大学は1951年の修士論文を最後として，その後まったく書かれていない。各大学に書評研究に通じた教員がいたのであろう。

164）拙稿「書評理論の展開（2）」『中部図書館学会誌』vol.29, no.1（1987）. p.41-54
165）Merritt, L. C., The pattern of modern book reviewing. (*Reviews in library book selection*, by LeRoy C. Merrit [and others]. Detroit : Wayne State Univ. Press, 1958. p.2-8)
166）Ibid. p.8-9

## 第3章　アメリカの知的自由の思想－講演記録

1）この章は講演記録をもとにして作成したので，注記は省略する。

# 原著初出

## 第 1 部　公共図書館の図書選択論

第 1 章　公共図書館の図書選択と蔵書構成
「公共図書館における資料選択と蔵書構成」『全国公共図書館研究集会報告書　平成 8 年度』1997.10．p.3-7

第 2 章　図書選択理論の争点
「図書選択理論の争点」『現代の図書館』vol.33, no.2（1995.6）．p.91-96

第 3 章　読書興味の理論
「H. ゲーラーの要求理論」『中部図書館学会誌』vol.16, no.3（1975.3）．p.29-46

第 4 章　図書選択方針の形成
「公共図書館図書選択方針の形成 1～2」『図書館界』vol.37, no.5（1986.1）．p.217-227；vol.37, no.6（1986.3）．p.263-268

第 5 章　蔵書評価法
「チェックリストによる公共図書館蔵書分析評価法」『Library and information science』no.9（1971.9）．p.179-207

## 第 2 部　大学図書館の図書選択論

第 1 章　大学図書館の図書選択論の成立
「大学図書館図書選択論の成立 1～2」『図書館学会年報』vol.31, no.4（1985.12）．p.145-154，vol.32, no.1（1986.3）．p.21-27

第 2 章　大学図書館の収集方針
「大学図書館の収集方針の発展」『大学図書館研究』no.26（1985.5）．p.29-48

第 3 章　大学図書館のシステム内分担収集
「大学図書館 - 研究室図書館の蔵書分担収集：DFG 勧告と Marburg 大学の協定制」『図書館界』vol.25, no.1（1973.6）．p.2-14

## 第3部　図書選択の環境

第1章　図書選択の組織
　「図書選択機構の概観」『図書館雑誌』vol.63, no.3（1969.3）．p.125-128
第2章　書評理論の展開
　「書評理論の展開1～2」『中部図書館学会誌』vol.28, no.1（1986）．p.9-45，vol.29, no.1（1987）．p.23-59
第3章　アメリカの知的自由の思想－講演記録
　「アメリカの知的自由の思想と組織行動［講演記録］」『「図書館の自由」を考える資料集』第1集，図書館問題研究会東京支部，1975.9．p.1-26
　「アメリカの知的自由の思想と組織行動［講演記録］」『現代の図書館』vol.4, no.1（1976.8）．p.37-46

# 事項索引

## 【あ行】

アカデミック批評家（academic critic）
　26, 244-245, 251-253, 256-258, 266, 276-277, 289

印象批評家（impressionistic critic）　26-27, 244-245, 250-253, 256

## 【か行】

開架図書（open access collection）　189, 192, 194, 200-201

解釈（interpretations）　316-317

解題（annotation）　234-235, 237, 239, 268, 274, 280-283, 292-294, 296

学生図書館（undergraduate library）　192-193

価値論（value theory）　8, 19-22, 26-27, 43, 54, 84, 154, 250, 266, 293

カバー率　172, 175, 177, 179, 181, 184-186, 191-193, 196

カリキュラム（curriculum）　10, 99, 118, 148, 150, 153-154, 162-163, 170, 189-190, 192-193

稀覯書　142, 156, 172

規定要因（governing factor）　167, 183, 190

教科関連図書（collateral reading）　140-141, 175

教科書（Lehrbuch）　62, 201-202, 204, 212-214, 216-217, 277, 279-280, 294, 309

計量的書評研究　298, 300

研究室図書館（Institutsbibliothek）　176, 197-198

研究集書（reseach coverage）　177, 181, 192

研究図書館（research library）　60, 68, 99-100, 139, 177, 179-180, 186, 190, 203, 212, 214

研究ニーズ（needs of research）　28, 154, 156, 177, 183, 185, 192, 194

効果（結果）（effect）　23, 164, 291, 293

合法的ニーズ（legitimate needs）　150

コミュニティ・カレッジ図書館（community college library）　193, 195

娯楽書　162, 184

## 【さ行】

時間の検証（test of time）　252-253, 262-263

社会需要（gesellschaftliche Erfordernis）　36-39, 41-44, 46-47, 50

社会的責任（social responsibility）　17, 166

収集協定（cooperative agreement, Abstimmung der Erwerbung）　207-208, 210

収集強度（collecting intensity）　187

収集調整　61, 64, 179, 184, 209

収集方針（acquisition policy）　第1部第4章，第2部第2章，10, 14, 16, 102, 130, 139, 173, 201, 207, 211, 214, 216

主題専門家（司書）（subject specialist）　54, 171-173, 175, 225-227, 231, 270, 296, 298, 300

363

出版社（publisher）　168, 234, 236-237, 241-242, 247-249, 258-261, 263, 265, 268, 271-272, 275, 283, 293
所蔵率　87, 93-101, 104-105, 108-109, 111, 115-124, 130, 160-161, 187
書評（book review）　第3部第2章, 16, 26-27, 35, 70-71, 73-74, 79, 81, 97, 104, 127, 172, 185, 226, 227
書評誌　70, 81, 172, 226, 233, 235, 239-240, 247-249, 264-270, 272-273, 275, 282, 284, 290-292, 299-300
書評理論　26, 232, 240-241, 245-246, 250, 254, 256-257, 259, 262, 264, 267, 286, 289-290, 295, 300
新刊書　70, 140, 172, 189, 192, 194, 226, 232, 234-238, 247, 255, 260-262, 267-276, 281, 284, 295, 299
選択権　137-138, 140-141, 143-144, 146-149, 161-163, 166, 182, 184, 186, 196
選択トゥール　236-237, 266, 270, 277-279, 290, 299-300
専門図書館（special library）　14, 62, 64, 69-70, 177, 179
蔵書評価（measurement of book collection）第1部第5章, 54, 158-161, 166, 171-172, 175-177, 179, 183-184, 187, 191, 196
蔵書密度（density of collection）　187

【た行】
大学院図書館（graduate library）　189-191
知恵（wisdom）　17-18
チェックリスト（checklist）　第1部第5章, 54, 159-161, 171, 175, 187, 191, 254
知的自由委員会（Committee on Intellectual Freedom）　74, 302, 306, 308, 311, 318-320
中央注文カード（zentrale Bestellkartei）　219
重複購入　150, 157, 216
重複本　178, 202, 227
著者の目的　26, 241, 255, 270, 285, 288-289
ドイツ学術振興会（Deutsche Forschungsgemeinschaft）　197
ドイツ刊本収集計画（Sammlung Deutscher Drucke）　15
読書興味（reading interest）　第1部第3章, 25, 64, 90
特別収集分野（Sondersammelgebiete）　222
図書館委員会（library board）　224, 228-229, 302-303, 306-307, 311, 313
図書館委員会（library committee）　137, 139, 144-146, 152, 154, 161-162, 170-171, 176, 178, 183, 186
図書館委員会（Bibliotheksausschuß）　197, 220-221
図書館専用書評誌　268, 270, 282
図書館の自由　17, 20
図書館の目的　16, 27-29, 65, 71-74, 76, 79-81, 84, 105-108, 120, 172, 184
図書館利用の自由（freedom to use library）　314
図書選択委員会　220, 224-226, 229-231, 282, 295-296
図書選択会議（Kaufsitzung）　217-218, 220, 291-292
図書選択部（book selection department）

231
図書選択方針（book selection policy）21, 130, 138-139, 165-166, 168, 172, 187, 195（「収集方針」の項も参照）
図書費（book fund）20, 88, 107, 122, 130, 133-137, 141-149, 152-153, 159-162, 167-175, 182, 212, 232, 296
図書費集中方式　152-153, 168
図書費配分　144-148, 152-153, 160-161, 175, 184
図書費分割方式　152-153

【は行】

バランス（balance）67, 71, 129
ファーミントン・プラン（Farmington Plan）174-180
部局図書館（departmental library）152, 156-157, 195
文芸批評的書評論　243, 261
文献的価値（literary value）90-91
分担収集　15, 60-61, 66, 68, 130, 152, 154, 156, 174-175, 177, 179, 184-185
分担収集協定（Abstimmung der Erwerbung）第2部第3章, 68, 184
分担保存　15
分布度（distribution）94-96, 98, 100-101, 108-109, 118-119, 123-125, 130
保管転換　217

【ま行】

マッカーシー旋風　74, 79, 310-312
満足度　12-13, 22-23, 26
名著（名作）（masterpiece）61, 253, 257, 265, 281
網羅コレクション（exhaustive collection）191
目的達成度　26-27, 254, 261, 287, 289, 300
目的理論　20, 27, 58, 62, 84, 164

【や行】

要求解釈（demand interpreting）227
要求論（demand theory）8, 12, 19-22, 26, 28-29, 43, 54, 60, 82, 154, 266, 293
欲求（Bedürfnis）35-46, 50, 54

【ら行】

リクエスト（request）13, 15, 24-25, 81, 173
利用請求（Benutzungsanforderung）49
レフェレント（Referent）202-203, 207-209, 217-221, 227

# 人名索引

【あ行】

アイセン（Eyssen, Jürgen, 1922-1988） 31
アイルズ（Iles, G.） 240, 242, 265-266, 268-269, 274, 290
アダムス（Adams, T. S.） 269
アッカークネヒト（Ackerknecht, Erwin, 1880-1960） 30
アルヴェリング（Ulveling, Ralph A.） 317
アンダース（Anders, Mary Edna） 189, 194
アンドルーズ（Andrews, Elizabeth P., 1855-1921） 238
伊藤　昭治（Ito, Shoji） 12, 16, 20-24, 27-28
ヴァネク（Vanek, Edna） 77
ウィリアムス（Williams, Edward Everett） 175
ウィリアムス（Williams, Edwin E.） 88, 105, 111, 128
ウィルソン（Wilson, Louis Round, 1876-1979） 95, 97, 102-103, 107, 112, 116, 118, 121, 129, 169-175, 178, 185, 225, 228
ウィルバー（Wilbur, Susan Warren） 298
ウィンザー（Winsor, Justin, 1831-1897） 139, 143
ウィンスロウ（Winslow, Amy） 55, 57
ウェイプルズ（Waples, Douglas, 1893-1978） 30, 34, 44, 50, 95, 112, 118-119, 128, 171
ウェラード（Wellard, James Howard, 1909-1987） 26, 30-31, 33, 47-49, 51, 84, 90, 169, 290, 304
ヴォスパー（Vosper, Robert, 1913-1994） 180-183
裏田　武夫（Urata, Takeo, 1924-1986） 41, 319
ウルマン（Ullmann, Helma） 34
エイク（Ake, Robert S.） 103, 105, 240, 250
エヴァンス（Evans, G. Edward） 52
エスカルピ（Escarpi, Robert） 250
エドマンズ（Edmands, John, 1820-1915） 268
エマソン（Emerson, Ralph Waldo, 1803-1882） 243
エルロッド（Elrod, Jennie） 266-267
大滝　則忠（Ootaki, Noritada） 303, 316, 321
小川　徹（Ogawa, Toru） 9

【か行】

カーター（Carter, Mary Duncan） 52, 128, 294
カーノフスキー（Carnovsky, Leon, 1903-1975） 19, 29, 34, 60, 87, 90-128, 159, 304, 308, 219
ガーランド（Garland, Caroline H.） 269
カール（Curl, Melvin J.） 288-289
カールシュテット（Karstedt, Peter, 1909-

366

1988) 10, 31, 35, 40, 85
カッシュマン（Cushman, Jerome） 29
カッター，C. A.（Cutter, Charles Ammi, 1837-1903） 144, 148
カッター，W. P.（Cutter, William P.） 144-145
カトラー（Cutler, Mary Salome，のち Fairchild 姓, 1855-1921） 237-238, 240
キャンフィールド（Canfield, James Hulme） 143
キンケイド（Kinkaid, M. H.） 267
グッドリッチ（Goodrich, Francis L. D.） 162
クランデン（Crunden, Frederick Morgan, 1847-1911） 239
グリーダー（Grieder, Elmer M.） 173, 185-186
クルート（Kluth, Rolf, 1914- ） 31, 203
クールマン（Kuhlmann, A. F.） 128
グルンヴァルト（Grunwald, Wilhelm, 1909-1989） 203
グレゴリー（Gregory, Ruth W.） 74-76
クロッツビューヒャー（Klotzbücher, Alois） 202-204, 212
クワールズ（Quarles, Francis） 133
ゲーラー（Göhler, Helmut, 1930- ） 第1部第3章
コウ（Coe, Ellen M.） 239
コウク（Koch, Theodore Wesley, 1871-1941） 144
コグスウェル（Cogswell, Joseph Green, 1786-1871） 139
ゴーチェルズ（Gorchels, Clarence C., 1916- ） 187-188

コットン（Cotton, Thomas） 134
コリンズ（Collins, Lansing） 140
コールドウェル（Coldwell, Joseph） 137
ゴルドホア（Goldhor, Herbert, 1917- ） 23, 26, 51, 58, 84, 128, 164, 225, 227, 230

【さ行】

ジェッケル（Joeckel, Carlton B., 1886-1960） 54-55, 57-58, 97
塩見　昇（Shiomi, Noboru, 1937- ） 310-311
シブリー（Sibley, John Langdon, 1804-1885） 139, 143
シフレット（Shiflett, Orvin Lee） 143
清水　正三（Shimizu, Shozo, 1918-1999） 301, 321
シャプレイ（Shapleigh, Samuel） 135
シュペーア（Speer, Julius） 198
シューマン（Shuman, Edwin L.） 245, 251-255, 262-263, 276, 285, 287
ショアーズ（Shores, Louis） 97, 134
ショウ（Shaw, Charles Bunsen） 91, 158-160
ジョーンズ（Jones, Llewellyn） 276, 286
ジョンソン（Johnson, Gerald W.） 79
シンクレア（Sinclair, Dorothy Melville, 1913- ） 57
スイング（Swing, Raymond Gram） 304
スピンガーン（Spingarn, Joel Elias） 257, 258, 287-288
スポールディング（Spaulding, Forrest） 302
セルツァー（Seltzer, Thomas） 261
ソーントン（Thornton, Eileen, 1909-1997） 179, 182

ゾンネンシャイン（Sonnenschein, William Swan） 282

【た行】

ダウンズ（Downs, Robert B., 1903-1991） 106, 109, 112, 115

ターヒューン（Terhune, George A.） 100

チェイト（Chait, William） 105, 109, 115

チャップマン（Chapman, George） 133

チャンドラー（Chandler, Maud B.） 260

ディヴィース（Davies, Samuel） 134

ティスデル（Tisdel, Kenneth Stone） 73, 226, 286

テイト（Tate, Allen） 287

デイナ（Dana, John Cotton, 1856-1929） 148, 264-266

デブラー（Döbler, Martin） 39

デューイ，M.（Dewey, Melvil, 1851-1931） 148, 168, 237, 268, 270

デントン（Danton, J. Periam） 138-139, 162, 175, 225-226, 229

天満　隆之輔（Tenma, Ryunosuke, 1925-2000） 19, 310-311

トウバー（Tauber, Maurice Falcolm, 1908-1980） 169, 173, 175, 178, 225, 228

ドルアリー（Drury, Francis Keese Wynkoop, 1878-1954） 147, 153, 225, 227, 229-231, 279, 290, 292-293

トレント（Trent, William P.） 243-245, 251, 256, 258, 266

トンプソン（Thompson, Charles Miner） 247-250, 256, 258, 271, 276

【な行】

長澤　雅男（Nagasawa, Masao） 13

中田　邦造（Nakata, Kunizo, 1897-1956） 10

根本　彰（Nemoto, Akira） 19-20, 28

ネルソン（Nelson, C. Alexander） 26, 236

ノイバウアー（Neubauer, Karl Wilhelm） 32, 49

埜上　衞（Nogami, Mamoru, 1925-1999） 20

【は行】

ハーヴァード（Harvard, John, 1607-1638） 132

バウアーマン（Bowerman, George F., 1868-1960） 269, 274, 276, 279, 281

パウエル（Pawell, Benjamin E.） 138

ハウエルズ（Howells, William Dean） 243

ハウズ（Howes, H.A.） 236

ハーシュ（Hirsh, Rudolf） 87, 89-90, 105, 111, 128-129

バスコム（Bascom, Elva L., 1870-1944） 277-279, 285

バック（Bach, Harry, 1920- ） 183-184

パッテン（Patten, Nathan van） 166-168, 172, 175

ハムリン（Hamlin, Arthur T.） 134, 136, 138

ハリス（Harris, George William） 144, 147

バーンズ（Burns, Norman） 125, 128

ハンソン（Hanson, Christian Meinich） 158

# 人名索引

ピアソン（Pearson, Edmund Lester, 1880-1937） 270-274, 276, 279
ビショップ（Bishop, William Warner） 155, 158
ヒューインズ（Hewins, Carolina Maria, 1846-1926） 237, 240, 269
ヒルトン（Hilton, Eugene） 92, 159
ファスラー（Fussler, Herman H., 1915-1997） 179-181
フィスク（Fiske, Marjorie） 21, 83, 225
フィニィ（Phinney, Eleanor） 26, 77
フォルツハイマー（Pfolzheimer, Carl） 95
フュータス（Futas, Elizabeth） 52, 165, 195
ブラウン（Brown, Ruth） 311, 313
ブラウン（Browne, Francis F.） 243
プラマー（Plummer, Mary Wright） 273, 279
フランクリン（Franklin, Benjamin, 1706-1790） 133, 303, 320
ブランシャード（Blanshard, Paul） 308-309
ブリュンティエール（Brunetiere, Ferdinand, 1849-1906） 251
プール（Poole, William Frederic, 1821-1894） 269
フレッチャー（Fletcher, William Isaac, 1844-1917） 268
フレミング（Fleming, Thomas P., 1907-1992） 166, 168
ブローダス（Broadus, Robert） 52
ブロッケ（Brocke, Bernhard vom） 220-221
ブロムフィールド（Bromfield, Louis） 284

ヘインズ（Haines, Helen Elizabeth, 1872-1961） 61, 65, 226, 254, 279-286, 289, 292-295, 310
ヘヴン（Haven, Horace Appleton） 135
ベーコン（Bacon, Francis, 1561-1626） 133, 245
ヘスター（Hester, Edna A.） 92
ヘーニッシュ（Haenisch, Wolf） 31, 198-199, 203-204, 208, 221
ベネット（Bennett, Arnold） 287
ペリー（Perry, Bliss） 256-261, 271-273
ベルチャー（Belcher, Jonathan） 133
ベレルソン（Berelson, Bernard, 1912-1979） 65, 69, 81, 83, 164
ヘンダーソン（Henderson, John D.） 74
ベンディックス（Bendix, Dorothy） 80-81, 83
ヘンリー（Henry, Philip S.） 270
ボーアズ（Boaz, Martha T.） 286-290
ボイヤー（Boyer, Calvgin J.） 52, 186, 193
ボイル（Boyle, Robert） 133
ポウ（Poe, Edgar Allan, 1809-1849） 243, 256-258
ポウプ（Pope, Evelyn B.） 173
ホーズ（Hawes, Marion Emsley） 57
ボストウィック（Bostwick, Arthur E., 1860-1942） 11, 22, 150
ポッター（Potter, Alfred Claghorn） 139-144
ホーフマン（Hofmann, Walter, 1879-1952） 16, 30-31, 34-35, 304
堀内 郁子（Horiuchi, Ikuko） 49, 89, 129
ホリス（Hollis, Thomas） 133, 135
ボル（Boll, John A.） 319

369

ホワイト（White, Ruth Margaret） 82
ボンク（Bonk, Wallace John） 52, 128, 294

【ま行】
マイヤー（Meyer, Günther） 49
マイラム（Milam, Carl H.） 305
前川　恒雄（Maekawa, Tsuneo） 13, 16, 20-21, 23, 25, 27, 29
マシューズ（Matthews, James Brander, 1852-1929） 245-247, 249-250, 255-256, 260, 262, 265, 271-272, 274, 277, 281
マーチン（Martin, Lowell） 55, 99-101, 107, 109, 111-112, 115, 117, 122
マックダイアミッド（McDiamid, Errett Weir, Jr.） 86-87, 89, 91, 105
マックリーシュ（Macleish, Archibald） 309
マッコイ（McCoy, Ralph） 75
マッコルヴィン（McColvin, Lionel Roy, 1896-1976） 22, 33, 43, 45
ミルツェウスキー（Milczewski, Marion A.） 102
メトカーフ（Metcalf, Keyes DeWitt, 1889-1983） 173-178, 185
メリット（Merritt, LeRoy Charles, 1912-1970） 99, 109, 114, 118-119, 125, 128, 182-183, 286, 299-300
モートン（Morton, Agnes H.） 241-242
森　耕一（Mori, Koichi, 1923-1992） 48

【や行】
山本　昭和（Yamamoto, Akikazu） 20
弥吉　光長（Yahoshi, Mitsunaga, 1900-1996） 129
ヤング（Young, Kimball） 307

【ら行】
ライス（Rice, Wallace） 242-243
ラインケ（Reincke, Gerhard） 198
ラヴェット（Lovett, Robert Morss） 255-256, 262, 290
ラヴマン（Loveman, Amy） 261, 263-264
ラスウェル（Lasswell, Harold D., 1902-1978） 95, 118-119, 128, 171
ラーニド（Larned, Josephus Nelson） 268
ラング（Lang, Andrew） 275
ランダル（Randall, William Madison, 1899-1972） 92, 118, 158-164, 166
リー（Leigh, Robert Devore） 65
リーク（Leek, Marjorie H.） 233
リチャーズ（Richards, Ivor Armstrong, 1893-1979） 26, 250, 290
リチャードソン（Richardson, Ernest Cushing, 1860-1939） 144
リッグス（Riggs, Neil R.） 26
レイニー（Raney, M. Llewellyn） 92, 166
レイン（Lane, David） 165
ローウェル（Lowell, James Russel, 1819-1891） 262
ローズ（Rose, Ernestine） 303
ローデン（Roden, Carl B., 1871-1956） 97
ロード（Lord, Isabel Ely） 238

【わ行】
ワイト（Wight, Edward A.） 95
ワイヤー（Wyer, James Ingersoll, 1869-

人名索引

1955) 145, 147-152
ワイヤー, M. G.（Wyer, Malcolm Glenn） 147
ワークス（Works, George Alan, 1877-1957） 155-159
ワリゴーラ（Waligora, Lorenz） 34, 40-42
ワリゴーラ・リッティングハウス（Waligora-Rittinghaus, Johanna） 44-46

著者紹介

河井　弘志（かわい，ひろし）
1936　　山口県に生まれる
1955 –　京都大学教育学部
1965 –　同大学院教育学研究科修士課程，同博士課程
1968 –　東京大学教育学部助手
1973 –　フェリス女学院大学図書館司書，日本体育大学図書館司書
1980 –　大東文化大学文学部教員，立教大学文学部教員（2002 退職）
教育学博士（東京大学　1986）
著書：『アメリカにおける図書選択論の学説史的研究』（日本図書館協会，1987），『ドイツ図書館学の遺産』（京都大学図書館情報学研究会，2001），『ドイツの公共図書館思想史』（京都大学図書館情報学研究会，2008）ほか
編著書：『蔵書構成と図書選択』（日本図書館協会，1983）ほか
訳書：『図書館社会学』（共訳，日本図書館協会，1980），『ドイツの公共図書館運動』（日本図書館協会，1992），『司書の教養』（京都大学図書館情報学研究会，2004）ほか

視覚障害者その他活字のままではこの本を利用できない人のために，日本図書館協会及び著者に届け出る事を条件に音声訳（録音図書）及び拡大写本，電子図書（パソコンなど利用して読む図書）の製作を認めます。但し，営利を目的とする場合は除きます。

EYE LOVE EYE

## 図書選択論の視界

2009年3月10日　初版第1刷発行©
定　価：本体6000円（税別）

著　者：河井　弘志
発行者：㈳日本図書館協会
　　　　〒104-0033　東京都中央区新川1-11-14
　　　　Tel 03-3523-0811㈹　Fax 03-3523-0841
印刷所：㈲吉田製本工房　　Printed in Japan
JLA200830　ISBN978-4-8204-0823-9
本文用紙は中性紙を使用しています。